平凡社新書
793

真田四代と信繁

丸島和洋
MARUSHIMA KAZUHIRO

HEIBONSHA

真田四代と信繁●目次

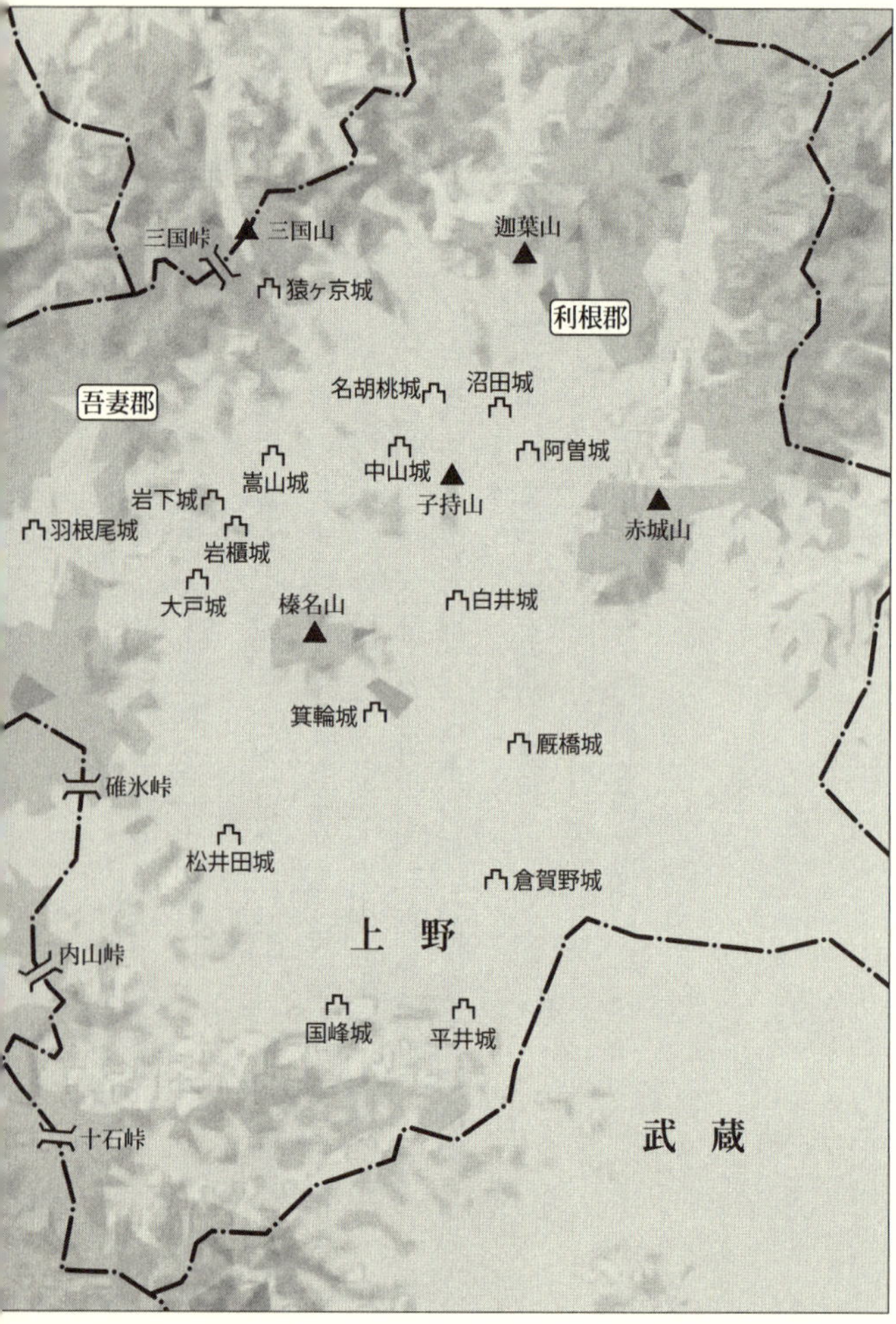
三国峠
三国山
迦葉山
猿ヶ京城
利根郡
吾妻郡
名胡桃城
沼田城
阿曽城
嵩山城
中山城
子持山
岩下城
赤城山
羽根尾城
岩櫃城
大戸城
榛名山
白井城
箕輪城
厩橋城
碓氷峠
松井田城
倉賀野城
上野
内山峠
国峰城
平井城
十石峠
武蔵

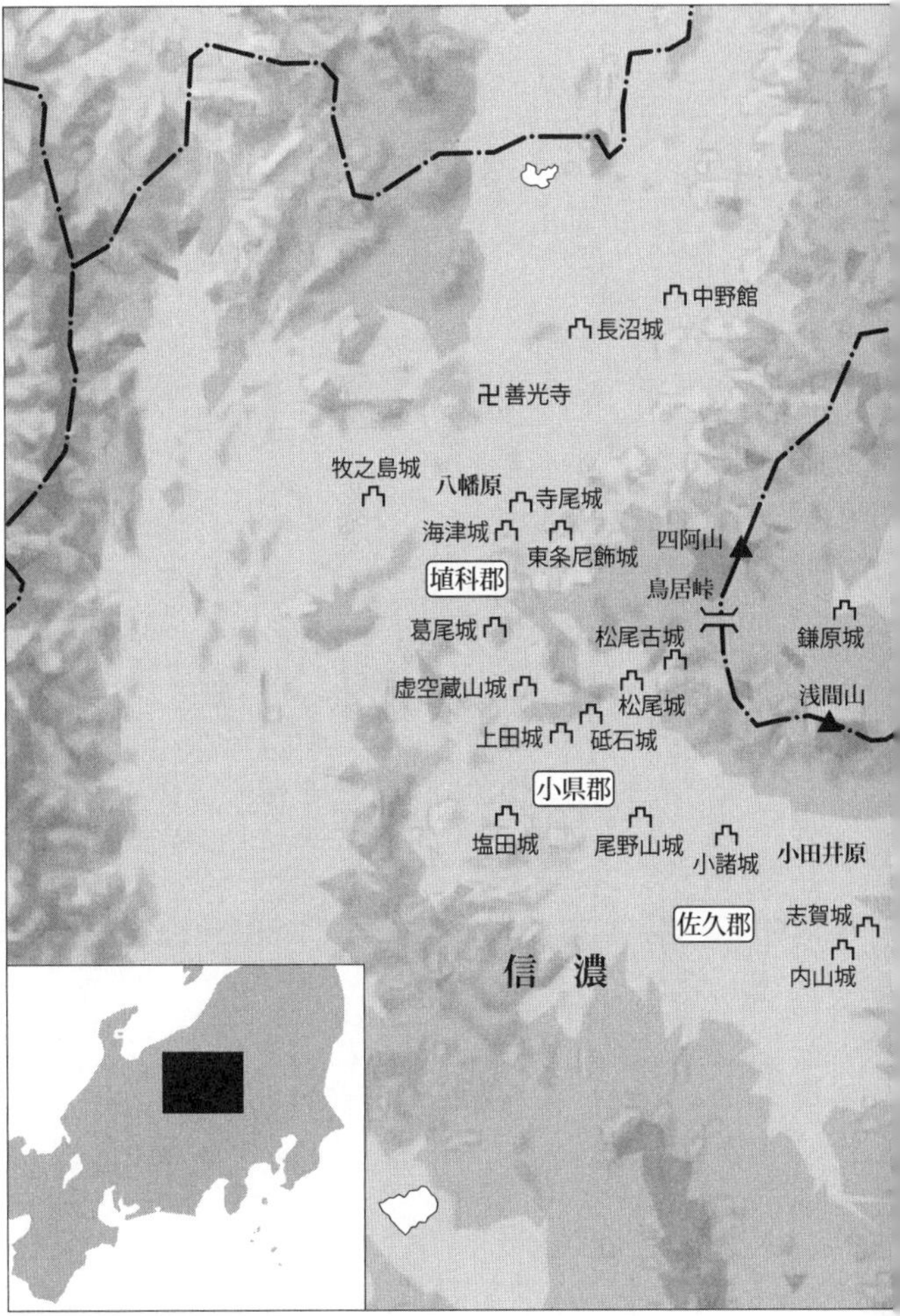

信濃・上野真田氏関係地図

戦国期真田家略系図

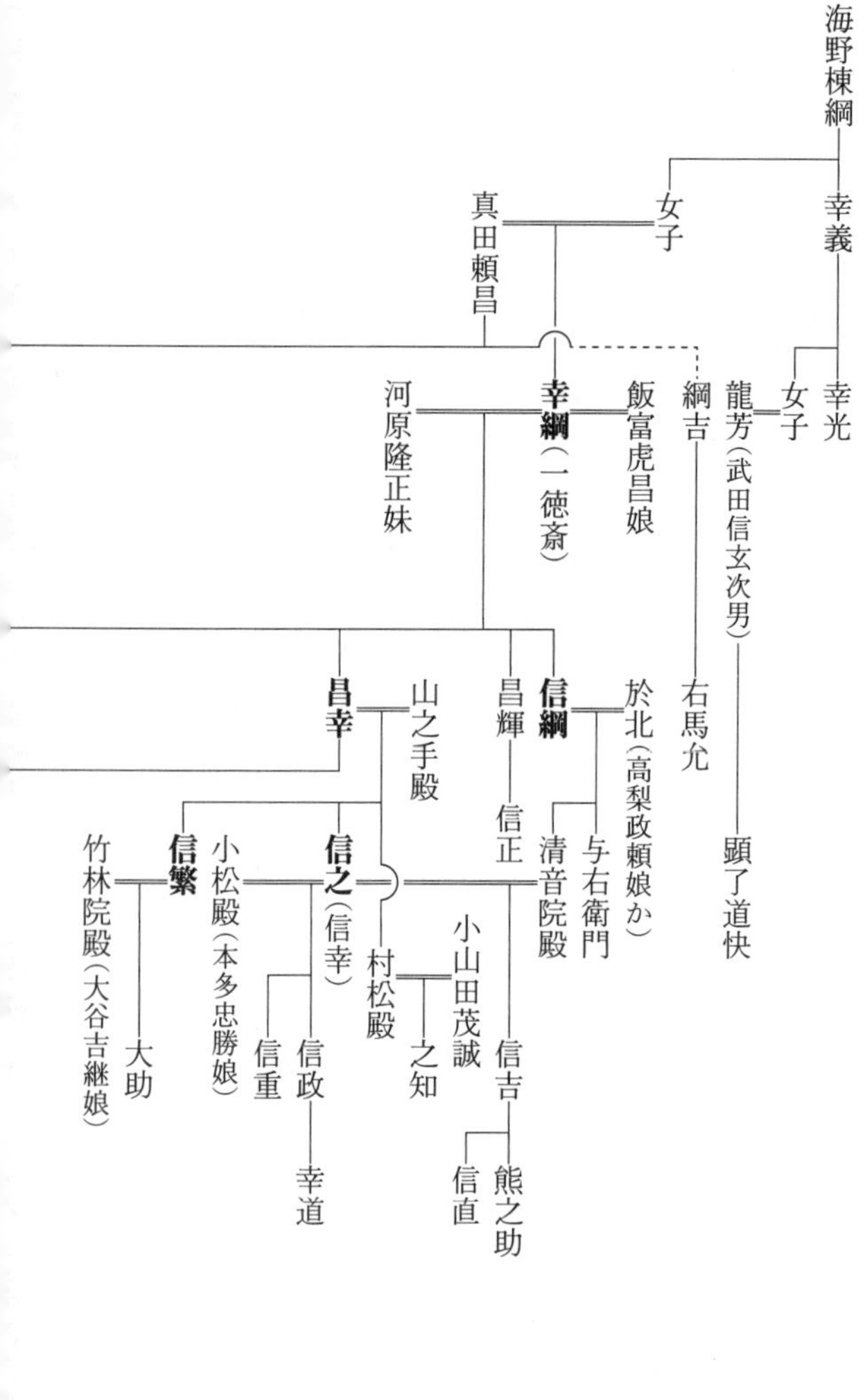
海野棟綱
幸義
女子
真田頼昌
幸光
女子
龍芳（武田信玄次男）
顕了道快
綱吉
右馬允
飯富虎昌娘
幸綱（一徳斎）
河原隆正妹
信綱
於北（高梨政頼娘か）
与右衛門
清音院殿
昌輝
信正
昌幸
山之手殿
小山田茂誠
之知
村松殿
信吉
熊之助
信直
信之（信幸）
小松殿（本多忠勝娘）
信政
幸道
信重
信繁
竹林院殿（大谷吉継娘）
大助

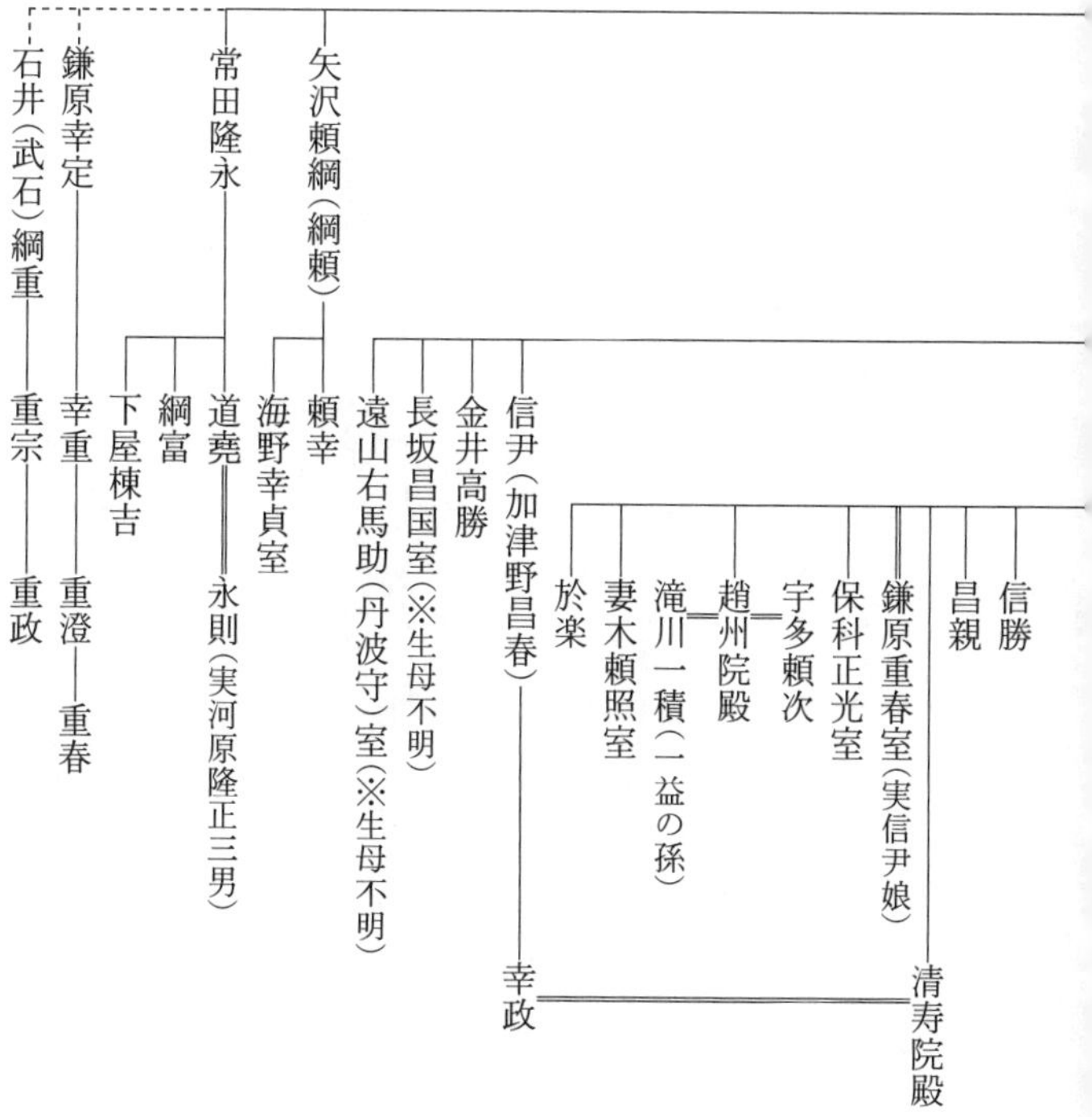

＊══は婚姻・養子関係、……は一部系図にのみ見える者および推定を示す。
＊海野棟綱の娘が嫁いだのは、頼昌ではなく幸綱の可能性がある。

はじめに

日本史で一番人気の高い時代と言えば、戦国か幕末であるといって差しつかえないだろう。戦国武将や維新の志士（あるいは新選組）が活躍した、いわば「英雄」の時代である。しかし「戦国武将の名前をあげてみてください」ということになると、誰もが知っている人物は意外と少ない。織田信長・豊臣秀吉・徳川家康という三人の天下人と、武田信玄・上杉謙信・毛利元就・伊達政宗といった戦国大名くらいではなかろうか。それも多分に司馬遼太郎に代表される歴史小説や、NHKの大河ドラマの影響が少なくないと思う。前者はもともと歴史好きの人しか読まないから、後者で耳にするほうが多いかもしれない。

大名が割拠した戦国時代は、地方ごとに歴史の流れが異なる。だから、一本道のストーリーで全体を説明するのは難しい。当然、日本史の授業でも大ざっぱに戦国大名の特徴を取り上げるだけで、後は織田信長にはじまる天下一統の流れを教わることになる。

このような背景があるから、天下人でも戦国大名でもないのに知名度が高い戦国武将というのは本当に少ない。本能寺の変で信長を殺害した明智光秀、関ヶ原の戦いで徳川家康に敗れた石田三成、家康を二度も苦しめた真田幸村くらいしか、筆者には思い浮かばない。もっとも、幸村や三成の活躍年代は、厳密にいえば戦国時代より少し後ではある。ただ、いずれも「悲運の武将」である点は共通している。あるいは日本人の判官贔屓《ほうがんびいき》の結果かもしれないし、天下人と重要な局面で相対したから知っているということかもしれない。

その中で、真田幸村は特別な存在である。もともと江戸時代を通じて人気が高かった上、大正期に立川《たつかわ》文庫の一冊として『真田十勇士』が刊行されたことで、庶民の人気を博した。だから真田氏といえば幸村、幸村といえば十勇士というほどの知名度を、戦前から誇っていたのである。真田十勇士と聞いてピンと来ない方でも、猿飛佐助《さるとびさすけ》くらいは聞いたことがあるのではないか。家紋も一般に「真田六文銭《ろくもんせん》」と呼ばれ、知名度の高い家紋のひとつである。

そして戦後においても、幸村を筆頭とする真田一族は、しばしば小説の題材として取り上げられた。とりわけ池波正太郎の『真田太平記』は、NHKが新大型時代劇として大河ドラマとほぼ同様の扱いで映像化しており、一定の年齢より上の世代にはご覧になった方も多いだろう。またテレビゲームにおいても、幸村の能力は非常に高く設定されるのが常である。昨今は戦国を題材にしたテレビゲームが人気を博していることもあり、若年世代にも広く知られているのではないか。

この幸村という人物は、正しい実名《じつみよう》を「信繁」といい、武田信玄・勝頼の家臣真田昌幸の次男として生まれた。だから本書では史実に則って信繁と呼ぶことにする。二〇一六年度NHK大河ドラマ『真田丸』では、実名を信繁で通すと聞いている。現在の報道を見る限り、「幸村」「幸村（信繁）」などと置き換えられているようだが、大河ドラマ放映によって、正しい実名は定着するだろうか。

さて、真田氏は武田家の家臣なのだから、戦国武将であっても戦国大名ではない。この点の区別がつかないとよく聞かれる。ざっくりといえば、「戦国武将」を家臣として束ねている家組織と、その家の当主をさして戦国大名と呼んでいる。戦国大名を会社に喩えることが許されるならば、会社そのものと社長個人が戦国大名、社長を含む社員全員が戦国武将になる。

ただし、真田氏を武田家臣と説明するのは、厳密に言えば正しくない。真田氏は、武田家という戦国大名に従ってはいるが、領国内の自治権を保持した自治領主だからである。

このような存在を、近年では「国衆《くにしゆう》」と呼んでいる。会社の例をまた引けば、子会社とその社長個人ということになるだろうか。

国衆が純粋な家臣とは異なり、戦国時代を考える上で鍵となることが、一九九〇年代以降の研究で明らかになってきた。国衆は他国の侵略から守ってもらうために近隣の戦国大名に従う。戦国大名は国衆に戦争時の参陣を求めるが、逆に国衆を守る義務を負う。そして興味深いことに、内政には基本的に干渉しない。ようするに戦国大名領国には、国衆の自治領があちこちに存在する点に特徴がある。

もっともこの概念は新しいものだから、研究者の間でも呼称が一定していない。室町時代と同様に「国人《こくじん》領主」と呼ぶ人もいれば、一九七〇年代の先駆的な研究者が名付けた「戦国領主」等を引き続き採用する論者もいる。ただし、東京近郊の東国大名研究者の間では「国衆」と呼ぶ人が増えており、筆者もこの言葉を使ってきているから、本書でもこれを用いる。

真田家は、信繁の祖父幸綱の代に武田家に従属した国衆であった。ところが、武田家が織田信長に滅ぼされてしまったため、信繁の父昌幸は真田家を保護してくれる戦国大名を求めて諸大名のもとを渡り歩き、最終的に豊臣秀吉に従う。

天下人となった豊臣秀吉は、今までと異なり、国衆という自治領主の存在を認めない方針をとった。だから従来の国衆は、①独立大名に格上げされるか、②自治権を剝奪されて大名の家臣になるか、③改易されるかに分かれた。真田家は幸運にも、秀吉から独立大名として認められ、江戸時代を通じて大名として存続していくことになる。つまり国衆とは、戦国時代独自の存在なのである。

だから真田氏の歴史を追うことは、戦国時代そのものを考えることにつながる。

そのためには、国衆としての真田家を確立させた幸綱・信綱の時代から筆を起こし、昌幸・信之（信幸）が近世大名の礎《いしずえ》を築くまでを見ていく必要がある。時代としては、最初に真田氏の発祥を確認する以外は、幸綱の活動がわかるようになる一五四〇年頃から、松代藩祖となった信之が没する一六五八年までの約一〇〇年間が対象となる。

なお、よく「真田三代」として幸綱―昌幸―信繁が列記されるが、真田家の家督は幸綱―信綱―昌幸―信之と移っており、この四人で「真田四代」とするのが正しい。

こうした真田四代の歴史をみていく中で、大坂の陣で活躍した信繁について検討すれば、彼をただの「悲劇の英雄」「稀代の名将」として見るのではなく、戦国～江戸時代初期という歴史の中の人物として、正しく位置づけることができるだろう。

真田氏の研究史は非常に分厚いが、実は武田時代のことしかよくわかっていない。近年の研究で、ようやく豊臣秀吉に従うまでの動向が明らかになった。しかし、豊臣大名となって以降、江戸時代初期の真田家については、数えるほどしか研究がない。

したがって本書では、武田時代の真田家の立場を掘り下げるのはもちろんだが、秀吉に従属した後の真田家をどう考えるかをひとつの課題とした。ただ実は、豊臣政権から江戸時代初期については、政治史そのものも考え直さなければならないことが多い。再検討が現在進行形で進められているが、まだようやく入り口というのが実感である。そこで、この時期の政策や歴史の流れについても、少し紙幅を割いて私見を述べることとした。読み進めていると、話がやや脱線気味になる箇所があるかと思うが、最小限の説明が必要と考えた結果であり、ご寛恕願いたい。

おそらく真田家は、その勢力の小ささと反比例して、もっとも魅力あふれる一族のひとつである。その歴史をみることで、戦国時代、ひいては歴史学そのものに、興味関心を抱いていただければこれ以上の喜びはない。本書がその一助になれば、幸いである。

一章　真田幸綱

真田家を再興させた智将

真田家の系図主張

江戸時代に入って、真田家は自分の先祖について、このように主張していた。真田家は清和天皇の孫が海野《うんの》小太郎を名乗ったことに始まる。しかし、「氏《うじ》」は滋野《しげの》氏で、その嫡流家にあたる。そして、戦国期の海野氏当主棟綱《むねつな》の嫡孫幸隆《ゆきたか》が真田郷（上田市真田町）に居住したことで、はじめて真田を称したのだという。

江戸幕府が寛永一八〜二〇年（一六四一〜四三）に編纂させた『寛永諸家系図伝』の真田氏の項は、真田家が提出した系図を元に作られている。それによると、清和天皇の子、貞秀親王《しんのう》が滋野氏初代であり、その子幸恒《ゆきつね》が海野小太郎を称した。そして、海野幸恒の嫡男幸明《ゆきあきら》が海野氏の家督を継承し、次男直家《なおいえ》が禰津《ねつ》氏の祖、三男重俊《しげとし》が望月氏の祖となったとしている。いわゆる「滋野三家」がこれである。真田氏は、海野氏嫡流の流れを汲み、真田昌幸の父である幸隆（後述するように、正しくは「幸綱」だが、以下では系図上の記載を説明するため、便宜的に幸隆と記す）を海野棟綱の孫で、幸義《ゆきよし》の子としている。さらに、幸隆が真田荘に居住したために、海野から真田に改姓したとする。

その後、享保二一年（一七三六）に没した真田幸詮《ゆきあきら》までの記載がある系図では、清和天皇の子は貞元親王となっており、やや相違する。そして幸隆については、海野棟綱の子で、海野幸義の弟としている。清和天皇の子が貞秀親王か貞元親王かについては、書き間違いと思うがわからないと素直に述べているから面白い。

いずれにせよ、海野棟綱の子孫が、別家を興《おこ》して真田姓を名乗ったというのが真田家の公式見解ということになる。ここから読み取れる由緒主張は、真田氏は別家を興したものの、滋野一族の惣領家《そうりよう》（本家）である海野氏に直接連なる家系である、というものであろう。ようするに、海野氏惣領家であるといいたいわけだ。

しかし早くに新井白石は、元禄一五年（一七〇二）に著した『藩翰譜《はんかんふ》』において、清和天皇の子に貞秀親王という人物は存在せず、かつそれ以前に滋野氏が存在することを指摘した。そもそも清和天皇の子孫であるのに清和源氏を名乗らないというのは奇妙である。

こうした問題点を指摘されたためだろう、文化九年（一八一二）完成の『寛政重修諸家譜』編纂時には、真田家は別の系図を進上した。しかしここで江戸幕府は、滋野氏は早くに興っていたとして真田氏の主張を退けた。清和天皇の子孫という説は一応従うとするものの、貞秀親王の存在は確認できず、また親王の子が小太郎と称するというのも「不審」と記され、海野幸恒から系図を記すという形がとられた。つまり真田氏の由緒主張には、江戸幕府によって疑問が投げかけられたのである。

もともと、無理のある由緒主張だったといわざるを得ない。真田家は、滋野一族の惣領を称するだけでなく、清和天皇に系図をつなげようとしたのだから。

このように、近世真田氏は自家の由緒を飾ることに必死であった。逆にいうと、誰が先祖なのかわからない家なのである。真田一族が明確な形で史料上に姿を現すのは、戦国時代に入ってからだ。もっとも、戦国大名・近世大名では珍しい話ではないから、真田氏だけを責めるのは公平性を欠くというものだろう。

滋野氏の発祥

滋野氏の起源は、奈良時代に大学頭《だいがくのかみ》兼博士であった楢原東人《ならはらのあずまひと》にある。『続日本後紀』によれば、東人は天平勝宝元年（七四九）、駿河守在任時に産出した黄金を献上し、「勤《いそ》しき哉《かな》」と讃えられ、その音をとって伊蘇志臣《いそしおみ》の姓を賜った。その後、東人―船白―家訳と続く。

この家訳が、延暦一七年（七九八）に伊蘇志臣を改めて滋野宿禰《すくね》を賜り、さらに弘仁年間（八一〇～二四）に宿禰を改めて朝臣《あそん》を名乗ったという。家訳の子に貞主・貞雄がおり、特に貞主は学者・政治家として名を馳せた。

貞主の娘縄子は仁明天皇の妃となって本康親王を産み、奥子は文徳天皇の妃となって惟彦親王を産んだ。惟彦親王は清和天皇の兄にあたる。したがって、滋野氏というのは、清和天皇から分出した氏族ではない。清和源氏である源頼朝が幕府を開いたことからくる粉飾とみるのが妥当だろう。なお貞雄の娘岑子も、文徳天皇の妃となって二皇子二皇女を産んだ。滋野朝臣貞主は仁寿二年（八五二）に六八歳で没している。

　つまり滋野氏は、奈良時代末期から平安時代初期にかけて形成された氏族なのである。ただし、その立場はあくまで奈良朝・平安朝の貴族であり、この段階では信濃との関係はうかがえない。

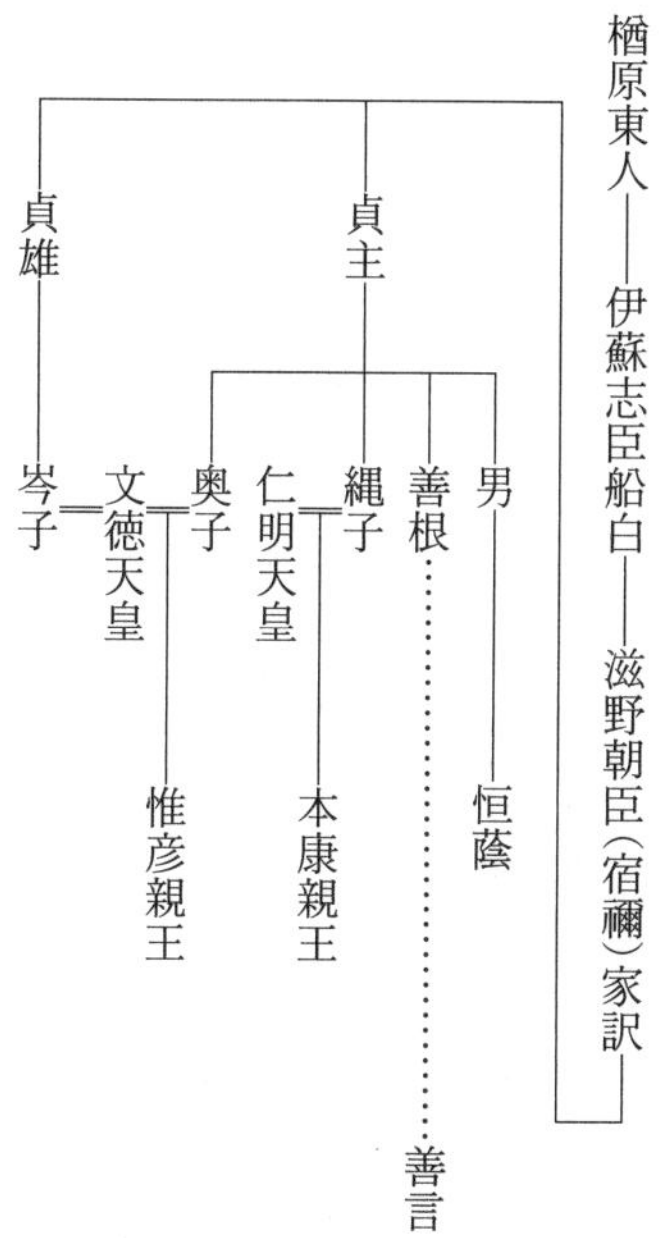

図1-1　滋野氏略系図

滋野氏と信濃

　しかし貞観一〇年（八六八）、滋野朝臣恒蔭は信濃介に任官し、一〇年間在任した。次いで、同一二年から四年間、滋野朝臣善根が信濃守となっている。ここに滋野氏と信濃のつながりが見いだせるのである。善根は貞主の次男、恒蔭は貞主の嫡孫ではないかと考えられている。なお、滋野一族の系図では、滋野氏の初代には「善淵王」なる人物が位置づけられている。これが、滋野善根の音が誤伝されたという理解が主流である。

問題はこの中央貴族滋野氏がどうやって信濃に「根付いた」かである。子息を信濃に入《にゅう》部《ぶ》させたとみるのが一番わかりやすいが、その可能性は低いとされている。

有力な考えとして提示されているのが、海野・禰津・望月氏はもともと信濃の土着豪族であったのではないか、というものである。信濃守・信濃介を歴任した滋野氏は、古代豪族海野三氏にとってもっとも身近な中央貴族であった。そこで滋野氏と姻戚関係を結ぶことで、「滋野氏」を称したのではないか。

近年の研究では、中世武士団はその成立過程において、任国に赴任してきた中央貴族に娘と関係を持たせ、その間に生まれた男子を家督につけることで、朝廷との関係を深めるとともに、地域社会において優位に立ったと指摘されている。その際には、「氏」(源平藤《げんぺいとう》橘《きつ》に代表され、滋野もそのひとつ)を父方(貴族)に改めたという。

滋野氏についても、善根の系譜を引く可能性が高い滋野朝臣善言が、寛弘六年(一〇〇九)に信濃からの貢馬の処置を司っており、馬寮《めりょう》に関わっていたと推定される。信濃国司を歴任した滋野氏は信濃の牧《まき》と深い関係を有したのだろう。代表的な牧のひとつに、望月牧があり、それを管理する望月・禰津および海野氏と姻戚関係を結んで現地とのつながりを強化した。一方、滋野三家の側は、中央の貴種《きしゅ》である滋野氏の子孫と称することで、東信濃に地盤を築いたとみるのがもっとも無理がない。

つまり、信濃の古代豪族「滋野三家」は、中央貴族滋野氏と結びつくことで、地域社会における地位を確立させたといえるのである。

海野氏の勃興

史料上、滋野惣領家たる海野氏が姿を現すのは、院政期末期である。初見は『保元物語』で、「宇野太郎」とある。これが保元の乱（保元元年、一一五六）で源義朝に味方したという海野小太郎幸親《ゆきちか》であろう（『信州滋野氏三家系図』）。治承・寿永の内乱（いわゆる源平合戦）では、木曾義仲に属した。これは木曾義仲が、信濃を基盤として勢力を形成したためであろう。幸親の嫡男幸広は、備中水島合戦に大将として出陣して討死《うちじに》をしている。

その弟とみられるのが幸氏《ゆきうじ》である。木曾義仲の嫡男義高が人質として鎌倉に赴いた際に御供をつとめた。義高と幸氏は、同い年であったという。元暦元年（一一八四）四月二一日、頼朝は義仲との関係決裂を受け、人質である義高を処刑しようと決断した。これを察知した木曾方は、義高を逃れさせようとするが失敗し、結局処刑されてしまう（『吾妻鏡』）。

この時、幸氏は義高に変装し、義高が逃げるための時間稼ぎをしたという。

これがかえって頼朝の眼にかなった。頼朝は幸氏の忠節を讃え、本領を安堵し御家人《ごけにん》(鎌倉幕府の直臣)の列に加えたという。たしかに鎌倉幕府の正史『吾妻鏡』には、文治五年(一一八九)正月の若君(源頼家《よりいえ》)弓始めの射手を皮切りに、幸氏の記述が散見される。特に弓に秀でていたようで、嘉禎三年(一二三七)七月一九日には、「幕下将軍御代、為八人射手之内歟」と執権北条泰時《やすとき》から絶賛され、孫の時頼《ときより》への指導を請われている(『吾妻鏡』)。

建保四年(一二一六)一〇月五日、海野幸氏が上野三原荘《こうずけみはら》(吾妻《あがつま》郡西部に位置した荘園)の範囲について、三代将軍源実朝《さねとも》に言上しており、御家人となって以降、上野吾妻郡に勢力を伸ばした様子がうかがえる。仁治二年(一二四一)三月二五日には、三原荘をめぐって武田信光と争い、勝訴している(『吾妻鏡』)。このことからすると、戦国期に明確化する滋野一族の吾妻郡への展開は、鎌倉時代初期になされたといってよいだろう。

では真田氏は、いつ海野氏から分流したのであろうか。近世真田氏が、必死に自家を海野氏の直系に位置づけようとしていたことは、すでに述べた。しかし、真田幸隆の弟矢沢頼綱《よりつな》の菩提寺良泉寺《りょうせんじ》に残された系図によると、頼綱は真田右馬佐頼昌《うまのすけよりまさ》の三男であるという。この頼昌こそ、幸隆の父ということになる。そして頼昌については、「従昔真田氏」と記されている。わざわざ自家をおとしめる由緒主張をするはずはないから、この一族はこれ以前から真田氏を称していたとみたほうが自然だろう。つまり、真田家は戦国期に海野家から分かれた家ではないし、ましてや直系の子孫でもない。

そこで注目されるのが『信州滋野氏三家系図』で、海野幸氏の孫に「幸春《ゆきはる》　真田七郎」という記述がある。この人物こそ、真田氏の祖先ではないか。父長氏《ながうじ》・長兄茂氏《しげうじ》については他史料による裏づけを欠くが、すぐ上の兄である助氏《すけうじ》は『吾妻鏡』に記述が散見される。この時期の同系図の内容は信頼してよいと思われる。

つまり真田家は、鎌倉時代初期に海野氏から分出した庶流家であったのである。

大塔合戦と結城合戦

しかしその後、真田氏は歴史の表舞台から姿を消す。次に真田氏が姿をみせるのは、室町時代、応永七年（一四〇〇）のことである。この年、信濃守護小笠原氏の入部に反対した国人《こくじん》たちが一揆を形成し、抵抗した。「大文字一揆《だいもんじいっき》」と呼ばれる。この大文字一揆に禰津遠光《とおみつ》配下の武士として「実田」が参陣している（『大塔物語《おおとうものがたり》』）。禰津氏は滋野三家のひとつであり、その指揮下に属している「さねだ」氏こそ、「さなだ」氏であると考えられている。「ね」「な」の発音が似通っているという考え方である。一見すると牽強付会《けんきょうふかい》だが、こうした音の区別が曖昧なケースは少なくない。

禰津遠光が率いている武士のうち、禰津一門と「実田」以外の顔ぶれは、桜井・別府・小田中・横尾・曲尾《まがりお》といった武士であり、これは戦国期に海野衆として確認できる氏族や、真田氏の本拠である真田郷近辺の地名を苗字に持つ武士である。このことからみても、「実田」氏=真田氏とみて間違いはないだろう。

続いて、真田氏の所見があるのが、永享一二年(一四四〇)の結城《ゆうき》合戦である。結城合戦は、鎌倉公方《くぼう》(鎌倉府の長官)足利持氏《もちうじ》の滅亡後、残党が遺児足利春王丸《はるおうまる》・安王丸《やすおうまる》を奉じて挙兵したことで勃発した。しかし、室町幕府に討伐されて、幕府から関東の支配を任されていた鎌倉府はここでいったん滅亡する。

この合戦で、信濃守護小笠原政康《まさやす》・同持長《もちなが》・村上頼清《よりきよ》に率いられ、幕府方で参陣した武士として「真田源太・同源五・同源六」がみえる(『信陽雑志』)。仮名《けみょう》(元服時につける通称)の上に「源」を冠する名乗りは戦国期真田氏と同様である。ここにようやく、真田氏に直接つながるとおぼしき先祖を確認することができるといえる。

なお、結城合戦に際しては、足利春王丸・安王丸に従って山県《やまがた》美濃入道に首を討ち取られた「真田」の存在が指摘されている(『永享記』『鎌倉大草紙《おおぞうし》』)。このため、一見すると真田氏は、幕府方・鎌倉府方に分かれて参陣したようにもみえる。しかしながら、真田を名乗る武士団は房総半島にも所在する。のちに房総半島で戦国大名となる里見《さとみ》氏は、足利持氏に従った勢力である。したがって、鎌倉府方で戦った真田氏は里見氏の被官《ひかん》であり、信濃の真田氏とはまったくの別系ではないだろうか。

　これが、真田幸隆登場以前の真田氏の足跡である。そのあまりの痕跡の少なさに驚かれる方もおられるのではないか。

真田「幸隆」の実名

　戦国期真田氏は、永正一〇年（一五一三）に生まれた幸隆を初代とする。しかし、同時代の確実な史料では「幸隆」という実名《じつみよう》を確認することはできない。まず天文九年（一五四〇、ただし付記された干支は天文八年のもの）、幸隆は生母玉窓貞音大禅尼《ぎよくそうていいん》の供養を高野山蓮華定院《れんげじよういん》に依頼している。ところが、蓮華定院の供養帳《くようちよう》（供養依頼の整理簿で過去帳の一種）をみると、施主は「真田弾正忠《だんじようのちゆう》幸綱」と記されている。次に永禄五年（一五六二）六月一三日付で山家《やまが》神社に奉納された板扉に、「大檀那幸綱幷信綱」と父子で朱書される。

　つまり、幸隆の正しい実名は「幸綱」なのである。

　それでは「幸隆」という実名の初見はというと、前述した『寛永諸家系図伝』である。江戸幕府の命令で、諸大名が提出した系図をもとに編纂された。この時、幸綱の孫信之

図1-2　真田幸綱像（真田宝物館蔵）

（初代松代藩主で初名信幸。五章参照）はまだ存命であった。したがって、「幸隆」が正しい実名であるように思える。最初の実名が幸綱で、後に幸隆と改名したという考え方である。またいくらなんでも、祖父の名前を間違えるわけがないと考えるのが普通であろう。

　しかしながら、実は「幸綱」のほうが自然なのである。幸綱の外祖父《がいそふ》（母方の祖父）または舅である海野棟綱をはじめとして、幸綱、信綱と三代続いて「綱」字を実名に用いているからである。

　江戸時代以前の日本人の実名は、普通、漢字二文字からなる。このうち片方の字に、その家が代々使う字を入れることが多い。こうした代々実名に用いる字を、通字（とおりじ・つうじ）という。この場合、「綱」を通字として扱ったと考えれば理解しやすい。逆に特に理由もなく通字を捨てて改名するというのは、いささか解せない行為である。

それではなぜ、真田信之は、『寛永諸家系図伝』編纂時に祖父の名前を「幸隆」と申告したのか。まず前提としておさえておきたいのは、この系図に記されている戦国期の部将の実名は多くが滅茶苦茶であるということである。別に信之一人が間違えたわけではない。そして、高野山子院の供養帳に代表される過去帳類は、「幸隆」の名を「一徳斎《いっとくさい》」という斎号とセットで記すことが多い。したがって、幸綱が出家した際に、一徳斎幸隆《こうりゅう》と号した可能性が残るのである。つまり実名ではなく、法名ではないか、ということである。その法名が、孫の世代には実名と取り違えられたのではないだろうか。

戦国期真田家の歴史は、その始まりから誤りを正し、繙《ひもと》いていかねばならないともいえる。

海野棟綱との関係

戦国期真田氏の系譜を知る上で、しばしば参照されるのが『白鳥《しらとり》神社海野系図』である。白鳥神社は海野氏の氏神であり、歴代の崇敬が厚い。この系図には、真田幸綱（系図上では「幸隆」）は海野棟綱の娘の子、と記されている。『滋野正統家系図』もほぼ同様で、海野棟綱の娘婿が真田弾正忠であり、幸綱（幸隆）はその子息としている。

では幸綱の父親はどうか。幸綱の弟・矢沢頼綱の菩提寺良泉寺に伝わる『良泉寺矢沢氏系図』によれば、矢沢頼綱（初名綱頼《つなより》、真田源之助）は真田右馬佐（助）頼昌の三男であるという。

したがって、真田幸綱の父は海野棟綱の娘婿で、真田右馬佐頼昌というのが現在の通説である。ただし、頼昌という実名は、『良泉寺矢沢氏系図』がほぼ唯一の典拠といってよい。その上、同系図の成立は元禄九年（一六九六）と遅く、確証はない。

一方で、幸綱自身を海野棟綱の娘婿とする説も近年提示されるようになった。これは『白鳥神社海野系図』の丹念な検討に基づくもので、①海野棟綱娘と幸綱（幸隆）の間には線が引かれていないこと（親子関係であると明記されていない）、②この系図では同世代の人間は必ず系図上段に横に並べられるのに、幸綱は棟綱娘の下に記されていること、③海野幸義に「実棟綱弟也」と注記があること、④幸綱に「実幸義甥也」とあることなどから、この系図は海野棟綱娘と真田幸綱の婚姻を示すものであるという。

図示すると図1-3のようなものになる。

その上で、信頼性が高いとされる『信州滋野氏三家系図』において、幸綱に「海野小太郎聟成相続」という註記がある点を指摘し、幸綱を海野棟綱の娘婿と位置づけたのである。この『信州滋野氏三家系図』の註記は、従来見落とされていたものであり、無視できない。

また、海野棟綱の生年は不明だが、こちらのほうが世代が合うようにも思う。

したがってこの主張は、軽視できない内容を持つ。しかしながら、真田幸綱の五人の子息は、いずれも家臣河原隆正《たかまさ》の妹が産んでいる。この点に、弱みが残るといえる。

このように、現在は幸綱を海野棟綱の外孫《がいそん》（娘婿の子）とする通説と、本人が娘婿とする新説が併存しているといってよいだろう。ただいずれにせよ、幸綱の実父として所見があるのは、頼昌のみである。頼昌は、大永三年（一五二三）に没したという。法名は、真田道端大禅定門と伝わる。

海野棟綱については、詳しいことはわかっていない。発給文書も、海野領の住人が高野山に登山した際に宿泊する宿坊《しゅくぼう》を蓮華定院に定める、という宿坊契状《けいじょう》が残されているだけである。それでも、一六世紀初頭の発給文書が残されている「国衆《くにしゅう》」は多くはないから、貴重なものである。

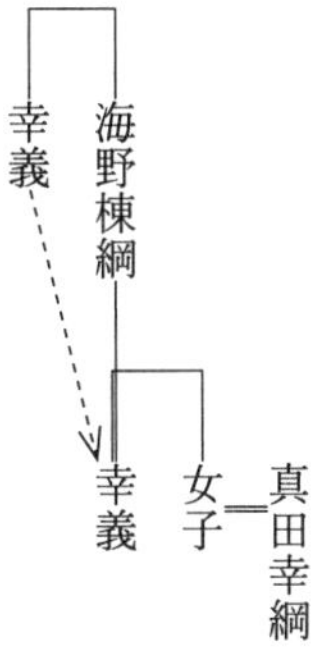

図1-3『白鳥神社海野系図』よりの復元案

父の実名が幸棟《ゆきむね》、嫡男の実名は幸義と伝わり、戦国期には「幸」を代々名乗る通字としていたことがわかる。ただ、棟綱がなぜ「幸」を用いていないのかは判然としない。幸棟・幸義ともに一次史料上に見られる実名ではないから、戦国初期の海野氏の通字も「綱」で、「幸」のついた実名は誤伝の可能性がある。大永四年（一五二四）七月に父幸棟の供養を蓮華定院に依頼している（『真田御一家過去帳』）。これは幸棟の命日ではなく供養依頼日だから、父親がいつ没したかは不明である。そもそも高野山における供養には逆修《ぎゃくしゅ》（生前）供養が多いから、幸棟の没年がこれ以前とも限らない。しかし、父の供養依頼日が真田頼昌の死去した翌年であることは注目され、やはり海野棟綱を真田幸綱の外祖父とするには無理があるかもしれない。

「真田右馬助綱吉」とは何者か

このようにみてくると、ひとつ気になる点がある。『良泉寺矢沢氏系図』で、矢沢頼綱が真田右馬佐頼昌の「三男」とされていることである。彼は幸綱の次の弟だから、次男でよいはずなのに、なぜ三男なのか。

そこで、改めて武田家臣団を調べると、「真田右馬助綱吉《うまのすけつなよし》」という人物の存在がクローズアップされてきた。永禄一〇年（一五六七）に、武田信玄が家臣と従属国衆から忠誠を誓約する起請文《きしょうもん》を一斉徴収した際に、「海野衆」の一員として起請文を提出した人物である。この時期の海野氏の当主は武田信玄の次男龍芳《りゅうほう》（隆宝、御聖道様《しょうどう》）で、龍芳は病気で両眼を失明していた。このため海野氏の家政は、実質的には家老の小草野隆吉《おぐさのたかよし》を中心とする合議制で運営されていたと思われる。その一員が、真田綱吉であった。

この起請文に署判している顔ぶれは、綱吉の他に、常田《ときた》綱富《つなとみ》・尾山守重《おのやまもりしげ》・神尾房友《かんのおふさとも》・金井房次《ふさつぐ》・下屋《しもや》棟吉《むねよし》・奈良本棟広《むねひろ》・石井棟喜《むねよし》・桜井綱吉・桜井棟昌《むねまさ》・小草野隆吉・海野幸光《ゆきみつ》からなる。一見してわかるように、実名の上の字に「棟」「綱」を冠している人物が多い。これは、海野棟綱から偏諱《へんき》を受けた人物だろう。偏諱とは、より身分の高い人から、実名の一字を拝領して改名することである。元服する際に与えられるのが一般的だが、成人後に有力者から偏諱を受けて関係を強化することもある。そのこと自体が、この集団が海野氏家臣団であることを物語っている。

家老の小草野隆吉は、「棟」「綱」いずれの偏諱も受けていないが、あるいは海野龍芳（隆宝）から偏諱を受けたのだろうか。

末尾に署判している海野幸光は、『白鳥神社海野系図』によると海野幸義の嫡男で、妹が海野龍芳に嫁いでいる。小草野隆吉とともに、海野衆とりまとめの中心に位置したのだろうが、家督継承は認められなかった。ただし『白鳥神社海野系図』は、別家である塔原《とうのはら》海野氏を海野棟綱の次男として系図をつなげているから、使用には多少注意を要する。

この海野衆のうち、常田綱富と下屋棟吉は真田幸綱の弟常田隆永《たかなが》の次男、三男にあたる（『系図《けいず》纂要《さんよう》』）。したがって、真田氏の庶流家は必ずしも真田家臣になったわけではなく、海野衆の一員として武田家に仕えたわけである。その一人が、真田右馬助綱吉であった。

ここで、なぜ綱吉にこだわるのかというと、綱吉の官途名《かんと》「右馬助」が、幸綱の父頼昌(右馬佐)と一致するからである。「助」「佐」と相違するが、この場合「右馬佐」が誤記で、「右馬助」のほうが正しい。中近世社会においては、基本的に実名を呼ぶことは失礼な行為にあたった。このため、元服して名乗る仮名(太郎、次郎などの「字《あざな》」、一種のミドルネーム)や、本来であれば朝廷から授与される官位(官途名、受領《ずりょう》名)を呼称に用いた。官途名とは中央省庁の官位、受領名とは地方官の官位を指す。ただしこの時代、朝廷から官位を正式に授与されることは戦国大名レベルを除けば皆無に等しく、自分の主君から名乗りを許されることが一般的であった。一見すると無意味な行為だが、朝廷の官位を家臣統制に用いたのである。ちなみに、朝廷の官位にはそれぞれランク(位階《いかい》という)があったが、それは無視された。この家の当主であればこの官位を名乗ることを許されるという形をとったのである。

したがって、こうした通称は代々襲名することになるから、「右馬助」の一致は無視できない。右馬助綱吉は、右馬佐頼昌の子息で、しかも長男であったのではないか、ということが近年指摘されるようになったのである。もしそうであるならば、幸綱は次男であったことになる。その弟なので、矢沢頼綱は三男である、というわけだ。

なぜ綱吉が海野衆の一員に埋没し、幸綱が信玄に取り立てられたかといえば、それは打ち立てた功績の差であろう。またそもそも、海野棟綱から偏諱を受ける際、真田綱吉・矢沢頼綱（初名は綱頼。武田勝頼から「頼」字を与えられて改名）が「綱」であったのに対し、真田幸綱は海野氏通字「幸」を与えられている。幸綱だけが、この段階ですでに特別扱いを受けていたことがわかる。これは、幸綱が真田頼昌と海野棟綱娘の間に生まれて嫡男《ちゃくなん》扱いを受けたか、幸綱の妻が海野棟綱娘であったためだろう。後者であっても、兄綱吉ではなく幸綱が婚姻相手に選ばれたのだから、幸綱は真田家の次男ではあるが、頼昌の正室が産んだ嫡子《ちゃくし》であったと考えられる。

なお、武田家滅亡後の天正一一年（一五八三）に、真田昌幸の家臣として「真右」という人物が確認されるが、真田右馬助の略称と思われる。綱吉か、その子息右馬允《うまのじょう》であろう。真田右馬允はその後、真田氏を離れ、慶長五年（一六〇〇）六月に小諸城主（小諸市）仙《せん》石《ごく》秀久《ひでひさ》に仕え、知行三〇〇貫文を与えられている（豊岡市教育委員会寄託『略家譜』）。右馬允は、元和九年（一六二三）一一月二八日に没した（蓮華定院『過去帳月坏信州小県分第一』）。供養の施主は元矢沢家臣で、真田直臣となった正村金《しょうむらきん》右衛門《えもん》である。

関連して、矢沢頼綱についても検討すべき点が指摘されているので触れておく。頼綱は幸綱の弟だが、近世初期の系図にはみえず、確実な史料上の初見も天正三年と異様に遅い（後述の海野平合戦時にはたんに「矢沢」とだけあり、頼綱とは断定できない）。そこで気になるのが、永禄二年（一五五九）に蓮華定院に「哲渋正賢大禅定門」の供養を依頼している「海野薩摩守《さつまのかみ》」の存在である（『真田御一家過去帳』）。薩摩守は、頼綱が後に名乗る受領名であり、記載された法名も頼綱の「劔光院殿来叟良泉居士」と「叟（渋）」の字が一致する。あるいは、この薩摩守が幸綱の弟で矢沢家の家督を嗣ぎ、頼綱はその子息にあたるのかもしれない。実は頼綱・頼幸父子の生年は二通り伝わっており、確証がない。本書では通説通り頼綱を幸綱の弟として扱うが、検討の余地は残されている。

海野平合戦

ここまで述べてきたように、一六世紀初頭の真田幸綱は、真田郷を本拠とする小規模な勢力で、海野棟綱に従う存在であった。具体的には「国衆」と呼ばれる領主である。国衆についてては「はじめに」でも簡単に述べたが、かつては室町時代と同様、国人《こくじん》領主と呼ばれた存在である。室町期までは所領が各地に散在していたが、戦国期に入る段階で本領を中心とした一円支配を行うようになる。その過程で周辺の小領主を家臣化し、大きな家は郡規模の領域権力に成長した。ここに室町期国人領主との違いが指摘できる。国衆は権力の質の上で、戦国大名とほぼ同じなのである。しかし、単独では強大な戦国大名（一国規模の領域権力）の軍事力に対抗できないため、近隣の戦国大名に従属する道を選んでいく。大名との関係は一般の家臣と異なり、軍事力を提供する代わりに、他国の侵略から守ってもらうという双務的な契約関係にあった。大名のもとでは、軍役など一部の役賦課に応じる義務を除き、自治支配権を保持しており、次第に従属した大名にならう形で文書行政を行うようになる。

先述したとおり、戦国時代初期の真田氏は、滋野一族の惣領家である海野棟綱に従う国衆であった。信濃は守護小笠原氏と北信濃の村上氏が勢力を伸ばしたものの、一国を統一する戦国大名権力は生まれなかった。このため、特に佐久・小県《ちいさがた》郡はまだ独立を維持した国衆が割拠する状況であった。幸綱が従う海野棟綱もとうてい戦国大名と呼べる存在ではない。小県郡の中では有力な国衆であったが、小県郡を統一していたわけでもなかった。これが、より大きな勢力の軍事介入を招く原因となる。

天文一〇年（一五四一）五月一三日、甲斐の武田信虎《のぶとら》・信濃の諏方《すわ》頼重《よりしげ》（中世では「諏訪」は「諏方」と書くことが一般的）・村上義清《よしきよ》が連合して、海野領を攻撃した。海野領は三方から包囲され、攻撃を受けたのである。海野棟綱は、尾野山城（上田市）に籠城するが、あっさりと攻め落とされた。翌日、海野平・禰津も攻略された。不運にも、近年まれにみる大雨が襲い、まともな戦ができなかったという。五月二五日に再度、海野平で決戦を挑んでいるから、海野勢は巻き返しを図ったと思われるが、事実上の戦国大名連合軍が相手である。衆寡敵せず大敗し、棟綱の嫡男幸義はこの合戦で討死したとされる。ただし、武田信虎・晴信《はるのぶ》（信玄）父子の帰陣は六月四日だから、海野方の抵抗はしばらく続いたと思われる。

惣領である海野棟綱は、関東管領《かんれい》（鎌倉公方の補佐役）で平井城（群馬県藤岡市）を居城とした山内《やまのうち》上杉憲政《のりまさ》を頼って上野へ落ちのびた。幸綱も上野へ亡命したが、棟綱とは去就を分け、上杉氏の重臣で箕輪《みのわ》城主（群馬県高崎市）の長野業正《なりまさ》を頼ったという（『滋野《しげの》世紀《せいき》』『真武内伝《しんぶないでん》』、どちらも真田家の歴史を記した軍記《ぐんき》物《もの》）。一方、弟の矢沢頼綱と滋野一族の禰津元直《もとなお》は、諏方頼重に降伏した。矢沢・禰津両氏のこの後の動きは確定が難しいが、諏訪大社の神官が記した古記録『神使《しんし》御《お》頭之《とうの》日記《にっき》』に「こなたより召し帰され」とあるから、頼重から本領復帰を許されたのだろう。その後、村上義清の支配下におさまったようである。小県郡から佐久郡北部の一帯は、村上家の勢力下に置かれた。

このように、海野棟綱・真田幸綱・矢沢頼綱の三者は、それぞれ別の道を選択した。

なぜ棟綱・幸綱は上野に逃れたのだろうか。それは歴史的・地理的に、東信濃（小県・佐久両郡）は、上野を含む関東と関係が深かったことが理由としてあげられる。古くは信濃で挙兵した木曾義仲が、上野多胡《たご》荘（群馬県藤岡市一帯）で軍勢を集めている。永享の乱（一四三八〜三九）で敗死した鎌倉公方足利持氏の遺児万寿王丸《まんじゆおうまる》（成氏《しげうじ》）は、信濃佐久郡の

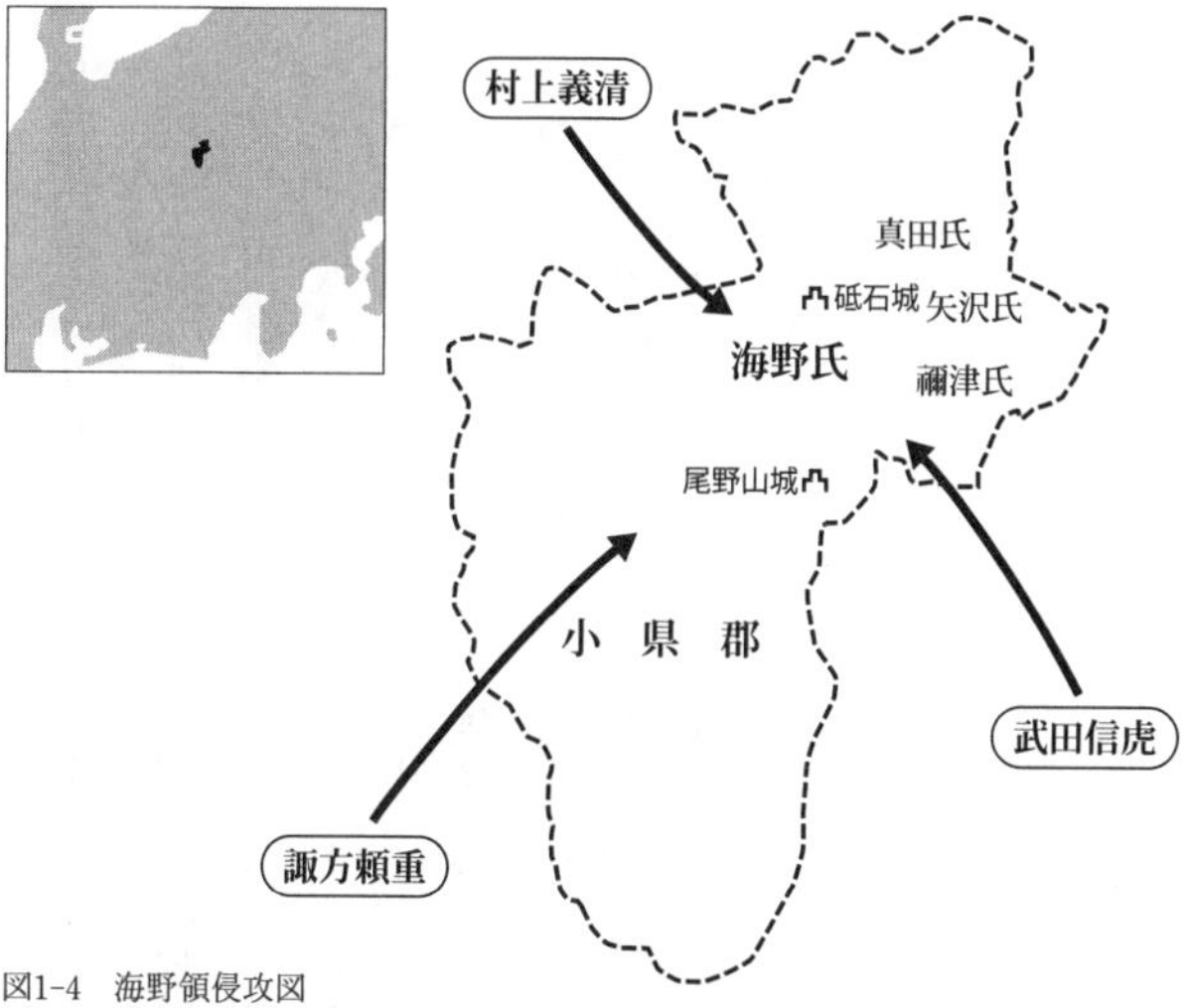

図1-4　海野領侵攻図
天文10年（1541）５月13日、武田信虎、諏方頼重、村上義清が連合し、海野領は三方から攻撃される。

有力国人大井氏に密かに保護されたと伝わる。

　室町幕府において、信濃は幕府が直接守護を置いて管轄する国ではあるが（室町殿御分国《ごぶんこく》）、鎌倉公方が管轄する甲斐・上野（鎌倉殿御分国）にも隣接する。鎌倉公方は室町幕府将軍によって任命される関東の支配者にもかかわらず、将軍の位を狙ってしばしば幕府と摩擦を起こした。このため、その境界線上に位置する信濃は、幕府・鎌倉府双方から重要視され、双方とつながりを持ったのである。単純に地理的に近いというだけではなく、歴史的経緯もある亡命先であったといえるだろう。

武田信虎の追放と山内上杉氏の信濃出兵

当然のことではあるが、上野亡命後の海野棟綱・真田幸綱は旧領復帰の望みを持ち続けた。特に海野棟綱は、山内上杉憲政に賭けており、その期待は大きなものがあったであろう。その好機は、意外にもすぐに訪れた。六月四日に甲斐へ帰陣したばかりの武田家で、政変が起きたのである。天文一〇年六月一七日、武田晴信（信玄）がクーデターを起こし、父信虎を駿河に追放して実力で家督を嗣いだ。

この理由として、さまざまな信虎の悪政と暴虐が伝えられるが、ほとんどすべてが江戸時代の軍記物による創作で、事実ではない。おそらく問題点は二点に集約される。まず、信虎の外交方針である。信虎の外交は二正面作戦もいとわぬもので、たとえ、ひとつの大名と和睦しても、別の大名と開戦することを繰り返した。それでいながら、獲得した国外の領土は、天文九年（一五四〇）に佐久郡に領国を拡大したことがはじめてで、国内勢力に恩恵が回ってくることは少なかったのである。

もうひとつは、大飢饉の到来である。天文九年、甲斐は暴風雨に見舞われ、その影響から か、天文一〇年春は一〇〇年に一度という規模の餓死者を出した。こうした状況でも国外出兵をやめない信虎の行動に、武田家中には厭戦気分が生じていたのであろう。

クーデターの手法は、六月一四日に娘婿今川義元《よしもと》を訪ねて甲斐を離れた信虎の帰路を、足軽を用いて封鎖するというものである。武田晴信の右腕となる駒井高白斎《こうはくさい》（分国法「甲《こう》州法度之次第《しゅうはつとのしだい》」の起草者）すら知らされぬ、隠密作戦の勝利であった。

一方、これは山内上杉憲政にとっては思いもよらぬ好機と映った。実は山内上杉家と武田家は同盟関係にあったから、上杉家を頼るという棟綱・幸綱の行動は必ずしも適切なものではなかった。もちろん、平和裏の交渉のもとで復帰するという手段をとるのであれば別である。

しかしながら上杉憲政は、武田氏はまだ政変の余波で身動きがとれないと考えたらしい。武田家が動かないなら、信濃に攻め込んでも同盟関係に支障は出ない、そう判断したものと思われる。憲政は七月に三〇〇〇の軍勢を信濃佐久・小県に派遣した。ところが、ここで予想外の事態が起きた。諏方頼重が武田・村上両氏に相談をせずに単独で対応し、四日には小県郡長窪《ながくぼ》（長野県長和町）に布陣したのである。

これではまったく話は違ってくる。もし苦戦して在陣が長引くようであれば、武田・村上勢が動き出しかねない。上杉勢はあっさり長窪攻撃を断念し、佐久郡蘆田郷《あしだ》（長野県立科町）を荒らしただけで和睦して引き上げてしまった。頼重はここに目をつけた。逆に荒廃した蘆田郷を制圧し、蘆田依田氏を降伏させたのである。頼重の帰陣は一七日というから、上杉勢はせいぜい一〇日間在陣しただけであったのだろう。ここに棟綱の望みは潰えたといってよい。

しかし、同時に諏方頼重も、自身の行動が自分の首を絞めるものになろうとは夢にも思わなかったのである。

幸綱の武田家従属

山内上杉勢の信濃出兵は、あっけない幕切れを迎えた。これにより、真田幸綱は別の道を探ることとなる。

天文一一年(一五四二)六月二四日、甲斐・信濃の諸勢力に激震が走った。前年に家督を奪取したばかりの武田晴信が、同盟国諏方頼重を急襲したのである。この年四月、諏方頼重と晴信の妹禰々との間には男子寅王が誕生し、一一日にお宮参りを済ませたばかりであった。

頼重からすれば、晴信のクーデターに異議を申し出た形跡はないから、信虎追放後も変わらぬ友好関係を結んでいたという認識であったと思われる。しかし、晴信の側には、相応の理由があった。

それは、前年の山内上杉氏による佐久・小県郡出兵に際し、諏方頼重が佐久郡で勢力を拡大したことであった。晴信は、これを抜け駆け行為と受け止めた可能性が高いのである。『神使御頭之日記』に、「甲州の人数も村上殿も身をぬかるゝ分ニ候て」とあるのは、抜け駆け行為という認識が諏訪大社の神官の間に存在し、懸念材料とされていたためであろう。晴信は、その報復に出たのである。

六月二九日、突如諏訪郡に侵入した武田軍を前にして、頼重はまともな防戦の用意もできず、七月四日に降伏して甲府に護送された。そして二一日、弟頼高《よりたか》とともに切腹に追い込まれてしまう。名族諏方氏のあっけない滅亡であった。

この推移を、幸綱からみるとどうであろうか。幸綱を上野に追いやった三氏のうち、武田信虎は晴信に追放され、諏方頼重も晴信に滅ぼされた。つまり幸綱にとって、晴信が家督を嗣いだ武田氏は、敵ではなくなったともいえるのではないか。

武田氏と山内上杉氏の関係も変化した。両氏は従来、同盟関係にあったが、上杉憲政の佐久・小県郡出兵で関係が冷え込んだ。同盟の破局は、天文一四年（一五四五）に訪れた。武田晴信は、駿河の今川義元・相模の北条氏康《うじやす》双方と同盟関係を結んでいたが、今川・北条両国は当時敵対関係にあった。同年、今川義元は本国駿河の東部を占領する北条氏に攻勢をかけ、山内上杉憲政も北条方の武蔵河越城《かわごえ》（埼玉県川越市）を包囲した。このすべてと同盟を結んでいた晴信は、事態を一気に解決しようと考え、今川・北条・山内上杉の

「三和」を提案したのである。三大名もこれを受け入れ、北条氏康は駿河東部を今川義元に返還して和睦した。ところが、山内上杉憲政は河越城包囲を続け、受諾したはずの和睦を無視する行動に出たのである。これは北条氏康への裏切り行為であるのみならず、和睦を仲介した晴信の面目を潰す行動であった。今川氏の脅威から解放された氏康は、反転攻勢に出て上杉勢を撃退し、窮地を脱した。同時に、武田・山内上杉同盟も事実上崩壊したのである。

おそらく幸綱が晴信を頼ったのは、この頃であろう。天文一六年（一五四七）、佐久郡侵攻を進めた晴信は、志賀城（佐久市）を包囲した。山内上杉憲政は志賀城救援軍を派遣し、小田井原《おたいはら》（長野県御代田町）で武田勢と衝突した。結果は武田方の圧勝である。山内上杉氏と武田氏の同盟破棄を確認できると同時に、これ以降、山内上杉氏が信濃に攻め込むことはなくなる。旧領復帰という海野一族の夢は完全に断たれたのである。

この合戦をモデルとしたと思われる記述が、武田家の歴史を綴った軍記物『甲陽軍鑑《こうようぐんかん》』に「碓氷峠《うすいとうげ》合戦」としてみえる。そこには、真田幸綱の名が武田方として記されている。幸綱は早々に山内上杉氏に見切りをつけ、武田晴信に臣従したとみてよいだろう。

砥石城攻略と本領復帰

『甲陽軍鑑』によると、幸綱の武田家仕官は晴信のほうから声をかけて招いたもので、恩賞としてただちに本拠真田郷を与えられたという。しかし真田郷は、村上氏の軍事拠点砥石城《といし》（上田市）の至近にある。村上氏の勢力圏内に所在するのだから、真田郷復帰は物理的に無理がある。さらに天文一七年（一五四八）には、武田軍は上田原《うえだはら》合戦で村上方に大敗を喫しており、北進策は中断を余儀なくされていた。

天文一八年三月一四日、幸綱は晴信の命を受け、同じ滋野一族の佐久郡国衆望月源三郎に七〇〇貫文《かんもん》を与える龍朱印状《りゅうしゅいんじょう》を渡す使者をつとめた。なお龍朱印状とは、晴信が生み出した武田家の公文書で、花押を書く代わりに龍の模様が刻まれた朱印を押捺したものである。当然、これ以前に幸綱自身も知行を得ていたはずだが、いわば当座の宛行《あてがい》（給付）であったらしい。翌年七月二日、晴信は幸綱に対し、「本意」を達した上は、諏方形《すわがた》三〇〇貫文と横田遺跡上条七〇〇貫文の合計一〇〇〇貫文の所領を与えると約束した。諏方形・上条は本領真田郷付近の地名であり、ここでいう「本意」とは村上義清に雪辱を果たすという意味だろう。幸綱は本領奪回のために、晴信の信濃侵攻に尽力していくこととなる。

天文一九年（一五五〇）八月末、晴信は砥石城に物見を出した。二九日には、自ら実地検分を行い、弓矢を射かけている。これはおそらく、攻撃を始めたという意味ではなく、戦争を行う前の呪術的な儀式であろう。薩摩の島津氏が豊後大友《おおども》氏攻めを始める前に、豊後に調伏《ちょうぶく》（呪い）の矢を射込んだという記録がある（『上井覚兼日記《うわいかくけん》』）。おそらくこれと同様の行為ではないだろうか。九月三日には砥石間際に陣を進め、九日、ついに攻城戦がはじまった。濃霧の中での開戦であったらしい。

村上義清は砥石包囲に危機感を募らせた。戦争中であった高梨政頼《たかなしまさより》との和睦を成立させ、反転して武田方の寺尾城《てらお》（長野市）攻撃を開始したのである。援軍として選ばれたのは幸綱で、二三日に寺尾へ派遣され、二八日までに村上勢を撤退させた。砥石攻略軍への復帰は二九日である。

しかしながら、晴信は砥石城を攻めあぐねていた。そこで幸綱が帰陣した翌晦日に撤退が決定されたのである。一〇月一日、撤退する武田軍を背後から村上勢が急襲した。「砥石崩れ」と呼ばれる大敗であった。幸綱の本領復帰の夢、武田氏の北信濃進出は、潰えるかにみえた。

ところがその砥石城を、幸綱はあっさり攻略してしまうのである。天文二〇年（一五五一）五月二六日の出来事だった。『甲陽日記』（晴信側近駒井高白斎の執務記録とされる）には、「砥石ノ城真田乗取」と淡々とした記述のみがあり、軍事行動ではなく、謀略による攻略であることを示唆している。ただしこの後、砥石の「再興」が話題にのぼるから、城郭の修復が必要になるほどの戦闘はあったらしい。

図1-5　砥石城跡遠景
山の形が「砥石」に似ていることから、名づけられたといわれている（戸石城とも）。攻略後は真田氏の番城となったと考えられている。

事情ははっきりしないが、『甲陽軍鑑』には、幸綱が村上義清を騙《だま》し討ちにした逸話が載せられている。それによると、幸綱は海野衆春原若狭《すのはらわかさ》・惣左衛門《そうざえもん》兄弟を義清のもとに派遣し、「真田の城を奪ってみせますので、選りすぐりの侍を貸してください」といわせた。義清が喜んで派遣した五〇〇人が、幸綱居城の二の曲《くる》輪《わ》（二の丸）に入ったところ、本城《ほんじょう》（本丸）と三の曲輪から挟み撃ちにして殲滅《せんめつ》したという。これ自体は砥石攻略の逸話ではないが、海野一族を用いているところに真実味はある。なお、兄の若狭は海野氏家老小草野への改名を許され、海野氏に養子入りした信玄次男龍芳の筆頭家老になったという。これが、先述した小草野若狭守隆吉である。つまり実在の人物というわけだ。

砥石攻略により、幸綱はついに宿願の真田郷復帰を果たした。またこの結果、幸綱は武田氏被官という身分を維持しつつも、真田郷における領国内自治権を保持した「国衆」という身分も回復したのである。

姻戚関係の構築

天文二〇年七月二五日、晴信は佐久郡内山城（佐久市）に入城した家老飯富《おぶ》虎昌《とらまさ》と、同城城代《じょうだい》の小山田《おやまだ》虎満《とらみつ》に対し、砥石崩れで動揺した佐久郡の態勢を立て直すために出陣する旨を報じた。あわせて真田幸綱への伝言も指示しているから、幸綱はおそらく攻略したばかりの砥石城に入っていたと思われる。武田氏滅亡まで在番という形が続いた可能性が高いが、確実なことはいえない。

晴信にとって、幸綱による砥石城「乗取」は降ってわいたような僥倖であった。このチャンスを最大限に活かして、佐久郡における勢力を拡大し、安定させようと目論んだのであろう。この飯富虎昌・小山田虎満・真田幸綱という組み合わせは、以後の北信濃攻略において重要な役割を果たすことになる。

『系図纂要』によると、真田幸綱の嫡男信綱（二章参照）の生母は、飯富虎昌の娘という。

しかしながら、信綱が生まれたのは、幸綱の武田氏仕官以前だから、事実ではありえない。だからといって、根も葉もない話でもなさそうである。飯富虎昌は真田幸綱の事実上の上司であったから、自分の家臣である河原氏の娘を側室として処遇し直し、虎昌の娘を正室として迎えたことは、十分に考えられる。虎昌は、この時期の武田家筆頭家老の一人といえる重臣である。これにより、幸綱は武田家における地歩を固めたといってよいだろう。

さらに天文二二年（一五五三）八月一〇日、幸綱は子息を甲府に人質として差し出した。この子息こそ、三男昌幸（三章参照）であり、晴信の側近として育てられることになる。見返りとして、秋和《あきわ》（上田市）において三五〇貫文を与えられた。秋和は、本領真田郷の近くにある郷村だから、幸綱は着実に真田郷周辺に地盤を築いていったといえる。またこの文書を取り次いで幸綱に渡したのは小山田虎満であり、真田幸綱が佐久郡内山城代小山田虎満の管轄下にあったことをうかがわせる。

次いで一〇月五日には、娘を晴信側近長坂虎房《ながさかとらふさ》（釣閑斎光堅《ちょうかんさいこうけん》）の子息源五郎昌国《げんごろうまさくに》に嫁がせた。当然のことだが、晴信の許可を得たか、晴信の命令によるものである。虎房は当時、信濃上原《うえはら》城代（茅野市）として諏訪郡司《ぐんじ》（郡代《ぐんだい》）を兼任した重臣である。それだけではない。虎房の子息勝繁《かつしげ》は、晴信嫡男義信《よしのぶ》の側近となっている。そして義信の後見人のような立場にいた人物こそ、飯富虎昌なのである。幸綱は婚姻によって将来の主君である武田義信との結びつきを図り、武田家における立場を確実なものにしようとしたのである。

ただしこの姻戚関係は、永禄八年（一五六五）一〇月に武田義信のクーデター未遂事件が発覚したため（義信事件）、一転して不利に働くことになったと思われる。事件の責任を取って飯富虎昌は処刑または自害し、義信は廃嫡《はいちゃく》・幽閉の末に死去した。幸運なことに、真田家には特に累が及んだ形跡はない。その代わり、飯富氏・長坂氏との姻戚関係は、真田家公式の歴史書『真田家御事蹟稿』にはまったく記されていない。

初出となるので、ここで『真田家御事蹟稿』について説明しておく。同書は幕末の松代藩主真田幸貫《ゆきつら》（寛政の改革を行った松平定信《さだのぶ》の子で、真田幸専《ゆきたか》の養子に入った）の命により、河原綱徳《つなのり》が編纂した江戸時代初期までの歴代当主・夫人の列伝である。記述対象は、ちょうど本書の内容と重なり、本伝は幸綱から信政（信之次男）までとなる。体裁は、古文書・古記録・軍記を引用・列記し、必要に応じて綱徳が簡単な見解を付すというもので、すでに失われた史料も多く収める。本書で『〇〇〇殿御事蹟稿』と記すのは、『真田家御事蹟稿』中の各列伝を指すので、留意してほしい。信繁も特別に立伝されており、『左衛門佐君伝記稿』という名が付されている。煩雑になるため、『真田家御事蹟稿』に載せられた引用史料名をそのまま典拠として記している場合も少なくない点、ご寛恕願いたい。

川中島合戦

小山田虎満は、天文二二年（一五五三）には居城内山を離れ、砥石に入城していた。先述したように、砥石城には幸綱も入っていた可能性が高い。晴信は虎満に対し、今度の出陣は砥石城修復普請《ふしん》のためだという虚報《きよほう》を流せと密命を出した上で、安曇《あずみ》郡から小県郡に軍勢を展開した。ようするに、奇襲をかけたのである。

圧力に屈した村上義清は、天文二二年三月九日に本拠葛尾《かつらお》城（長野県坂城町）を捨てて越後に亡命した。この影響は非常に大きかった。北信濃の国衆は次々と武田氏に出仕し、晴信の優勢は確実なものとなったのである。八月には小県郡の拠点城郭である塩田城（上田市）が開城し、幸綱の舅である飯富虎昌が入城した。さらに、武田氏の勢力は越後との国境付近にまで及び、虎昌は北信濃一帯の軍事指揮を任されることとなる。武田氏の信濃統一は、目前であるかにみえた。

ところが、ここで越後の戦国大名長尾《ながお》景虎《かげとら》（上杉謙信《けんしん》）が動き出した。村上義清をはじめとする北信濃国衆の要請を受け、信濃に出陣をしてきたのである。以後、武田・長尾（上杉）両大名は、北信濃において五度にわたる攻防、著名な川中島《かわなかじま》合戦を繰り返すことになる。なお、狭義による川中島とは、千曲川《ちくまがわ》と犀川《さいかわ》に挟まれた一帯（第四次合戦の舞台となった八幡原《はちまんばら》のある場所）を指す地名だが、北信濃四郡（埴科《はにしな》・更級・高井・水内《みのち》）を指す広域地名としても用いられた。

晴信にとって痛手であったのは、弘治元年（一五五五）の第二次合戦である。同盟国今川義元の仲介で和睦が成立するまで、対陣は二〇〇日にも及んだ。武田氏は、川中島防衛体制の構築を迫られたといえる。そこで抜擢されたのが、小山田虎満と真田幸綱であった。

弘治二年八月、真田幸綱は小山田虎満とともに、川中島の東条尼飾城《ひがしじょうあまかざり》（長野市）を攻撃し、速やかに攻略するよう督促を受けた。この東条尼飾城が、永禄三年（一五六〇）の海津《かいづ》城築城までの川中島の武田方拠点となる。翌弘治三年三月には第三次川中島合戦が始まる。情勢は一進一退ではあったが、武田氏は確実に川中島の国衆への圧力を強め、降伏または没落させていった。

七月、晴信は小山田虎満に対し、東条《ひがしじょう》氏・綿内《わたうち》井上氏および真田幸綱と連携してさらなる勢力拡大を指示した。ここで幸綱は「真田方衆」（真田氏が率いる一団）と呼称されているから、実弟矢沢頼綱ら滋野一族を指揮下に置いていたのではないか。長尾景虎は九月に侵攻を諦めて撤退し、第三次合戦は終了した。

この頃、幸綱は東条尼飾城に在城していたと推測される。一〇月二七日、晴信は長尾景虎が飯山《いいやま》城（飯山市）に入ったという情報を伝え、東条尼飾城の防衛強化を指示した。永

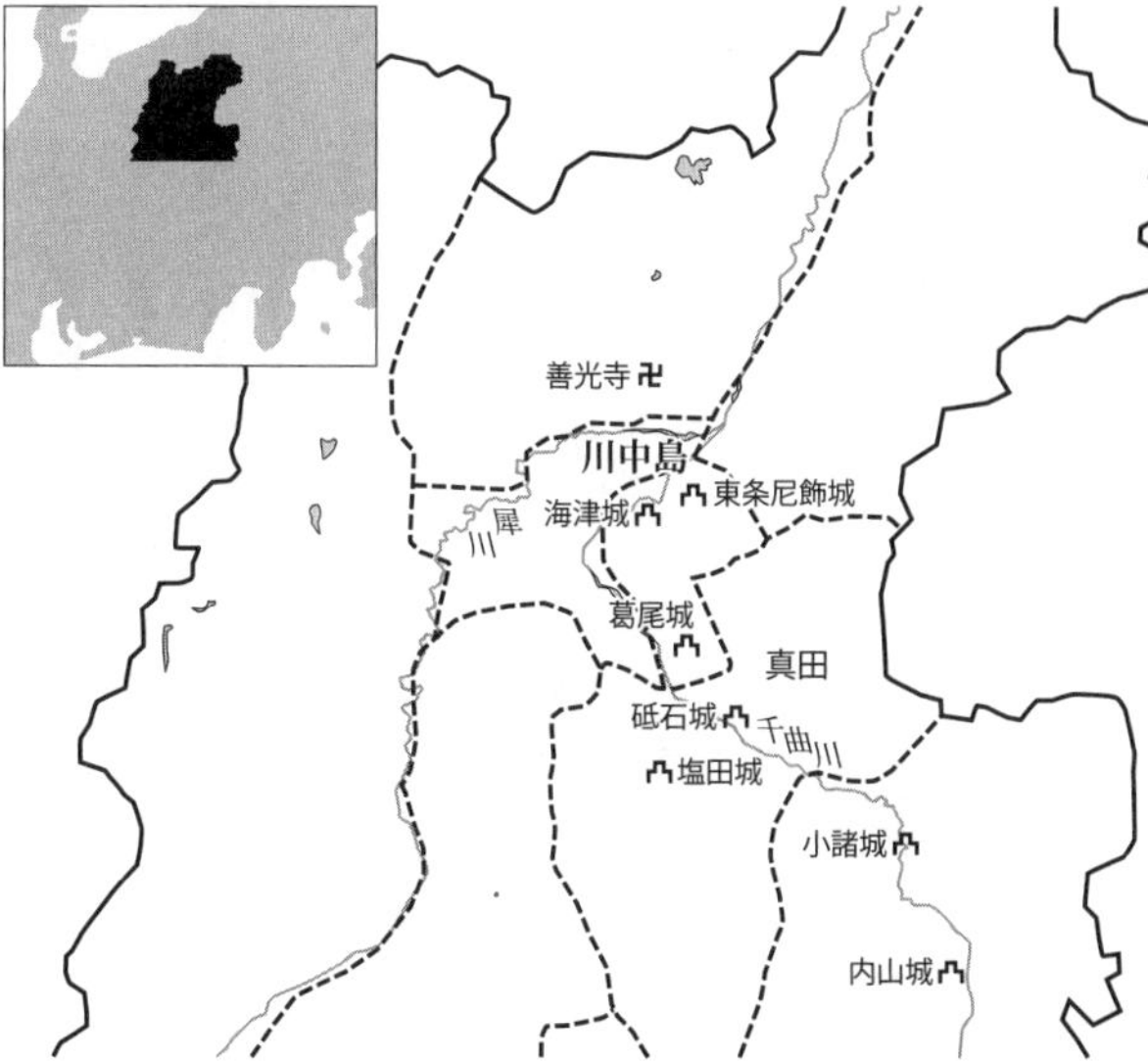

図1-6　川中島周辺図
弘治２年（1556）、幸綱は東条尼飾城に在城し、長尾景虎襲来時の防衛に備えていたと推測される。

禄元年（一五五八）四月、晴信から長尾景虎襲来時に備える防衛体制が指示された。幸綱は、小山田虎満とともに東条尼飾城に籠城するよう命じられている。この当時、小山田虎満は内山城代兼佐久郡司の立場で佐久郡北方《きたかた》衆を統率下に置いていた。幸綱も虎満の指示を仰ぎつつ、川中島防衛にあたったのである。

しかし、意外なことかもしれないが、真田氏は武田一辺倒の姿勢をとっていたわけではない。永禄三年（一五六〇）一一月一三日、幸綱は他の信

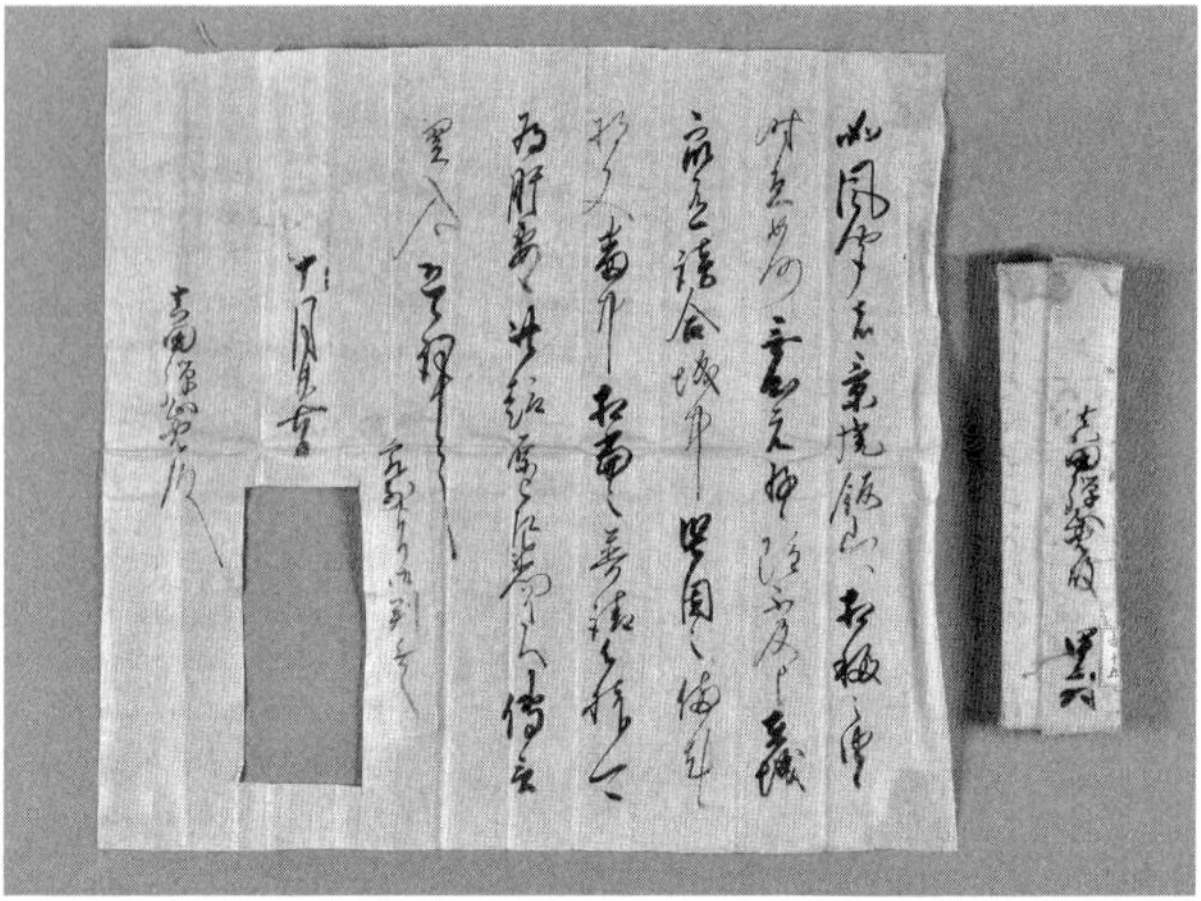

図1-7　武田晴信（信玄）書状（弘治３年推定、真田宝物館蔵）
長尾景虎が飯山へ出陣するといううわさがあり、城を守るよう伝えている。この時、幸綱は東条尼飾城に在番していた。著名人の花押集を作ることが流行したため、署判部分が切り取られていると推測される。

濃国衆とともに、長尾景虎に太刀を進上するという不可解な行動をとった。これは景虎が山内上杉氏家督と関東管領職の継承を将軍から認められたことへの祝儀とみられる。太刀進上者のリストには北信濃国衆の名が列挙されており、それによると、幸綱はみずから、本拠地春日山《かすがやま》城（上越市）に赴いたこと（「御太刀持参之衆」）になっている。ただし、景虎はこの時、関東に出陣中だから、直接面会ができたわけではない。これはいったい何を意味するのか。

つまり、幸綱の最大の関心事は、奪回した真田郷の維持であり、武田家の勢力拡大そのものではなかった。

景虎がたびたび北信濃に攻めてくる以上、武田家が敗北した場合の逃げ道も作っておく必要があったのである。これこそが、国衆の生き方なのだ。

この年八月、景虎ははじめて本格的な関東侵攻を行い、北条氏康の本拠小田原城（小田原市）を包囲した。景虎は無理な攻撃は避け、鎌倉に軍を移した。

永禄四年（一五六一）閏三月、景虎は鎌倉において、山内上杉氏の家督と関東管領職を譲り受ける儀式を行った。その際、上杉憲政から偏諱を受け、上杉政虎《まさとら》と名乗る。なお、同年末には将軍足利義輝《よしてる》の偏諱を受け、輝虎《てるとら》に名を改めている。出家して不識庵《ふしきあん》謙信と号するのは元亀元年（一五七〇）だが、煩雑なため、以下では上杉謙信と表記する。

謙信は六月に越後に帰陣するが、軍勢を休めることはしなかった。八月、上杉勢は再度信濃川中島に姿を現したのである。ここに、第四次川中島合戦が始まる。これに先だって、武田信玄（永禄元年一二月出家）は、同盟国の北条氏康から援軍要請を受けていた。信玄は武蔵出陣の構えをみせたが、結局、北信濃出馬を選択した。直接、援軍を派遣するよりも、謙信の留守を突いたほうがよいと考えたのだろう。謙信の川中島出陣は、これに反撃するものだったといえる。

第四次川中島合戦は非常に著名な戦いだが、詳細はまったくわからない。『甲陽軍鑑』によると、永禄四年八月末、信玄はすでに築城を終えていた川中島支配の拠点海津城（長野市、現在の松代城）に入った。一方、上杉謙信は妻女山《さいじょさん》に布陣したとされる。信玄は軍勢をふたつにわけ、ひとつは信玄率いる本隊、もうひとつは、上杉勢を背後から攻める別働隊としたとされ、幸綱は後者に属したという。しかし、あくまで軍記物の記述であり、当日の天気のように、真実は霧の中である。もっとも、幸綱は川中島防衛の中心人物であり、相応の役割を与えられたとみてよいだろう。はっきりしているのは、九月一〇日に両軍が激突したということである。武田軍は信玄の実弟武田信繁《のぶしげ》、山本菅助《かんすけ》（いわゆる勘助）といった重臣が多数討死した。中でも山本菅助は川中島方面の情報伝達を担った人物だから、幸綱とも関係が深かったと思われる。

この戦いで、信玄は一切感状《かんじょう》（戦功の認定書）を発給しておらず、敗北したという認識であったのだろう。しかしながら、川中島防衛には成功した。それは海津城築城により、川中島の防衛体制が整ったためだろう。その後、永禄七年（一五六四）の第五次合戦をもって、川中島での戦争は終結する。とりわけ第四次合戦は、両国にとって戦国大名同士のはじめての本格的な衝突となった。おそらく両大名は、損害の大きさに驚いたのだろう。これ以後、武田・上杉両氏は戦争の舞台を上野に移しつつも、直接対決を避けるようになっていく。

西上野侵攻と岩櫃城将就任

北信濃支配を安定させた武田氏が、次の攻略目標としたのは西上野であった。背景のひとつには、信濃支配を確立するために、西上野を武田領として、側面からの攻撃を防ぐ必要があったと思われる。

しかし直接のきっかけは、永禄四年（一五六一）に起こった吾妻郡の国衆鎌原《かんばら》氏と羽尾《はねお》氏の所領紛争であった。武田氏はこの紛争において、鎌原氏を支援することで、西上野出兵の正当性を確保したのである。一方、羽尾氏は岩下《いわした》城主（群馬県東吾妻町）斎藤憲広《のりひろ》が支援することとなった。斎藤氏の当時の勢力は具体的なところはわからない。永禄四年に作成された「関東幕注文《まくちゆうもん》」（上杉謙信に従った国衆が陣幕に用いた家紋の書上《かきあげ》）では「岩下衆」として独立した項目が立てられているが、残念ながら直後に落丁がある。ただし、吾妻郡の国衆は大戸浦野《おおどうらの》氏・羽尾氏が箕輪衆（箕輪城主長野業正が率いた集団）に編制されているのみで、他の記載を欠く。したがって、斎藤氏が他の吾妻郡国衆を統制下に置いていた可能性は高い。軽視できない勢力を誇ったと思われる。

吾妻郡攻略において、真田幸綱が果たした役割ははっきりしない。しかし、鎌原氏・羽尾氏・大戸浦野氏はいずれも同じ滋野一族である。その上、鎌原幸定《ゆきさだ》（宮内少輔《くないのしょうゆう》重澄《しげずみ》の祖父）は真田幸綱の弟という伝承がある。幸綱が何の働きもしなかったことはないだろう。

翌永禄五年五月、鎌原重澄が浦野中務少輔《なかつかさのしょう》（真楽斎《しんらくさい》）を味方につけることに成功した。武田信玄は同時期、上杉方の上野諸城に軍勢を動かした。これは敵の収穫に打撃を与えることが目的で、収穫期の麦を刈り取り、水田の苗代《なわしろ》をなぎ払って回ったのである。当然、反撃が予想されるため、海野・禰津・真田三氏に交代で鎌原城への番勢を派遣するよう指示が出されている。三氏とも滋野一族である点に注目したい。

永禄六年一〇月一三日、岩下城主斎藤憲広の甥弥三郎と、海野幸光（長門守）・輝幸（能登守）兄弟が謀叛を起こし、武田氏に寝返った。沼田藩真田家遺臣が記した軍記物『加沢記《かざわき》』によると、この謀叛を手引きしたのは真田信綱と小県郡国衆室賀《むろが》満正《みつまさ》であったという。やはり、真田氏は滋野一族が展開した吾妻郡攻略に関与したとみてよいだろう。

ただこの時点において、吾妻郡支配が真田氏に委ねられたわけではない。真田幸綱は永禄七年五月一日、上野倉賀野（群馬県高崎市）在番を命じられているからである。

岩下城攻略後、武田信玄は新たな吾妻郡支配の拠点構築を進めていった。それが岩櫃城《いわびつ》（群馬県東吾妻町）である。地理的には近接するものの、規模は岩下城とは比較にならず、また城下町を整備することが可能な場所であった。なお『加沢記』は、岩下城と岩櫃城が違う城だと気がついておらず、岩下城をすべて岩櫃城と誤記し、混乱をきたしている。

図1-8　岩櫃城跡遠景
岩櫃山北東の尾根に築かれたこの城は、長らく岩下城と混同されてきた。一次史料上は郡名と同じ「吾妻」と呼ばれるようになっていく。

『加沢記』は、沼田藩真田家遺臣の著作だから、江戸初期の沼田藩士には、吾妻郡の拠点城郭といえば岩櫃城しか考えられなかったのだろう。

岩櫃城の確実な初見は、永禄八年（一五六五）三月一三日である。この日、信濃国衆清野《きよの》刑部左《ぎょうぶざ》衛門尉《えもんのじょう》が真田一徳斎の指図を受けて岩櫃城に移るよう指示されている。なお、これが幸綱の斎号一徳斎の初見であり、これまでに出家していたことがわかる。

この前年一一月には、真田幸綱が密書で信玄に報告を行っている。それは、上野国衆安中重繁《あんなかしげしげ》が上杉謙信に内通し、松《まつ》井田《いだ》城（安中市）を乗っ取る計策を練っているというものである。幸綱が上野にいることは間違いなく、岩櫃城は永禄七年中に築城され、真田幸綱が入城したものと思われる。ここではまだ「真弾」とあるから（真田弾正忠の略）、幸綱の出家は永禄七年一一月から翌八年三月に絞り込める。こうした表記は、出家した人物にはあまり用いないからである。

永禄八年は、真田一徳斎にとって、吾妻郡支配の腕を試される時であった。浦野中務少輔（真楽斎）が武田氏に背いたのである。これはこの年初頭、斎藤弥三郎が離叛して上杉謙信に従属し、嵩山《たけやま》城（群馬県中之条町）に籠もったことと連動するものではないか。

同年九月一二日、真田一徳斎は、翌日に浦野氏と決戦すると定めた。この時の文書は非常に興味深い。辰刻（午前八時頃）開戦と聞いた信玄は、それでは早すぎるとして、酉上刻（午後五時頃）開戦を命じたのである。その理由は、この一戦は重要であるので、晩になるまで可能な限り調略を行い、その上で出陣時刻を決め直せ、というものであった。信玄の指定した時刻は、朝方に開戦する戦国期の常識からすると異様に遅い。それだけ一徳斎の調略の腕を買っていたと同時に、大戸浦野氏をできる限り穏便に降伏させようとしたのだろう。浦野氏は、早くから武田氏に従属した一族だからである。

この戦いに一徳斎は勝利したとみられるが、浦野氏の抵抗はまだ続いた。そこで一徳斎は、ひとまず嵩山の斎藤氏に狙いを定め、家老池田佐渡守《さどのかみ》を寝返らせて、弥三郎を没落させた。なお、佐渡守の子息長門守《ながとのかみ》はこの後、真田氏の重臣となる。実名は綱重《つなしげ》と伝わるから、真田幸綱ないし信綱から偏諱を受けたのだろう。

一一月、武田家重臣日向虎頭《ひなたとらあき》は岩櫃在城を命じられ、一徳斎とともに大戸浦野氏帰属の調略を命じられた。謙信の上野出陣が近いという話が出ており、浦野氏服属は急務であったのである。この後、浦野氏は武田方として活動しているから、この調略は成功したようである。これにより、真田氏は再度、吾妻郡を掌握することになる。

ただし、一徳斎は吾妻郡支配のすべてを任されたわけではなかった。あくまで、その権限は軍事指揮権にとどまっていたのである。このように軍事指揮権だけを委任された城主のことを、行政権を与えられている「城代」と区別するために「城将《じようしよう》」と呼んでいる。

永禄一〇年（一五六七）三月に上野白井《しろい》城（渋川市）を攻略した。信玄が「以不慮之仕合」（思いがけない経緯で）と述べているくらいだから、調略による攻略であることは間違いない。この頃、信濃海津城代春日虎綱《かすがとらつな》が、一時的に箕輪在城を命じられていた。信玄は、自身が箕輪に到着してから普請や知行割りに関する指示を出すから、それまでは虎綱と談合しつつ、上杉方の沼田の動静について報告するよう一徳斎に命じている。この時の一徳斎の所在は判然としないが、攻略した白井に入っていた可能性は高いだろう。

一徳斎は、その後も嫡男信綱とともに岩櫃在城を続けており、信玄から駿河攻めの状況を記した書状を送られている。そのため、死去するまで真田家当主であったと理解されているが、そうではない。白井城を落とした永禄一〇年頃、家督を信綱に譲っている。

その後、武田信玄が没した翌年、つまり天正二年（一五七四）に体調を大きく崩した。武田家の家督を嗣いだ勝頼《かつより》は一徳斎の病状を気遣い、侍医である僥倖軒宗慶《ぎょうこうけんそうけい》（板坂法印《いたさかほういん》）を派遣して、治療にあたらせた。一時、小康を得たようだが、結局回復することはなく、天正二年五月一九日に没した。享年六二。法名は月峯良心庵主である。

勝頼は、五月二八日付で病状回復を喜ぶ返書を信綱に出したが、その時すでに一徳斎は死去していた。真田家菩提寺長谷寺《ちょうこくじ》（上田市真田町）に葬られ、同寺の裏手に妻河原氏と並んで墓がある。

二章　真田信綱

長篠の戦いに散った悲劇の将

正室「於北」と信綱の家督相続

信綱は、真田幸綱の嫡男として、天文六年（一五三七）に生まれた。官途名は源太左衛《げんたざえ》門尉《もんのじょう》だから、仮名は源太郎だろう。「信」字は武田信玄からの偏諱である。

正室は「御北様《おきたさま》」と呼ばれる。「御北」というのは、通常貴人の正室である北の方を意味するが、この女性の名前が「北」（於北）であったのだという。

問題は於北の出自で、武田家に敵対する上杉方の国衆高梨政頼の妹または娘とされる（世代からすると娘の可能性が高い）。一見すると奇妙な話で、真田氏を寝返らせるための布石であると、真田家公式の歴史書『信綱寺殿御事蹟稿《しんこうじでんごじせきこう》』は記す。

しかし、真田幸綱が北信濃国衆調略に備え、北信濃の有力者と姻戚関係を構築しておこうと考えたとみなすこともできる。これは高梨政頼も同様で、武田家の北信濃経略の中心人物である真田幸綱の嫡男に女子を嫁がせることで、関係改善の余地を探ったのではないか。村上義清の没落と長尾景虎（上杉謙信）の信濃出陣開始（第一次川中島合戦）が、天文二二年（一五五三）であることも考慮したい。この時、信綱はすでに一七歳になっている。年齢的にみて、婚姻はこれ以前だろう。高梨氏は長年、村上義清と敵対していたから、真田幸綱と姻戚関係を結ぶ理由は十分にある。

また国衆嫡男の婚姻だから、武田信玄の承認のもとで行われたとみて間違いない。戦国大名・国衆同士の駆け引きは、かくも複雑なものなのである。

なお、高梨政頼の娘（妹）として嫁いだのではなく、一門井上（綿貫）左衛門尉の養女という扱いで嫁いだともされる。もしこれが事実なら、両家の接触をより間接的なものにするためだろう。

図2-1　真田信綱像（恵林寺蔵、武田信玄公宝物館保管・展示）

於北は天正八年（一五八〇）二月一〇日に没した。法名は、花翁妙永大禅定尼。信綱との間に与右衛門という男子をもうけたという説がある。娘が一人生まれており、信綱の死後、弟昌幸の嫡男真田信幸に嫁いでいる。

一般に信綱の家督相続は、天正二年（一五七四）に父幸綱が死去した際とされることが多い。この翌年の長篠の戦いで討死してしまうため、わずか一年の短命当主と理解されてしまうのである。しかし、これは事実ではない。

実際には、信綱は永禄一〇年（一五六七）三月までに家督を相続した可能性が高い。この手がかりとなるのが、文書の伝来である。これ以降、幸綱・信綱父子に宛てられた文書は、信綱の次の弟真田昌輝《まさてる》の子孫の家に伝来しており、信綱の戦死後、家督を嗣いだ弟昌幸の手には渡っていない。その上、父幸綱との連名ではなく、信綱単独に宛てた文書に移行していくようになる。このことは、これらの文書が一括して保管されてきたことを意味する。一連の文書は、たとえ宛所《あてどころ》が父幸綱と連名であっても、実際には信綱に宛てられるようになっていった。

この「家伝文書《かでんもんじょ》」を、真田家の家督を嗣いだ昌幸は引き継ぐことができなかったのである。これは昌幸にとって、真田家当主としての正当性を示す大問題となる。

では、なぜ家伝文書が昌輝の家に伝わったのか。それは、真田与右衛門という人物が存在したという近世の記録があり（『見夢雑録《けんむざつろく》』）、信綱の子息とされるのである。この与右衛門と、昌輝の子息はともに江戸時代に越前藩士となっている。しかし、与右衛門の存在を記す『見夢雑録』は、与右衛門の子として昌輝の子孫を系図に載せている。おそらく、与右衛門には子孫がなく、家伝文書を昌輝の子孫に譲り渡したのであろう。

事情を複雑にしているのは、永禄一〇年以降も幸綱の活動がみられるからである。それにより、あくまで幸綱が当主であり続けたという考えは根強い。ところが、戦国時代の家督譲渡は「楽隠居」を意味するものではない。家督を譲り渡しても、後見役をつとめたり、別個に活動を続けることは珍しくないのである。真田氏の場合も同様で、幸綱は家督を信綱に譲ったものの、その後も信玄・勝頼の命令があれば活動し続けたのである。

しかし、真田氏当主が信綱であることは間違いない。このため、幸綱が率いていた軍勢と、岩櫃城将という地位は、信綱が相続することになった。『甲陽軍鑑』に「甲州武田法《ほっ》性院《しょういん》信玄公御代惣人数事」という武田氏の家臣団構成を記した箇所がある。おおむね、信玄死去前後の状況と一致しており、参考としての利用価値はあるとされている。そこに記されるのはあくまで「真田源太左衛門尉」であって、「一徳斎」ではない。つまり、信玄晩年の真田家当主は信綱だというのが『甲陽軍鑑』の見解なのである。

「甲州武田法性院信玄公御代惣人数事」は、信綱の立場について「信州先方《せんぽう》衆」の筆頭に記し、騎馬二〇〇騎を率いたとする。さらに、弟昌輝の五〇騎は信綱の統率下に置かれたというから、二五〇騎を率いたことになる。この数字は同時代史料からわかる実際の軍役高とは一致しないため、あくまで比較する上での目安にしかならない。だが「信州先方衆」第二位の栗田氏が一六〇騎、三位の蘆田依田《よだ》氏・下条《しもじょう》氏が一五〇騎であることを勘案すると、動員兵力は抜きんでたものであったといえる。なお「先方衆」の「先方」とは

（かつての）敵方という意味で、武田家において外様《とざま》国衆を呼ぶ際に用いられた。

信綱の知行高は、弟昌幸が相続する段階で一万五〇〇〇貫文であったという（昌輝の分も含む。『真武内伝』）。これは、信濃のどの国衆よりも多いとみてよい。たとえば、同じく武田氏のもとで台頭する蘆田依田氏の知行高は、一万貫文であることがわかっている。貫高《かんだか》というとピンとこない方も多いと思うが、銭の単位である。もちろん変動も大きいのだが、中世の一貫文は、おおよそ五万円から二〇万円に相当するという。間をとって、一〇万円と理解するとわかりやすい。一文が一〇〇円になって、把握がしやすく、かつ実状にあうからである。この計算でいくと、約一五億円の収入を得られると評価された領地というわけである。この中から信綱は家臣を雇い、また武田氏からかけられる、さまざまな役負担に応じていくことになる。軍役・普請役をはじめとする役賦課の基準額が、この一万五〇〇〇貫文であった。

このように貫高制というのは、土地の価値を銭で評価する方法である。一般に知られているのは、江戸時代に用いられた石高《こくだか》制であろう。石高制は、土地の価値を米で評価する方法である。貫高と石高の換算比率は地域によって異なるため比較が難しいのだが、真田家の本拠信濃小県《ちいさがた》郡において、真田信之（五章参照）は一貫文＝三石という換算値を用いている。したがって、この領地がすべて小県郡にあるとすれば、石高に直せば四万五〇

○○石になる。ただし実際には、小県郡には本領安堵を受けた国衆領が多いから、武田信玄が真田氏に恩賞として与えることができた直轄領はあまりなかったはずである。よって、真田氏の知行地は、幸綱・信綱が攻略し、管轄した上野吾妻郡に多く存在していたとみるのが妥当だろう。吾妻《あがつま》郡は、小県郡と比べて山がちであるため、石高に換算する際には別の比率で計算しないとならないはずだが、よくわからない。四万五〇〇〇石というのはあくまで便宜上で、過大な参考値と思ってほしい。

いずれにせよ真田氏は、本領真田郷の他に膨大な加増を受けていたことが明らかになる。真田氏とは、まさに武田氏によって取り立てられた国衆であった。

四阿山信仰と真田氏

信濃・上野国境にそびえる山として、四阿山《あずまやさん》がある。四阿山そのものが「白山権現」として山岳信仰の対象となっており、信濃小県郡から上野吾妻郡に展開した滋野一族の崇敬を集めていたらしい。四阿山の山頂に奥院、信濃・上野国境の鳥居峠に中院、真田郷に里《さと》宮山家《みややまが》神社が置かれていた。里宮というのは、本殿が山上にあって参詣が容易でない場合、山麓にもうけられた神社を指す。それが真田氏の本拠にあったのである。

このため、真田氏も四阿山を信仰し、山家神社を手厚く保護していた。永禄五年（一五六二）六月一三日、幸綱は山家神社の宮殿修復を行っている。その時、修補した扉の一部が現在に伝わっており、幸綱・信綱の名が朱書されている。これが信綱の初見史料である。

この修復に携わったのが、修験の蓮花童子院《れんげどうじいん》である。蓮花童子院は四阿山の別当《べっとう》に任じられており、天正二年（一五七四）に信綱、翌三年には昌幸によって、別当職を安堵されている。

天正一五年（一五八七）には、昌幸によって造営領七貫文が寄進された他、四阿山内における材木（具体的には栂《とが》と「ひそ木」）伐採が禁じられた。これにより、四阿山が山家神社の管理下にあったこと、真田氏が手厚く保護を加えていることを確認することができる。元和五年（一六一九）に真田信之が行った寺領改めでは、山家神社別当寺（神仏習合の時代であるため、神社と寺院が同居している）である白山寺領として四五貫七〇〇文、六供衆領一二貫文、白山禰宜領として二貫二〇〇文が安堵されている。合計で五九貫九〇〇文にものぼり、四阿山に対する崇敬の厚さがうかがえるだろう。

四阿山および里宮山家神社に対する真田氏の保護は、信仰面だけで説明するには不十分である。四阿山は本領真田郷に山家神社が存在するだけではない。真田氏の管轄領域、そして武田氏滅亡後の真田領国は、信濃小県郡・上野吾妻郡に展開していく。四阿山はまさにその結節点に存在する。真田氏の四阿山保護は、自身が両郡の領主であることを政治的にアピールするとともに、四阿山を信仰する領民の統合を図る手段でもあったと考えるべきであろう。

真田家当主・岩櫃城将として

永禄一一年（一五六八）一二月、信綱は信玄の第一次駿河侵攻に参陣している（『本藩名士小伝』）。同一二年一二月六日、幸綱と信綱は信玄から書状を送られ、駿河蒲原城《かんばら》（静岡市清水区）攻略を伝えられた。翌元亀元年（一五七〇）四月一四日、信玄は海津城代春日虎綱に上杉謙信への対応を指示した際、真田信綱のところに頻繁に飛脚を派遣し、謙信が撤退していないか確かめるよう命じている。

ここから、真田家の家督が信綱に移っており、かつ上野に在住していることが確定できる。当然、居城は岩櫃とみるべきだろう。

元亀三年、分国を追放された輩《やから》が領内を徘徊していた場合は、ただちに召し捕らえよという命令が、信濃小県郡の国衆に出された。具体的な宛先は、禰津常安《じょうあん》・真田信綱・海野衆・室賀満正・浦野源一郎・小泉昌宗《こいずみまさむね》である。海野衆だけ「衆」で記載されているのは、当主が武田信玄次男で、盲目の龍芳であり、実質的な差配は家老小草野隆吉を中心とした家中談合に委ねられていたためだろう。他に名が記されている人物は、いずれもこの時点での当主であり、やはり信綱は真田家当主として扱われていたことがわかる。

天正元年（一五七三）一一月二二日には、従兄弟である河原又次郎《またじろう》を元服させ、綱家《つないえ》という実名を与えている。翌天正二年閏一一月一一日、四阿別当を以前と同様に蓮花童子院に安堵した。先述したように、四阿山こそ真田氏の信仰の中心であり、その別当職安堵は、まさに当主としての行動といえる。

天正二年の父幸綱死去直前には高天神城攻め（掛川市）の戦況、天正二年九月には三河長篠城攻め（新城市）の戦況を尋ねており、それぞれ勝頼から返信を得ている。したがって、信綱は基本的には岩櫃城将として、吾妻郡の防衛にあたっていたとみてよいだろう。東海道を転戦する信玄・勝頼の軍勢には、弟の昌幸・昌春《まさはる》が従軍していた。

ただし、幸綱・信綱父子は、吾妻郡における行政権を与えられてはいない。この父子が有していたのは、鎌原・湯本《ゆもと》といった吾妻郡衆への軍事指揮権だけであった。また、幸綱が苦労して再服属させた大戸浦野氏は、箕輪城代兼西上野郡司（浅利《あさり》・内藤氏）の管轄下に置かれており、吾妻郡一円の指揮権を有していたわけでもないことも、あわせて留意する必要がある。

これは、幸綱・信綱父子が先方衆（外様国衆）であるためで、武田家の行政機構に組み入れられてはいなかった結果である。それでも郡規模の拠点防衛を任されていたことは特筆され、『甲陽軍鑑末書《まつしょ》』（『甲陽軍鑑』の補遺編）が、真田氏を西上野最大の国衆小幡《おばた》氏とともに「御譜代《ふだい》同前」（譜代家臣と同等）と特別扱いされていたと記す通りの処遇であったのだろう。だからこそ、膨大な加増を受け、真田郷の小国衆、それも領地を追われた亡命者の身から、「信州先方衆」筆頭へと上り詰めたものと考えられる。

長篠の戦い

天正三年（一五七五）五月、徳川家の内紛に乗じる形で、武田勝頼は三河長篠城に兵を進めた。前年の東美濃攻めの勝利で武田領国の版図は最大規模に達しており、勝頼の勇名はまさに絶頂にあった。長篠城をはじめとする奥三河一帯は一度、武田信玄の支配下に入っており、同地を奪還し、信玄最晩年の軍事行動を再現しようというのがその意図であった。また徳川領を攻撃することで、織田信長の攻撃にさらされている畿内の同盟勢力を間接的に支援する意味もあった。

これに対し、徳川家康は織田信長に支援を要請した。ここではじめて、織田家と武田家の本格的衝突が行われることになる。この一戦に、久しぶりに信綱・昌輝兄弟も従軍することとなった。

織田・徳川勢は、武田家の「馬之衆《うまのしゅう》」による「馬入り《うまいり》」（騎馬突撃）という戦術を警戒

図2-2　馬防柵
長篠古戦場跡（新城市）に復元された柵（実態とは異なっている）。武田の騎馬突撃を警戒した織田・徳川勢は馬防柵を築き、内側に籠って勝機をうかがった。

していた。東国の戦いでは珍しくない戦術と思われるが、西国寄りの織田・徳川氏にとっては不慣れなものであったのだろう。そこで築かれたのがいわゆる馬防《ばぼう》柵《さく》である。人口に膾炙《かいしゃ》したその名称に反して、野戦築城といえる規模のものであったという説があるが、ここでは立ち入らない。ただ『甲陽軍鑑』は三重の柵と描写しており、現在同地でなされている一重柵の復元は正確なものではないようだ。

勝頼はここで判断を誤った。勝頼の眼には馬防柵の内側に籠もる織田・徳川勢が弱気に映ったようだ。その上、信長は地形を巧みに利用して率いてきた軍勢を隠し、実際よりも少数に偽装していた

（『信長公記《しんちょうこうき》』）。これを誤認した勝頼は、敵はなす術《すべ》もなく守りに入っていると合戦前日の書状に記している。だが、実際の軍勢の数は、織田・徳川連合軍が武田勢を凌駕していた。数に劣る側が、迂闊に手を出してはいけなかったのである。織田家臣太田牛一《うしかず》は、信長の伝記『信長公記』の中で「（勝頼が）鳶《とび》ノ巣《す》山《やま》に登って陣を固めていれば、（信長は）何もできなかったはずなのに」と述懐している。しかし勝頼は、信玄以来の重臣の反対を押し切る形で、決戦を決意した。

五月二一日卯刻（午前六時頃）、戦闘は開始された。ここで織田方が大量の鉄砲を準備していたというのは、事実の半面しか表現していない。武田方も相当数の鉄砲を準備して戦いに臨んでいた。ただし、その量に差があり、武田方の鉄砲衆は打ち崩され、武田勢は援護射撃なしで馬防柵に攻めかかることになったのである。武田方はさらに馬防柵を打ち倒してからでないと敵に迫ることもできず、この点も不利に働いた。『信長公記』の記述から、武田勢は全軍が一斉に押し寄せたのではなく、入れ替わりながら攻め寄せたことがわかる。この点は戦場が狭かったとする『甲陽軍鑑』の記述とも一致する。これが合戦の長時間化を生んだ。

やがて、武田側の攻勢は限界点に達した。未刻（午後二時頃）、半日に及ぶ激戦の末、勝頼は撤退を選択した。織田・徳川勢が馬防柵から打って出て、猛烈な反撃に出たのはこの

図2-3　信綱の鎧（信綱寺蔵　画像提供：上田市真田地域自治センター）

時である。一般に撤退戦は難しい。ましてや、疲労の極地にある軍勢を大軍が追うのだから、なおさらであろう。

この敗走中に、真田信綱は敗死した（『信長公記』）。享年三九。首級《しゅきゅう》は家臣白川勘解由《かげゆ》兄弟が信綱の陣羽織《じんばおり》に包んで持ち帰り、菩提寺信綱寺《しんこうじ》（上田市真田町）に葬った。法名は、信綱寺殿大室道也大居士である。白川兄弟はその後殉死《じゅんし》したと伝わり、信綱寺の信綱墓の傍らに墓石がたたずんでいる。

享保年間（一七一六～三六）、信綱寺を移築した際に信綱の墓の中から鎧が発見されたといい、血染めの陣羽織とともに現在に伝わっている。信綱所用の鎧とみて間違いないだろう。

長篠の戦いで討死した真田関係者は、信綱一人ではない。もっとも著名なのは、弟兵部丞《ひょうぶのじょう》昌輝だろう。天文一二年（一五四三）六月または天文一三年生まれ。『甲陽軍鑑』「甲州武田法性院信玄公御代惣人数事」に信州先方衆・騎馬五

○騎と記され、兄信綱の指揮下に入っていたという。法名は、風山良薫大禅定門と付された。享年は三三または三四となる。文政年間（一八一八〜三〇）に、嶺梅院殿という院殿号が追贈されている。また天正一九年（一五九一）五月二一日、真田家の高野山における菩提所蓮華定院において、兄弟の一七回忌の法要が営まれている。

これ以外にも、重臣層に多くの戦死者を出した。まず、河原宮内助《くないのすけ》（正吉《まさよし》）・新十郎（正忠《まさただ》）・常田《ときた》図書助《ずしょのすけ》（永則《ながのり》）が討死をしている。この三人は、信綱の従兄弟にあたる。具体的には、信綱の生母河原氏の兄隆正の息子たちである。常田図書助は、真田幸綱の弟常田隆永の子道堯《どうぎょう》に養子入りをしており、河原氏がいかに真田家中で重んじられていたかを知ることができる。当然ながら、彼らは信綱の側近くにいたと思われ、それが揃って討死した原因であろう。

なお、これにより、河原家の家督は、信綱が自ら加冠《かかん》して元服させた綱家が跡を嗣ぐことになる。これを踏まえると、綱家の兄の実名が正吉・正忠・永則というのはおかしい。この時点での真田氏通字「綱」字を与えられているはずだろう。伝承に間違いがあると思われる。

この他の戦死者は、石井右京進《うきょうのしん》重政《しげまさ》（真田幸綱の末弟石井綱重《つなしげ》の孫と伝わる）、磯田源左《げんざ》衛門尉《えもんのじょう》、河野多《た》兵衛《ひょうえ》、町田長兵衛正村《ちょうひょうえまさむら》である。これらの人物が現在、確認されているが、実際にはもっと多かったであろう。また、真田氏の与力であった吾妻郡国衆鎌原重澄も討死している。なお、同じ滋野三家では、禰津家当主月直《つきなお》、望月家当主信永《のぶなが》が討死をしており、やはり重臣に多くの戦死者を出している。

ここからの立て直しが、跡を嗣いだ真田昌幸の大きな課題となってくるのである。

ところで、『甲陽軍鑑』「甲州武田法性院御代惣人数事」に、信綱の旗色は「黒四方《くろしほう》」(黒一色の正方形の旗)であったと記されている。このためか、有名な「六連銭《むつれんせん》(六文銭)」の家紋は、昌幸の代から使用されたと考える向きがあるようだ。しかしながら、永青文庫が所蔵する『大坂冬の陣布陣図』によると、信繁は「馬印」に「黒四方」の旗を用いたと描かれており、これは昌幸以来であるという(平山優氏のご教示による)。この旗は、『甲陽軍鑑』が記す信綱のそれと一致する。馬印は大将の所在を示すものだから、信綱の側にだけ掲げられるもので、家紋とは関係がない。

永禄四年(一五六一)に上杉謙信が作らせた「関東幕注文」には、滋野一族の大戸浦野氏と羽尾氏の幕紋(陣幕に記す家紋)は「六れんてん」、つまり「六連銭」と記される。したがって、幸綱の代には、真田氏は六連銭の家紋を用いていたとみてよい。当然、信綱の家紋も六連銭となる。なお、『御先祖御武功之書付』(「真田家文書」)には、真田の家紋は六連銭だが、海野の家紋は州浜《すはま》とあるから、戦国以前には州浜が家紋であった可能性がある。

三章　真田昌幸

柔軟な発想と決断力で生きのびた「表裏比興者」

人質からの出世

天文二二年（一五五三）八月一〇日、真田幸綱は子息を人質として甲府に差し出した。この少年こそ、真田源五郎、のちの昌幸であると考えられている。昌幸は天文一六年（一五四七）生まれだから、数えでわずか七歳。残念ながら幼名は伝えられていないが、武田家においては、近習《きんじゅう》として信玄に仕えたようである。初陣に関する確実な記録はないが、『甲陽軍鑑』は永禄四年（一五六一）の第四次川中島合戦で本陣を守っていたと記す。一五歳だから、妥当な線ではあるだろう。

『甲陽軍鑑』をみると、曾禰昌世《そねまさただ》・三枝昌貞《さいぐさまささだ》と三名で活動することが多く、これに土屋《つちや》昌続《まさつぐ》が加わることがあった。彼らは、信玄の薫陶のもとに、将来の武田家を担う存在として育成されていったといえる。特に昌幸と曾禰昌世・三枝昌貞は、「信玄の両眼」と称され、信玄自身がその場に行かなくても、自分でみてきたかのように、状況分析の材料を的確に報告すると讃えられている（『甲陽軍鑑』）。

この四名は、それぞれ武田家重臣の家名を嗣いでいる。曾禰昌世は本来曾禰氏の庶流《しょりゅう》家であったとみられるが、嫡流家として処遇を受けたらしい。三枝昌貞は、寄親《よりおや》（戦争時に配属される上司）である山県昌景《やまがたまさかげ》から「山県」苗字を許され、山県善右衛門尉《ぜんえもんのじょう》に改名した。

山県氏は、武田家宿老《しゅくろう》の家柄であり、昌景は信玄の右腕として活躍した人物である。土屋昌続は本来金丸《かねまる》昌続であったが、やはり武田家の重臣である「土屋」苗字を継承している。

特筆されるのは真田昌幸で、武田親類衆（庶流家）の武藤《むとう》家を嗣いでいる。武藤家は名門であったがたびたび断絶しており、そのたびに甲斐西郡《にしごおり》の国衆大井家から養子をもらっていた。大井家は信玄の母方の実家で、武田親類衆としての家格は武藤家よりもはるかに高い。その大井一門を押しのける形で、昌幸は武藤家に養子入りし、武藤喜兵《きひょう》衛尉《えのじょう》昌幸を称したのである。信玄が昌幸に寄せた信頼の大きさがうかがえる。

図3-1　真田昌幸像（原昌彦氏蔵）

　このことは、昌幸が先方衆（外様国衆）の子息ではなく、武田家の譜代家臣として位置づけられたことを意味する。これにより、昌幸は武田家の行政機構に入り込み、奉行人《ぶぎょうにん》（いわば高級官僚）として活動するようになった。具体的には、父幸綱・兄信綱と異なり、武田家朱印状の奉者《ほうじゃ》として姿をみせるよ

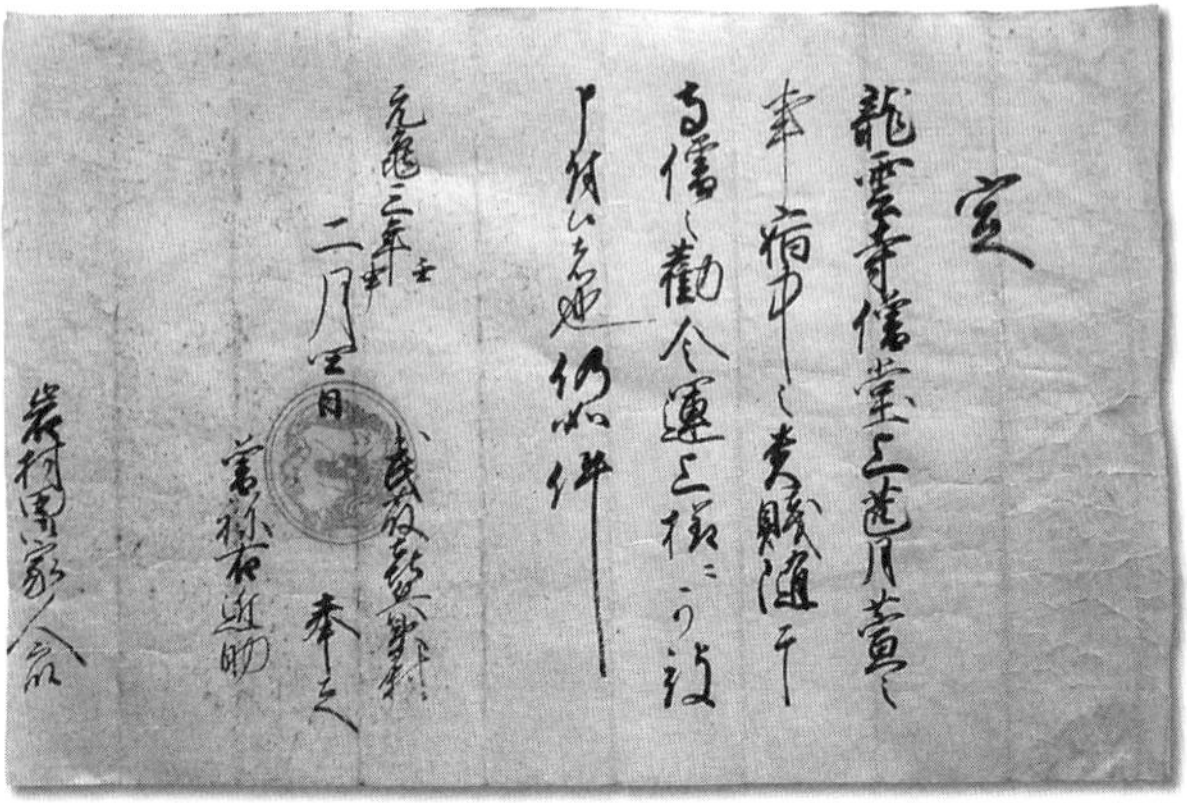

図3-2　元亀３年（1572）２月４日付　武藤喜兵衛尉が奉じた武田家朱印状（龍雲寺蔵）

うになるのである。武田家の発給文書は、龍朱印状を基本とする。その龍朱印状に「誰々奉之（これをうけたまわる）」と担当者（奉者《ほうじや》）の名前が書き込まれたものを奉書《ほうしょ》式朱印状と呼んでいる。奉書とは、主君の命令を家臣が代わりに伝達する文書様式を指す。朱印状は大名である信玄・勝頼が出すものだが、担当者の記載があることから、家臣が大名の命令を伝えているという意味で「奉書式」と名付けられているのである。その奉書式朱印状に、昌幸の名がみえるようになったのが、武藤家を相続して以後のことであった。信玄晩年頃の陣容を示すとされる『甲陽軍鑑』「甲州武田法性院信玄公御代惣人数事」にも、「信州先方衆」である兄信綱・昌輝とは別に、「御《お》旗本足軽大将衆《はたもとあしがるだいしょうしゅう》」として記載されている。

天正三年（一五七五）五月、長篠の戦いで兄信綱・昌輝が討死した。信綱には子息がいたようだが、まだ幼少だったのであろう。これにより昌幸は武藤家を離れ、真田家の家督を嗣ぐことになる。真田喜兵衛尉昌幸の誕生である。信綱・昌輝の遺領一万五〇〇〇貫文を相続したという。家督相続後の昌幸の行動をみると、上野白井城代をつとめていたようだが、岩櫃城将の地位も継承したことは間違いない。

そして昌幸の家督相続は、真田家に大きな変化をもたらした。真田幸綱・信綱の代の真田家は、武田家にとって先方衆（外様国衆）であった。しかし、新たに家督を相続した昌幸は、武田親類衆の武藤家を嗣いでおり、譜代家臣として処遇されていた。これにより、真田家そのものが先方衆から譜代家臣へとその性格を変えたのである。

これは武田家において、外様から譜代家臣へと変貌した数少ない事例といえるだろう。そして昌幸は、武田家家老としての道を歩み出すこととなる。従来、「外様」である真田家に任されていたのは軍事指揮権に過ぎなかったが、譜代成りをとげたからには、行政権も委譲される可能性が出てきた。白井領を「城代」として預かったのは、その一例である。

この影響は弟の源次郎昌春にも及んだ。昌春は永禄一二年（一五六九）一一月、駿河深沢城（御殿場市）攻めで活躍した人物である。同城を守備していた北条綱成《つなしげ》は、北条家でも特筆される名将だが、武田氏の攻勢を前に城を放棄して退却した。この戦いで、源次郎は大功を立てたらしい。敗走する綱成が落とした黄八幡《きはちまん》（下地が黄色で「八幡」と墨書される）の旗を与えられている。昌春の家が江戸時代に断絶したためか、この旗は真田本家（松代藩真田家）に伝わっており、現在は真田宝物館（長野市）の所蔵に帰している。

長篠の戦いで加津野《かずの》市右衛門尉《いちえもんのじょう》が討死したあと、武田勝頼の命で昌春の子息出羽《でわ》が加津野家に養子入りすることとなった。加津野家も武田親類衆家だから、これだけでも驚くべきことである。その上、出羽がまだ幼少であるため、成人までの一時的措置として、昌春が加津野昌春を称し、加津野家を取り仕切ることになったのである。このような立場の人物を、「陣代《じんだい》」または「名代《みょうだい》」という。勝頼もまた、真田兄弟に眼をかけていたことがわかる。そして真田昌春改め加津野昌春も、これ以降、奉書式朱印状の奉者をつとめるようになっていく。

正室山之手殿の出自

昌幸の正室は山之手殿《やまのてどの》（寒松院殿《かんしょういんでん》）と呼ばれる。出自ははっきりせず、真田家の正史『寒松院殿御事蹟稿』でもさまざまな説があげられている。これを整理すると、①公家菊亭晴季《きくていはるすえ》の娘（『滋野世紀』、『真武内伝』の一説、『取捨録』、『樋口系図』）、②公家正親町実彦《おおぎまちさねひこ》の姪で菊亭氏養女（『滋野世紀』の一説）、③正親町氏の娘で武田信玄養女（『綱徳家記《つなのりかき》』）、④

宇多頼忠《うだよりただ》娘で石田三成《みつなり》の相婿《あいむこ》（互いの妻が姉妹関係にあること。『真武内伝』の一説、『諸家高名記』）、⑤宇多頼次《よりつぐ》の娘（『真田秘伝記』）、⑥武田家臣遠山右馬亮《うまのすけ》の娘（『沼田記』、『続武家閑談』）となる。

大ざっぱに、菊亭晴季または正親町氏の娘（①〜③）、宇多氏の娘（④⑤）、武田家臣遠山右馬亮の娘（⑥）に分けることができるだろう。まず問題となるのは結婚時期である。昌幸の嫡男信幸（関ヶ原の戦い後に信之に改名）の誕生は永禄九年（一五六六）で、生母は山之手殿であった。また信幸の姉である村松殿《むらまつどの》について、『加沢記』は天正一〇年（一五八二）に一八歳とするから、永禄八年生まれとなる。村松殿も山之手殿の出生と仮定すると、永禄七年までには結婚していたことになるだろう。この年昌幸の年齢は一八歳だから、当時の結婚年齢からすると問題はない。

しかし、武田信玄の近習のもとに、京都の公家の娘が嫁ぐだろうか。

この点を検討する前に、まず宇多氏についてみてみると、これは明らかに誤伝である。実は話は逆で、真田昌幸の娘趙州院殿《ちょうしゅういんでん》が、宇多頼忠の子頼次に嫁いでいる（『石田系図』『滝川十次郎家記』）。宇多頼次は石田三成の父正継《まさつぐ》の猶子《ゆうし》（養育の有無に関わりなく、政略結婚や政治的関係強化のために、擬似的に親子関係を結んだ養子）となっていたため、石田刑部《ぎょうぶ》少輔《のしょう》と称することもあったという。趙州院殿は慶長五年（一六〇〇）の関ヶ原の戦いで石田氏が滅んだ後、旗本滝川一積《かずあつ》（一益の孫）に再嫁した（『長国寺殿御事蹟稿』）。そして宇多頼忠の娘が石田三成に嫁いでいるというから、一連の姻戚関係が誤解されたとみてよい（一九四頁参照）。

遠山右馬亮（助）は、『甲陽軍鑑』に足軽大将として名がみえる武士で、立場からすると昌幸ともっとも近い。しかし『滋野世紀』は、幸綱の娘（つまり昌幸の姉妹）が「遠山左（右）馬介」に嫁いだとする。また『真田軍功家伝記』は、昌幸の弟加津野昌春の娘が遠山右馬介に嫁いだという説を記す。『甲陽軍鑑』における遠山右馬助（後に丹波守《たんばのかみ》を称する）の活動からすると、幸綱の娘が右馬助に嫁いだというのが事実と思われる。

問題は①②③である。早くから指摘されているように、天正八年（一五八〇）に死去した真田信綱室於北《おきた》の記載があることなどから、天正六〜七年頃に成立したと考えられる真田氏の検地帳が存在する。従来は『小県郡御図帳《みずちょう》』と呼ばれた写本が知られており、近年『真田氏給人《きゆうにん》知行地検地帳』という、より原本に近い写本が発見された（残念ながら、紙質・筆跡からみて原本ではない）。そこに「京之御前様」という記載があり、これは明らかに山之手殿を指している。

このようにある以上、山之手殿は京から来た女性と考えざるを得ない。したがって、何らかの脚色があるにせよ、京出身の女性であることは確かであろう。武田氏滅亡後に京出身の女性と脚色したとする見解もあるが、『真田氏給人知行地検地帳』の成立が天正六～七年頃である以上、成り立たない。しかし、菊亭晴季娘や正親町氏娘のような公家出身の女性が、信玄の近習で国衆の三男坊に過ぎない永禄期の昌幸に嫁ぐとは考えがたい。そもそも菊亭晴季は昌幸からすると八歳年長、正親町実彦は一歳年下であり、ようするに昌幸とは同世代である。よって、武田信玄の正室三条氏の関係者など、公家ゆかりの侍女を妻としたとするのがもっとも穏当であろう。

なお史料上、菊亭家とのつながりが多く記される点が誤解を招いている。というのも、武田信虎の娘が菊亭晴季に嫁いでいるため、武田家と菊亭家が親戚づきあいをしていたという理解である。

しかしこれは、甲斐を追放された武田信虎が上洛し、永禄三年（一五六〇）に末娘を晴季に嫁がせた結果であって、昌幸が妻をめとった当時の武田信玄と菊亭家のつながりが深かったかは、かなり怪しい。

もうひとつ、蓮華定院『真田御一家過去帳』によると、山之手殿は「武田信玄公養子」であったという。しかしこれこそが、武田氏滅亡後に真田昌幸が自身を武田家の後継者に位置づけようとするための宣伝工作であろう。親類衆武藤家に養子入りしたとはいえ、昌幸が信玄の婿養子として処遇されたとは考えられない。なお、公家の娘であれば信玄の養

図3-3『真田御一家過去帳』より山之手殿記載部分（蓮華定院蔵）

女扱いで昌幸に嫁ぐはずがなく（かえって家格が下がってしまう）、多くの矛盾をきたしている。

したがって、昌幸正室山之手殿は公家の侍女出身の蓋然性が高く、武田氏滅亡後に信玄養女と脚色されたと考えておきたい。『真田氏給人知行地検地帳』には知行地として一四七貫二〇〇文が記される。なお『寒松院殿御事蹟稿』は、印文「調銅《ちょうどう》」朱印を山之手殿のものとするが、これは昌幸の用いた朱印であろう。ただし、山之手殿の侍女とみられる人物が朱印状の奉者となっている事例があり、文書発給に関与した可能性はある。山之手殿は慶長一八年（一六一三）六月三日に死去した。法名は寒松院殿宝月妙鑑大姉である。どのようなめぐりあわせか、昌幸の三回忌前日の死去であった。

なお『真田御一家過去帳』は、寛永一一年（一六三四）二月七日に没したと記すが、信用しがたい。清書をする過程で他の人物と混同したのであろう。山之手殿の菩提寺である大林寺（長野市）の墓石には、慶長一八年没と刻まれており、真田氏の松代転封に際し、彼女が発願開基した大輪寺（上田市）から墓を移したと伝わる。

真田領検地

先に述べたように、真田昌幸は天正六〜七年頃に領内検地を行った。現在残されている『真田氏給人知行地検地帳』は前欠で、本拠付近の原之郷《はらのごう》（上田市真田町本原）一帯部分しか残されていないが、領内全域で検地を行ったものと思われる。多少時間をおいているが、兄信綱から家督を継承したことに伴う代替わり検地だろう。検地帳には紙綴じ目印として印文「頼綱」の黒印が捺されており、叔父矢沢頼綱が検地奉行をつとめたらしい。

この検地は、土地の評価を銭で表す貫高制で実施されており、また田・畠・屋敷には上中下と等級が付されている。各田畠にどれ位の種籾を蒔くかという「蒔高《まきだか》」も記されており、いずれも武田氏の検地のやり方を踏襲したものである。さらにそれぞれの土地には「本高」と「見出」という記載がみられる。「本高」は検地実施前の貫高、「見出」は検地による増分を指すとみられるから、真田氏が領内検地を行ったのはこれがはじめてではない。少なくとも、信綱の代には検地を実施していることがわかる。

真田氏のような国衆領の検地は、従属先の大名のやり方を学びつつも、国衆自身が行うのが通例であった。したがって、武田氏が把握している真田氏の知行高と、真田氏が把握している自領の貫高は異なることになる。

なお、戦国大名段階の検地は一般に「指出検地《さしだしけんち》」と呼ばれ、村落からの自己申告をそのまま書き上げたものと思われがちだが、実際には検地役人を村落に派遣して調査を行っている。厳密にいうと、「指出」は「検地」とは異なり、併行して行われるものである。領主が交代すると、村落は「指出」を提出して今までどのように年貢を納めていたかを申告し、領主はそれを踏まえて「検地」を行い、現状を調べ直すのである。この点はよく誤解される。ただし、戦国大名・国衆がまんべんなく測量を行って検地をしたわけでもない。この点は、五章で太閤《たいこう》検地について言及する際（二七一頁）に改めて述べる。

沼田城攻略

天正六年（一五七八）三月、「不慮之虫気」により上杉謙信が急逝した。遺言により、養子で甥の上杉景勝《かげかつ》が跡を嗣いだが、景勝に反発する家臣たちが、もう一人の養子である上杉景虎を擁立して挙兵した。「御館《おたて》の乱」と呼ばれる御家騒動の始まりである。上杉景虎は、北条氏政《うじまさ》の実弟であったが、当時氏政は常陸の佐竹《さたけ》氏と対陣中で身動きがとれなかった。そこで北条氏政が弟の支援を依頼したのが、武田勝頼であった。

武田家と北条家は、間に三年間の断絶を挟むものの、長年にわたる同盟国である。そして長篠の戦いの後、同盟関係を強化するために氏政の妹が勝頼に嫁いでいた。したがって、武田勝頼は北条氏政の妹婿にあたるのである。勝頼は要請を快諾し、越後に向けて進軍を開始した。

ところがその途上、北条氏政から勝頼に抗議が寄せられた。御館の乱において、上野の上杉方の拠点沼田《ぬまた》城（沼田市）の諸将は上杉景虎を支持していた。つまり北条方である。それに反し、真田昌幸が沼田城を狙って、不穏な動きをみせているというのである。驚いた勝頼は昌幸をたしなめ、無用な摩擦を控えるよう指示している。二年後に攻略することになる沼田の地に、昌幸は早くも関心を抱きだしていたのである。

しかし御館の乱は、予想外の経緯をたどることとなった。北進する武田勢に対し、上杉景勝が和睦を求める使者を派遣してきたためである。これを受け入れて勝頼は、上杉家の本拠春日山城下に布陣。景勝・景虎の和平調停に乗り出した。おそらく勝頼としては、御館の乱が長引き、留守にしている本国を織田・徳川両氏に狙われることを恐れたのだろう。

軍勢を率いて城下に駐屯している勝頼が調停を進めたことで、景勝・景虎間の和睦はいったん成立した。しかしながら、御家騒動で双方を納得させるのは難しい。勝頼が甲斐に帰国すると、あっけなく和睦は破棄されてしまった。翌天正七年三月、上杉景虎が自害するという形で御館の乱は終結する。この間、勝頼は度重なる上杉景勝からの援軍派遣要請を黙殺し続けたが、中立姿勢そのものが北条氏政には裏切りにみえた。北条氏政にとって、勝頼は「弟を見殺しにした仇」となったのである。

両国間の緊張は日増しに高まっていった。天正七年九月、ついに武田・北条同盟は破棄され、両軍は駿河・伊豆国境で対陣することとなる。

同盟破棄により、岩櫃城将真田昌幸はまさに水を得た魚のような動きを開始した。すでに天正七年八月に、上野の中心に位置する厩橋《まやばし》（前橋市）の毛利北条芳林《きたじょうほうりん》（高広《たかひろ》、上杉氏旧臣）は北条氏を離叛し、武田方に寝返っていたから、昌幸の目標はやはり沼田に向いた。天正八年（一五八〇）に入ると、昌幸は沼田に目付《めつけ》を派遣して状況を探り始める。なお、天正七年一二月に勝頼嫡男武王丸《たけおうまる》が元服し、信勝《のぶかつ》と名乗ったことを受け、勝頼は多くの家臣に新しい官途・受領を与えた。昌幸は、この時喜兵衛尉から安《あ》房守《わのかみ》になっている。この安房守という官途は、北条家において上野攻略を指揮していた北条氏邦《うじくに》（氏政の弟）と同じものであり、氏邦への対抗意識から名乗るように命じられたものと考えられている。

最初の目標は小《お》川《がわ》城（群馬県みなかみ町）であった。天正八年二月二四日、昌幸は城主小川可遊斎《かゆうさい》の家臣小菅刑部少輔《こすげぎょうぶのしょう》の調略に成功。可遊斎の説得にあたらせる。可遊斎は三月に降伏を申し出て、同月一六日に勝頼から加増を受けている。

ただしこの時、昌幸自身は勝頼に従って駿河にいたらしい。実際に軍事指揮をとってい

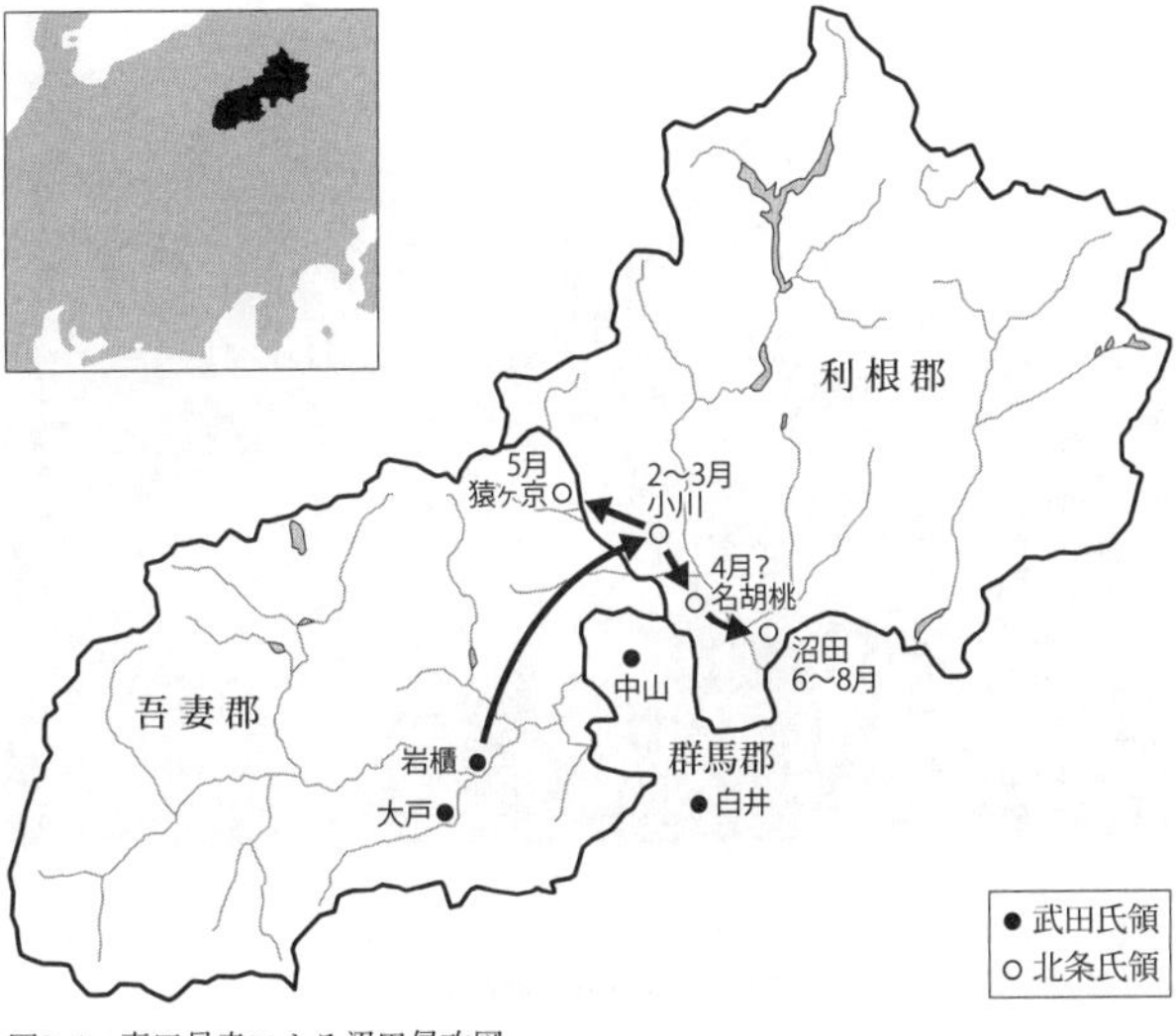

図3-4　真田昌幸による沼田侵攻図
天正８年（1580）、武田・北条同盟の破棄を受けて、岩櫃城将の昌幸は沼田制圧に向けて動く。

たのは叔父の矢沢頼綱であったようだ。閏三月、矢沢頼綱は沼田に攻勢をかけて大勝を収め、昌幸に報告した。昌幸はただちに戦勝を勝頼に伝え、喜んだ勝頼は三〇日に昌幸を岩櫃に帰している。以後、沼田経略は昌幸自身が指揮をとることになる。

次の目標は猿《さる》ヶ京《きょう》城（みなかみ町）である。この地は、三国《みくに》街道を押さえる要衝であった。五月四日、同地の在地衆に命じて猿ヶ京の三之曲輪（三の丸）を焼き払わせた。猿ヶ京城は城の規模としては決して大きなものではないが、東南・西南を川に囲まれた要害で

図3-5　猿ヶ京城跡遠景
「宮野城」とも呼ばれた猿ヶ京城。昭和33年（1958）に相俣ダムが築かれ、現在は赤谷人造湖に突き出した半島に遺構が残る形となっている。

あった。しかし逆に、北の大手（城の正面）から着実に攻めていけば、攻略が可能であるともいえる。したがって、三之曲輪を焼き払ったことの意味は大きかった。六日、昌幸は同城の調略を指示し、まもなく落城させている。猿ヶ京城は三国街道上の上野側の入り口にあたるから、同盟国上杉氏の本国越後は、北条氏の攻撃に晒される危険がほぼなくなった。小城とはいえ、戦略上の意義は少なくない。

　昌幸は、同城に小川可遊斎を入れたが、可遊斎に多くの知行宛行を約束したために、他の家臣に与える直轄領がなくなってしまったらしい。そこで沼田攻略までという約束で、城領のうち、城下の相《あい》俣《また》・宮野村を借り受けている。この後も昌幸の沼田攻略は、調略を基本としたために、恩賞地不足という点が大きな問題となる。

またこの頃には、名胡桃《なぐるみ》城（みなかみ町）を攻略したと思われるが、時期は確定できない。五月二三日には、海野幸光・輝幸《てるゆき》・金子美濃守《みののかみ》（泰清《やすきよ》）・渡辺左近丞《さこんのじょう》をある城に配置している。研究史上、岩櫃城と考えられているが、昌幸が彼らに出した文書から読み取れる内容はどうみても臨戦態勢であり、沼田のある利根郡の城郭とみたほうが自然である。さらに「請取《うけとり》の曲輪」の防備の指示があることからすると、一定以上の規模の城郭となる。小川城や猿ヶ京城は小さすぎる上に曲輪の数が少なく、該当しない。

注意したいのは、沼田の有力者である金子美濃守・渡辺左近丞がすでに昌幸に従っているという点である。六月末から昌幸は沼田へ攻勢をかけ始めるが、その拠点は名胡桃であった。名胡桃城であれば、一定の規模を有し、かつ沼田とは指呼の距離にある。昌幸が海野らを配置したのは名胡桃城であったのだろう。そして、昌幸自身も同城に入り、陣頭指揮をとるようになったと考えられる。

八月半ば、昌幸のもとに沼田城将用土《ようど》新左衛門尉《しんざえもんのじょう》から寝返りを誓う起請文が届いた。昌幸は陣中見舞いに来た勝頼側近跡部《あとべ》勝資《かつすけ》・土屋昌恒《まさつね》だけに密かに状況を報告し、一七日に密書を返した。勝頼が後に「当秋中」と述べているから（秋は七～九月）、まもなく降伏をしたものとみられる。なお、用土新左衛門尉は、武蔵国衆藤田氏の庶流である。藤田氏の家督は、北条氏政の弟氏邦が嗣いでいる。そこで、氏邦に対抗する意味もあってか、勝頼から本家の苗字である藤田姓と武田家の通字「信」を与えられ、藤田信吉《のぶよし》に改名した。江戸時代中期に成立した上杉方の軍記物『管窺武鑑《かんきぶかん》』によると、用土新左衛門尉の兄が北条氏邦に暗殺されたことを怨んでの寝返りであったというが、裏づけはとれない。

天正八年八月、昌幸は念願の沼田城攻略を果たしたのである。

「北上野郡司」として

武田家においては、各地の城代を「郡司《ぐんじ》」（郡代）に任命し、軍事指揮権に加えて行政権を付与し、直轄領支配の円滑化を図っている。上野については、真田氏が軍事指揮権を管轄する吾妻郡を除く七郡が、箕輪城代兼西上野郡司内藤氏の支配下に置かれていた。

昌幸は、沼田攻略に成功したことで、押しも押されもせぬ武田家の家老となった。以前から有している吾妻郡での軍事指揮権に加え、沼田のある利根郡では軍事指揮権・行政権の双方を与えられることとなった。これは昌幸が「郡司」に任じられたことを意味する。吾妻郡における行政権は不明確だが、行政権を改めて付与された可能性は否定できない。

居城としては、従来の岩櫃城に加え、沼田城も管轄することとなった。なお、かつての沼田城将藤田信吉（用土新左衛門尉）は、沼田付近の沼須《ぬます》城に妻子を置いたと伝わるから

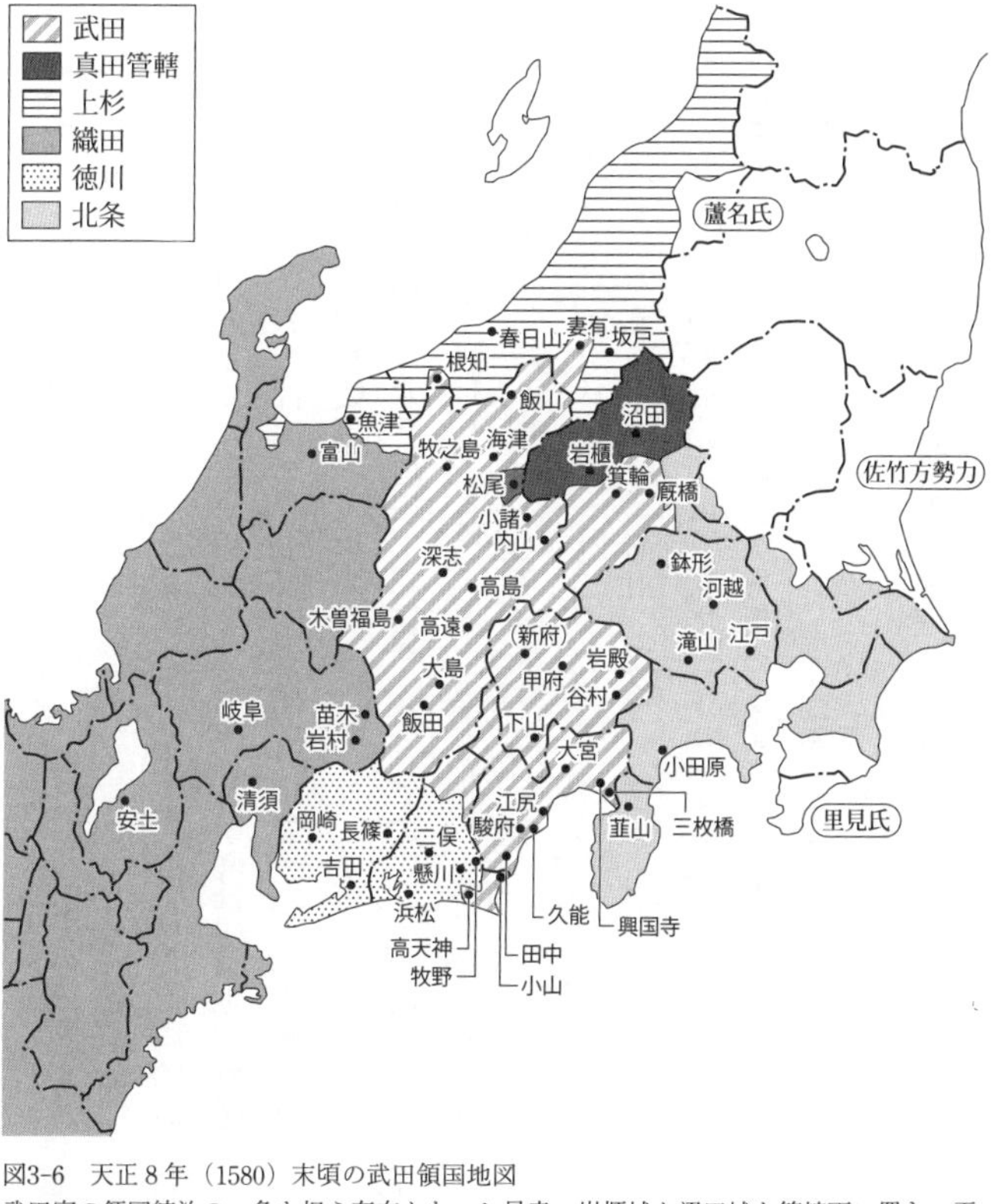

図3-6　天正8年（1580）末頃の武田領国地図
武田家の領国統治の一角を担う存在となった昌幸。岩櫃城と沼田城を管轄下に置き、吾妻・利根両郡の支配を委任される。

(『加沢記』)、同地を居城としたのだろう。さらに、沼田城領の大半は藤田信吉に与えられ、信吉は五七〇〇貫文をも領する大身となったとされる(『管窺武鑑』)。このため、恩賞地不足は深刻化したらしい。先述したように、昌幸は小川可遊斎には沼田制圧後に相俣・宮野村を返還すると約束していた。しかし、沼田付近では恩賞地を確保できず、両村返還は実現していない。当然、替地を利根郡内で探したようで、武田勝頼は可遊斎に本領を含め、一一一〇貫文の所領を安堵している。

吾妻・利根両郡は「北毛《ほくもう》地域」に属する。したがって、両郡の支配を委任された真田昌幸の立場を、「北上野郡司」と呼ぶこととしたい。ここで天正九年(一五八一)六月に勝頼が昌幸に与えた「統治指針」をみてみよう。

勝頼の与えた指針は全部で一一ヶ条からなる。このうち、岩櫃・猿ヶ京・沼田の普請指示が三ヶ条を占めているのは、沼田を攻略した一年後のもので、まだ戦乱の余燼《よじん》が残っているためだろう。勝頼の指示は詳細で、沼田城普請に際しては、郷村からの人夫徴発は当面赦免すると定めたので、領主から集めるよう命じている。沼田・吾妻間を結ぶ要衝である群馬郡中山城(群馬県高山村、なお現在は吾妻郡に属す)確保を指示しているのも、防衛強化の一環だろう。

興味深いのは、会津の蘆名《あしな》氏と常陸の佐竹氏と連絡を取り合って、使者の往来が上手くいくように取りはからえという指示である。これは沼田城の制圧により、沼田のある利根郡から陸奥会津に抜ける戸倉越（近世に会津街道として整備される）が可能となったことによる。武田勝頼は北条氏政と戦う上で、常陸の大名で、北関東（常陸・下野・下総）の小大名・国衆の盟主となっていた佐竹義重と同盟を結び、東西から挟撃する戦略をとっていた。蘆名氏は武田氏とも友好関係にあり、蘆名領を経由することで佐竹氏と安全な使者の往来が可能になったのである。昌幸が部分的な外交交渉権を与えられたことがわかる。

そして、①沼田衆への知行宛行《あてがい》については、話をよく聞き届け、混乱がないように行うこと。②利根荘（利根郡）の慣習法は、以前のものを踏襲せよという指示からは、沼田のある利根郡の行政権が、知行宛行の方針決定までも、昌幸に委ねられたことが明確となる。

藤田信吉・小川可遊斎・渡辺左近丞の居住地について取りはからえという指示も興味深い。いずれも利根郡の有力者である。勝頼は彼らを昌幸の与力《よりき》としてその軍事指揮下に置いた上で、処遇に注意せよと念を押しているのである。

昌幸が沼田を攻略する前の天正八年五月、勝頼は駿河沼津に三枚橋城《さんまいばし》（沼津市）を築いて北条氏との戦争に備えた。その時の普請の督促状が近年発見された。春日信達《のぶたつ》（信濃海津城代兼川中島郡司）・内藤昌月《まさあき》（上野箕輪城代兼西上野郡司）・小山田昌成《まさしげ》（信濃内山城代兼佐久郡司）・山県昌満《まさみつ》（駿河田中城代）という重臣と並んで、昌幸の名が宛所《あてどころ》に記されている。いずれも、父の代から各地の城代を任された宿老であり、昌幸は武田家中で確固たる地位を築いていたのである。ただし、昌幸の名は宛所の最初に記されており、五人の中では一番地位が下だったようだ。

北上野郡司となった翌天正九年は、昌幸にとって「粛清」の年であった。まず、かつての沼田城主沼田万鬼斎《まんきさい》の子息平八郎景義《かげよし》が沼田奪還に向けて動いたという（『加沢記』）。景義は叔父である金子美濃守（泰清）に働きかけ、沼田城への帰還を目指した。ところが、美濃守は景義を裏切って、岩櫃城代海野幸光に事態を報告。景義は沼田におびき出されて謀殺されてしまった。三月一四日のことという。昌幸が首実検を行ったと伝わる場所が、現在沼田城内に「平八郎石」として残されている。

昌幸は海野幸光を岩櫃城代とし、弟の輝幸を沼田城北条曲輪（二の丸）に置いていた。同じく天正九年夏、輝幸は北条勢の撃退に成功したが、その恩賞をめぐって不満を募らせたという。吾妻郡全域が恩賞として与えられるという約束であったのに、いっこうにそれが果たされなかったからだと伝わる。このような約束を昌幸がするとはとても思えないが、利根郡沼田の地は過半が藤田信吉に与えられ、昌幸が恩賞地不足に苦慮していたことはすでに述べた。したがって、たしかに恩賞を与えるなら吾妻郡内しかない。吾妻郡で一定の加増を約束したものの、なかなか履行されなかったという可能性は否定できない。

一一月上旬、吾妻郡衆は連名で、海野兄弟に謀叛の企てありと昌幸に報告した。昌幸はただちに勝頼に事態を上申し、弟の加津野昌春らを率いて出陣した。

幸光は岩櫃で討ち取られ、羽根尾城の麓に墓がある。輝幸は沼田城を出て迦葉山《かしょうざん》（沼田市）に赴き、身の潔白を明らかにしようとしたところを嫡男幸貞《ゆきさだ》とともに討ち滅ぼされた。一一月二一日のこととされる。墓は「海野塚」と呼ばれ、沼田に残されている。

本当に海野兄弟が謀叛を企てていたかはわからない。『羽尾記』によると、昌幸は北条勢の攻撃が近いという名目で昌春を沼田城本城に入城させ、輝幸を騙したというから、海野兄弟は昌幸の攻撃を受けるとは予測していなかったのではないか。

兄弟は、吾妻郡の有力者であり、昌幸にとって目障りな存在になりつつあった。したがって、昌幸が謀叛をでっち上げ、有力者を排除した可能性がある。いずれにせよ、これによって昌幸は吾妻郡の完全な掌握に成功したと評価することができるだろう。同時に、吾妻郡内の海野氏所領は没収されたはずだから、昌幸は自身が差配できる恩賞地の拡大に成功したことになる。やはり海野兄弟の粛清は、「北上野郡司」の足場を固めるには必要不可欠な処置であったと思われる。

なお、海野輝幸の嫡男幸貞は矢沢頼綱の娘婿であったため、幸貞の娘は頼綱に保護されている。のちに真田家重臣原監物《けんもつ》・禰津志摩《しま》に嫁いでいるが、心中はいかばかりであったろうか。また海野輝幸の二女は真田家重臣大熊五郎左衛門尉《ごろうざえもんのじょう》に嫁いでいた（『羽尾記』）。

高天神崩れと新府城築城

武田勝頼と上杉景勝の和睦に端を発する武田氏と北条氏政の同盟破棄は、その後、武田遺臣にとって、広く武田氏滅亡の原因と理解されるようになる（『甲乱記《こうらんき》』）。天正八年（一五八〇）になると、北条勢が甲斐都留《つる》郡（郡内《ぐんない》小山田領）に姿をみせるようになり、信玄家督相続後、絶えてなかった甲斐本国への敵勢侵攻を許したからである。

それにとどめを刺したのが、天正九年三月の遠江高天神城（静岡県掛川市）落城であった。勝頼は城将に今川氏旧臣で、桶狭間《おけはざま》の戦いで勇名を馳せた岡部元信《おかべもとのぶ》を据え、領国から将兵を集めて万全の備えをさせていた。しかしながら、東の北条氏との戦争に傾注するあまり、徳川家康が高天神城の周囲に付城《つけじろ》を築いて包囲作戦を開始しても、まともな援軍を送ることができずにいた。天正九年（一五八一）正月、城将岡部元信は、高天神に加え小《こ》山《やま》（静岡県吉田町）・滝堺《たきさか》（牧之原市）の二城の明け渡しを条件に、無血開城を願い出る矢《や》文《ぶみ》を送った。城を明け渡すので、城兵を無事に武田領に撤退させてほしいというのである。戦国期にはよくみられた開城の作法であった。ただし特殊なのは、元信が籠城している城だけではなく、自身が管轄権を持つ小山・滝堺の二城も明け渡すと述べていることである。

それだけ、城兵は切羽詰まっていたのである。

矢文を受け取った徳川家康は、織田信長と対応を協議した。すると、信長からは予想外の回答が寄せられた。矢文の要請は無視しろというのである。そのまま包囲戦を続け、武田勝頼が援軍（後詰《ごづめ》という）に出てくるなら、一戦してこれを打ち破る。もしそうでなければ、「勝頼は高天神城を見殺しにした」という噂が駿河中の城の端々にまで伝わる。そうなれば、武田領攻略などたやすいものだ、というのである。つまり、高天神城に援軍を送れなかったという事実そのものを、徹底的に宣伝しようというのが信長の戦略であった。

三月二二日、降伏を拒絶された高天神城籠城衆は包囲する徳川勢に突撃し、壊滅した。家康は翌日山狩りを行って城兵を探索し、殺害して回った。

「高天神崩れ」と呼ばれるこの敗戦の影響は、すさまじいものがあった。勝頼にとって不運であったのは、高天神には甲斐・信濃・上野・駿河、さらには飛驒まで、武田の全領国から派遣された将兵が籠城していたことである。したがって信長の狙いは、彼自身の予想をはるかに上回る効果を発揮した。

勝頼に従っていても、もう助けてはもらえない――。

そのような、声なき声が各地であがったことだろう。武田家が戦国大名として構築してきた軍事的信用が崩壊したのは、まさにこの時であったといえる。

さて高天神落城に際し、目付として派遣されていた足軽大将横田尹松《ただとし》はからくも難を逃れ、勝頼のもとに落城の様子を伝えるべく復命した。尹松に従って、西尾《にしお》久作《きゅうさく》なる人物も、高天神を脱出した。西尾久作は、後に意外な形で真田氏と相まみえることとなる。

一方、時同じく、天正九年正月、勝頼は織田信長の侵攻に備え、韮崎に新府《しんぷ》城を築城し、新たな本拠と定めた。甲府にある躑躅《つつじ》ヶ崎館《さきやかた》は、一重の堀を備える程度の居館であり、防衛用の城郭ではなかったためである。

この新府城築城に際し、真田昌幸が関わったという文書が、近年見つかった。従来は写しでのみ知られていた文書の原本の発見である。正月二二日付で、天正九年に築城を開始した時期のものと考えられている。昌幸は家の間口《まぐち》一〇間《けん》（約一八メートル）につき、人足一人を徴発し、三〇日間普請に従事させるよう命じている。

このような文書が残っているのは真田昌幸だけであるため、昌幸が新府城普請の指揮をとったとされることが多いが、事実ではない。新府城よりはるかに規模の小さな駿河三枚橋城ですら、武田家重臣こぞっての普請であった。昌幸は、あくまで新府城普請に関わった家臣の一人に過ぎない。たまたま昌幸が自分の家臣に普請役徴発を命じた文書だけが、現在に伝わったと解釈したほうが自然である。

新府城は天正九年九月中には一応の完成をみせ、同盟国に周知がなされた。しかし、北

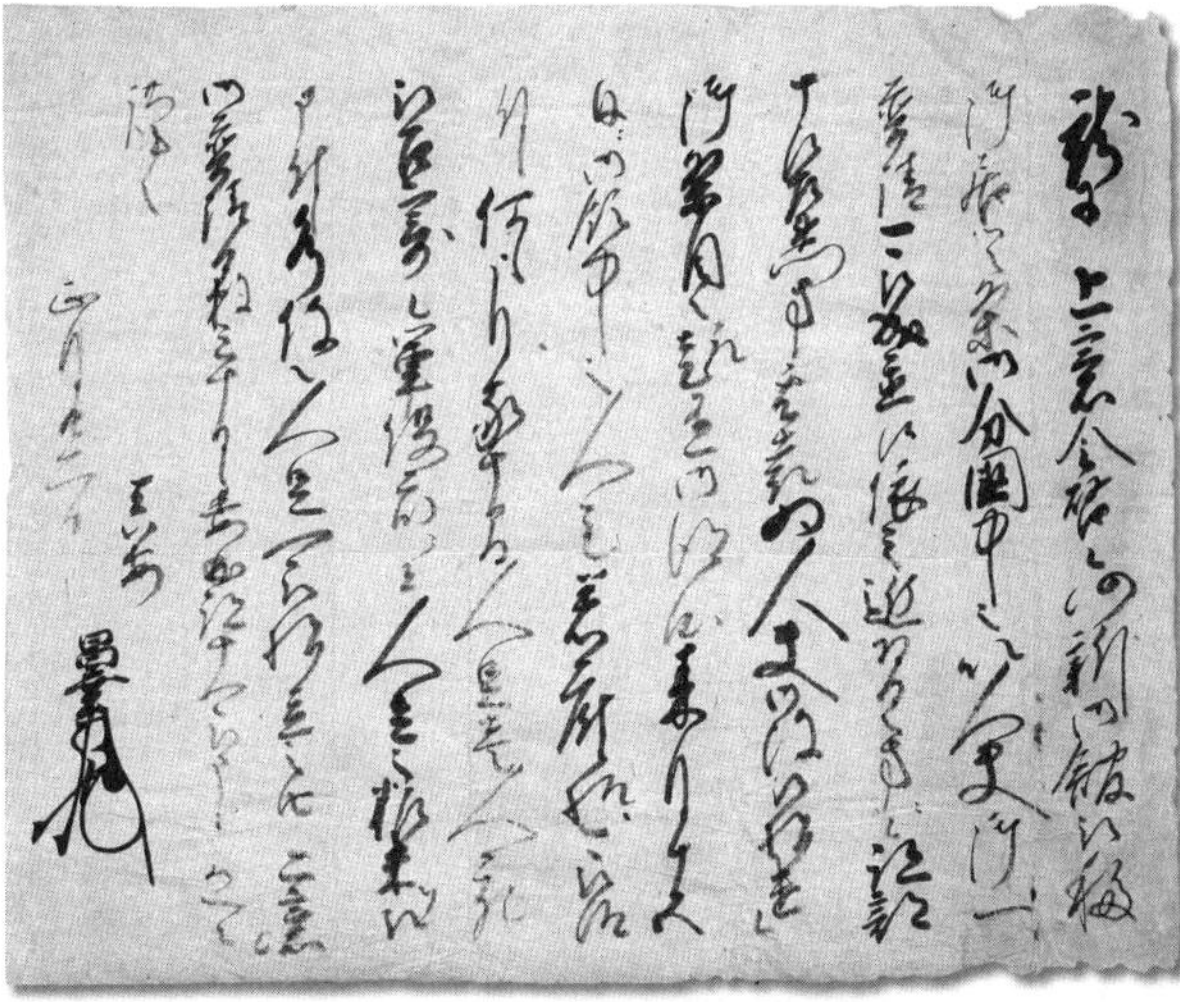

図3-7　昌幸が新府城築城に関わったとする文書（個人蔵）

条氏の伊豆徳倉《とくら》城代（静岡県清水町）笠原政晴《かさはらまさはる》が武田家に寝返るという予想外の出来事が起こり、勝頼はその手当に奔走され、新府移転は遅れた。織田信長を前にしては敗色濃厚であった勝頼だが、北条氏には圧倒的優勢をみせていた。なにしろ、北条氏政自身が弟氏邦に送った書状で「このままでは当家は滅亡」と本音をこぼし、織田信長に臣従を申し出て武田家挟撃の道を探っていたほどである。氏政は信長に対し、嫡男氏直《うじなお》に信長の娘を嫁がせてほしいと懇願し、その準備として天正八年八月に氏直に家督を譲り渡した。したがって、笠原政晴が情勢を見誤ったのも無理はないのかもしれない。この結果、勝頼の新府入城は一二月二四日にまでずれ込む。

なお、近年昌幸の出した新府城普請命令書を天正一〇年のものとする説が出された。『甲陽軍鑑』は新府城の築城開始を天正九年夏としており、それとの整合性はとれる。また同文書は、普請開始後と読むことができなくはない。ただし素直に読めば、これから普請人足を動員するという文書であり、通説の通り、天正九年正月とみたほうがよいだろう。

武田家滅亡

天正一〇年(一五八二)正月、木曾義昌《よしまさ》の離叛をきっかけに、織田信長の軍勢がついに信濃侵攻を開始した。勝頼は義昌討伐のために諏訪に出陣するが、先衆《せんしゅう》(先鋒)が鳥居峠で敗北したどころか、駿河防衛を任せていた御一門衆穴山信君《あなやまのぶただ》(梅雪《ばいせつ》)謀叛という驚愕の報を受け、新府城に帰還した。織田軍を指揮する信長嫡男信忠の勢いはすさまじく、南信濃の城郭はほとんど一戦も交えずに自落・降伏した。信濃では、二月二日に勝頼弟仁科信盛(盛信)が高遠城《たかとお》(伊那市)で織田信忠を迎え撃ったのが唯一の組織的な抵抗であった。その高遠もわずか一日で落城し、武田家は織田勢の甲斐侵入を待つばかりとなった。

しかし、新府城は未完成であり(『甲陽軍鑑』は「半造作《はんぞうさ》」と記す)、籠城に耐えられるものではなかった。そうしたところ、真田昌幸は居城岩櫃への避難を勝頼に提案したという

（『甲陽軍鑑』）。勝頼は一度それを受け入れるが、老臣長坂光堅《こうけん》（釣閑斎《ちょうかんさい》）が、「真田はまだ譜代となって三代（日が浅い）」と進言したため沙汰止みとなり、小山田信茂《のぶしげ》の持ち城である郡内岩殿城《いわどの》（大月市）への退避が決まったという。ところが、その小山田信茂も謀叛して笹子峠《ささご》を封鎖したため、勝頼は三月一一日に田野《たの》（甲州市）で自害し、武田家はあっけない滅亡を遂げる。

実際に、昌幸がこのような提案をしたのかははっきりしない。さらに『加沢記』は、昌幸の進言を退けたことを気に病んだ勝頼が、人質となっていた真田信幸を招いて言葉をかけ、帰国を許したとする。ただし成立が天正一〇年八月と早く、比較的信頼性の高い軍記物『甲乱記《こうらんき》』には、昌幸の進言の記載がない点は付記しておく。

三月六日、昌幸は叔父矢沢頼綱に居城の防備を固めるよう指示した。城領「臼根《うすね》」（沼田市）を自由に分配して役に立つ者をかき集めよ、と述べているから、頼綱のいるのは沼田である。これだけなら、岩櫃籠城に備えた動きとも捉えられる。

しかし、勝頼が自刃した翌三月一二日、昌幸は北条氏直の叔父氏邦から書状を送られている。実は昌幸はすでに、白井長尾憲景《のりかげ》を通じて北条氏に従属を打診しており、本格的な交渉に移ったのが本書状であった。したがって、昌幸は武田家滅亡前に、新たな従属先を模索していたと考えられる。武田家滅亡に際しては、木曾義昌・穴山信君・小山田信茂と

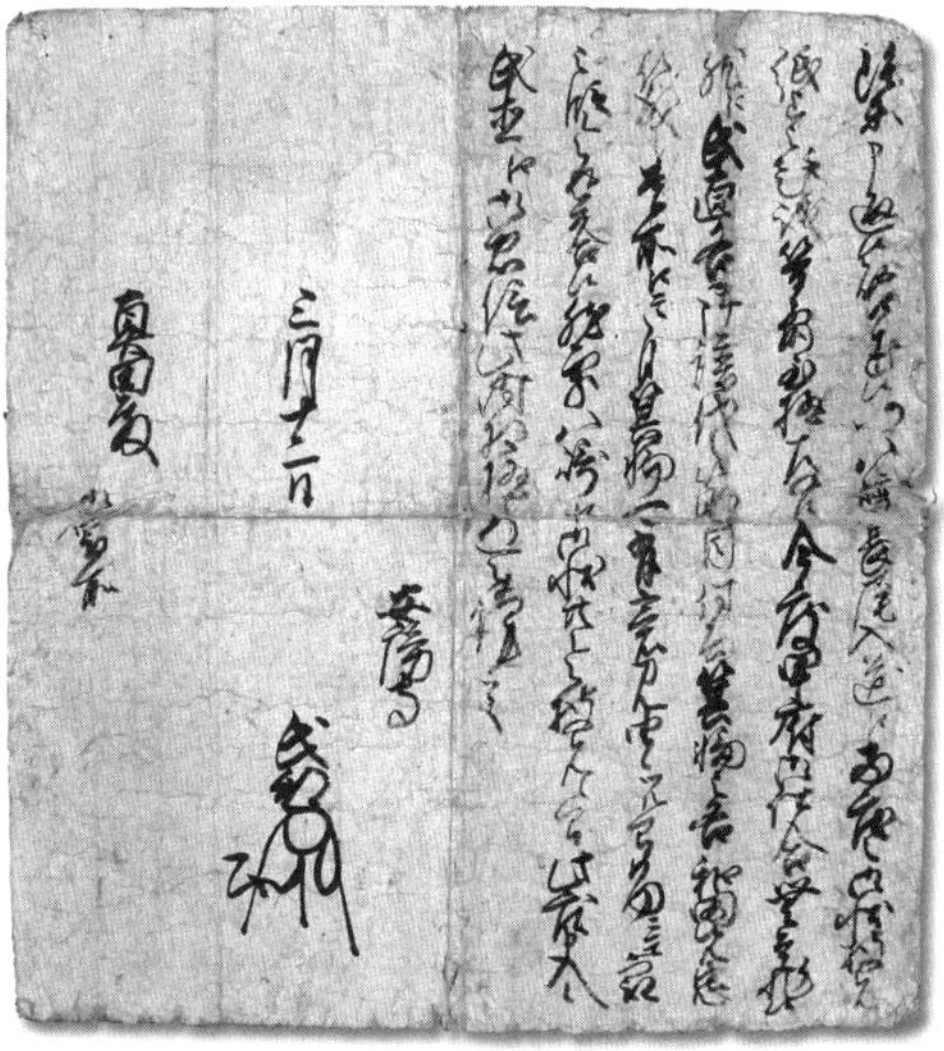

図3-8　天正10年３月12日付　真田昌幸宛北条氏邦書状（上田市立博物館蔵）

国衆の謀叛が相次ぐが、これを「裏切り」と評価するのは一面的に過ぎる。敵国から保護する軍事力を武田家に期待できなくなった以上、彼ら国衆にとって、自家を守るためのやむを得ない行為であった。昌幸も国衆として、最終的には武田家に従うだけでは自家を守れないと判断したと評価できる。もちろん、北条家の支援を得て勝頼を支えようと模索した可能性も否定できない。しかし、この時点の北条家はすでに織田政権に従属を表明しており、北条家の支援によって信長に対抗するというのは現実味を欠く。

したがって、『甲陽軍鑑』の描くような、美しい主従関係は幻想といえるだろう。あるいは『甲陽軍鑑』が成立した元和七年（一六二一）に大名となっていた真田家に配慮した記述がなされたのかもしれない。

なお、真田氏は白井長尾氏と戦争を繰り広げた経緯があり、昌幸が長尾憲景を通じて北条氏に従属を打診したことは奇妙に映る。おそらく白井城陥落時の開城交渉などを通じて、パイプとなる人脈が形成されていったのだろう。また白井長尾氏にとっては、宿敵真田氏を降伏させることは、北条氏に対する大きな手土産になったのかもしれない。

織田政権への従属

当初は北条氏直への従属を考慮していた昌幸だが、織田軍侵攻のスピードは予想をはるかに上回るものだった。三月七日には信長の子息織田信房《のぶふさ》が上野に向けて進軍した（『信長公記』）。信房は、武田信玄が信長との同盟を破棄した際に捕らえられ、武田家に抑留されていた人物である。しかし勝頼が信長と和睦交渉を試みた際に帰国した（交渉は門前払いされている）。信長にとって、武田家の内情をよく知る人選であったといえる。信房の呼びかけにより、上野甘楽《かんら》郡の有力国衆小幡信真《おばたのぶざね》が信長に恭順しているから、信房は佐久郡から十石《じっこく》峠方面に軍勢を動かした可能性が高い。次いで一六日、佐久郡小諸《こもろ》城代（小諸市）下曾禰《しもそね》浄喜《じょうき》が謀叛し、信濃・上野で立て直しを図ろうと落ちのびてきた武田信豊《のぶとよ》（勝頼の従兄弟）を殺害した。これにより、真田氏の本拠小県郡の南に位置する佐久郡は織田氏の勢力圏に入ったことになる。信房は一七日には安中七郎三郎を仲介として大戸浦野氏を降伏させ、二一日までに安中城（安中市）に入城した。大戸浦野氏は吾妻郡の国衆で、昌幸が家督を嗣いだ後、真田氏の与力に編制されているから、信長の手は昌幸の管轄領域にまで及んだことになる。

そこで昌幸はただちに方針を転換し、信長に従属する道を選んだ。

『加沢記』は、三月一五日に昌幸自身が高遠に出仕し、信長嫡男織田信忠から盃を賜ったと記すが、信忠はこの時すでに甲府に入っている。一方、信長はまだ、伊那郡飯田《いいだ》（飯田市）に着陣したばかりで、高遠には着いていない。もし昌幸自身が出仕したとすれば、場所は諏訪の法華寺（諏訪市）で、三月二〇日頃の話だろう。信長は一九日に法華寺に陣を布き、翌二〇日に木曾義昌・徳川家康・穴山信君の御礼言上を受け、二一日には北条氏政の使者と対面している。これとは別に、上杉家臣矢野綱直《やのつななお》は、二一日付の書状で安中に入った織田信房の呼びかけに対し、「岩下・倉内《くらうち》・箕輪・倉加野《くらがの》」をはじめとする上野諸将が応じていないと報告している。岩下は岩櫃城築城以前の吾妻郡の拠点城郭であり、倉内とは沼田城の別称である。したがって、岩下と倉内は真田昌幸のことを指しているとみて間違いない。ただし、小県に織田軍が迫っている状況を考えれば、二一日をさほどくだらない時期に織田政権に従属したのではないか。だとすると、二〇日頃に出仕し、その情報を上杉方がキャッチできていなかったという可能性がある。

昌幸は「北上野郡司」として上野利根・吾妻郡を管轄していたから、信房の拠る安中に出仕した可能性もある。もちろん、本来的には信濃小県郡の国衆なのだから、法華寺に出仕した可能性も否定できない。いずれにせよ、一五日に高遠出仕という『加沢記』の記述が誤りであることは間違いない。また『加沢記』は、信長の本拠安土城（近江八幡市）に長女村松殿《むらまつどの》と信幸の嫡男を人質に出したとするが、これは極めて疑わしい。信濃・上野のような遠隔地の国衆の人質は、現地の支城《しじょう》（拠点城郭）で預かるのが基本だからである。また、信幸嫡男信吉はまだ生まれておらず、早逝した子息の存在も伝えられていない。

確実にわかっていることは、昌幸が信長に黒葦毛《くろあしげ》の馬を贈って、従属の姿勢を示したことである。信濃は名馬の産地として知られ、贈答にはしばしば馬が用いられた。信長からの礼状は、四月八日付で「佐那田《さなだ》弾正」宛てとなっている。昌幸が「安房守」と称することを自重したか、真田といえば弾正忠幸綱という印象が残されていたかのいずれかであろう。当時の書札礼《しょさつれい》（書状を書く際の作法で厳密に守ることが求められた）を考えると、封紙《ふうし》（書状を納めた包み紙）に苗字と通称を記したはずだから、前者のほうが可能性が高い。織田家中で安房守を称している人物がいる可能性に配慮したのだろう。同時に、信長は返書で音通《おんつう》による当て字を用いている。これは、祐筆《ゆうひつ》が「サナダ」と聞いてどのような漢字で

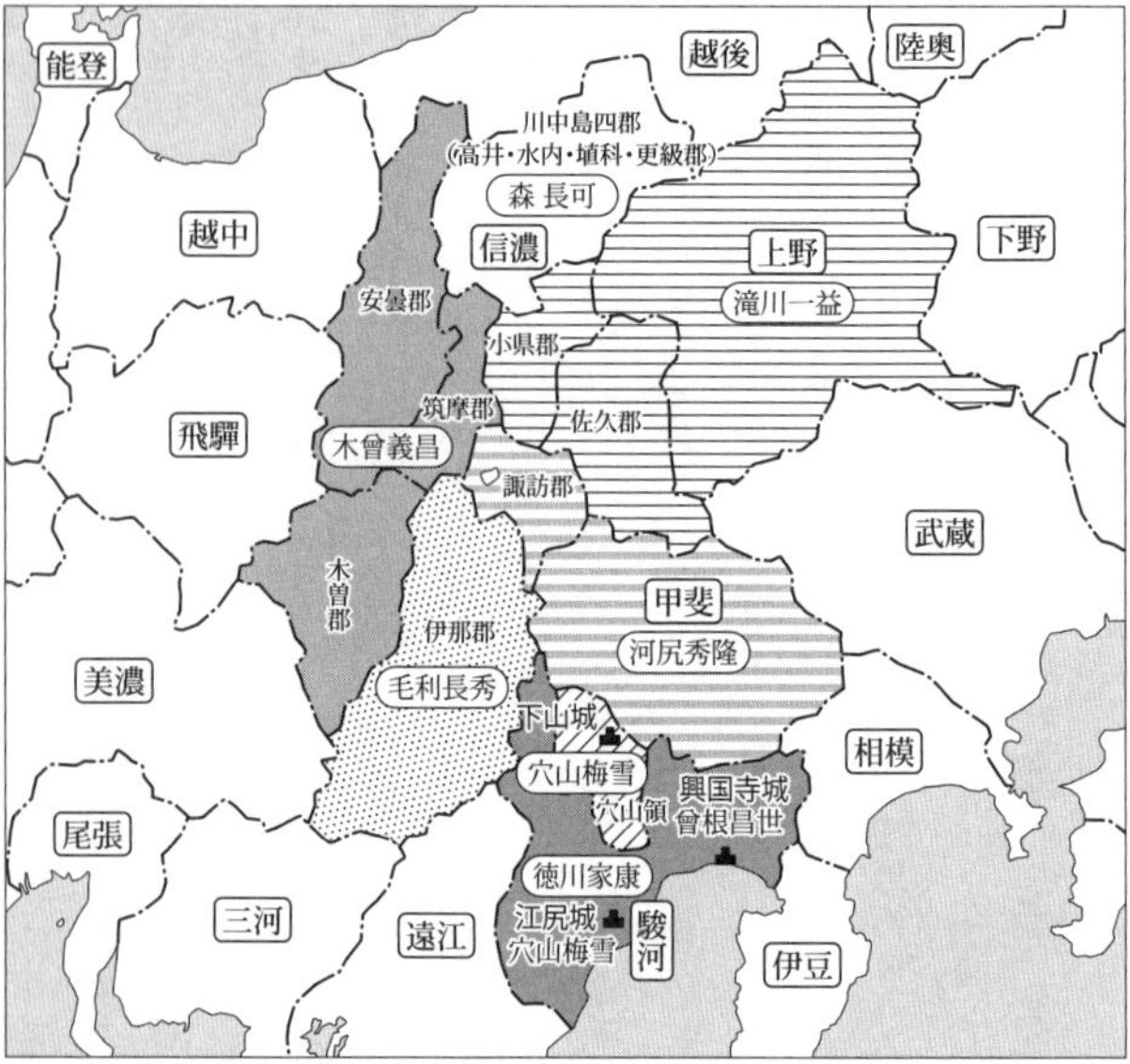

図3-9　織田信長による武田領分割
武田家滅亡を機に、織田軍は上野を制圧。佐久郡と小県郡は滝川一益の支配下に置かれ、昌幸は織田政権に下る選択しかなかった。(平山優『増補改訂版 天正壬午の乱――本能寺の変と東国戦国史』を一部修正の上で転載)

書くか知らなかったためである。つまり信長の視界には、真田昌幸なる人物の姿は入っていなかった。これが逆に、「武田家宿老」真田昌幸の身を救ったといえる。もっとも、信長は甲斐衆はほとんど皆殺しにするといってよい姿勢で臨んだが、北信濃・上野衆は武田家の家老であっても降伏を許された。信長が処刑対象としたのは、あくまで甲府に詰めていた「武田家首脳部」であったといえるのかもしれない。ただし、佐久郡の有力国衆蘆田依田信蕃《のぶしげ》は、徳川家康の助言を受け、身を隠している。これは信蕃が駿河田中城（藤枝市）を守り、徳川勢と直接干戈《かんか》を交えたことによる。この保護が、後に家康の信濃進出にとって大きな意味を持ってくるのだが、この時点では想像することもできないものだった。

信長は、信濃小県・佐久郡と上野支配を重臣滝川一益《かずます》に任せた。つまり、昌幸の本領小県と城代領上野利根・吾妻郡は、すべて滝川一益の支配下に置かれたのである。北条氏政・氏直も、天正八年に織田政権への従属を表明していたから、上野から手を引かざるを得なかった。したがって昌幸には、織田政権に従属するしか選択の余地はなかったといえる。

上野に滝川一益が入ったことを受け、昌幸は沼田・岩櫃両城を引き渡した。自身は、小県の本領に戻ったのだろう。人質も、厩橋城に入った滝川一益に差し出したはずである。『加沢記』は安土に人質を出しているから、一益のもとには出さなかったとしているが、信頼できない。最終的に、昌幸は生母河原氏と次男信繁（弁丸《べんまる》）を人質として一益のところに送っている。

本能寺の変

しかしながら、織田政権の東国支配は長くは続かなかった。天正一〇年（一五八二）六月二日の本能寺の変により、織田信長・信忠父子は自刃。武田氏攻めに際して上野に進軍した織田信房も運命をともにした。武田家滅亡から、わずか三ヶ月後のことである。衝撃の情報は、六月九日に滝川一益のもとにもたらされた（『石川忠総留書《ただふさとめがき》』）。軍記類によると、一益は家臣の反対を押し切って国衆たちに本能寺の変の一報を打ち明け、人心の掌握に成功したとされるが、事実ではない。一益は実際には、変事はないので安心するようにという書状を出している。

北条氏直のもとには、六月一一日に急報が届いた。氏直の父氏政は、一益に北条氏が謀叛を起こすことはないので安心してほしいとただちに書き送ったが、もちろん虚言であった。父子があれほど苦戦した武田勝頼は滅亡し、中央政権として北条氏の重しになっていた信長も最早いない。北条氏が信長に従属していたのは、武田勝頼との戦争のためだったから、忠誠心などというものはそもそも存在しないのである。翌一二日、領国に動員令をかけ、間もなくして上野に攻め込んだ。滝川一益は一八日の戦闘には勝利したが、翌一九日の神流川《かんながわ》の戦いで大敗し、本領伊勢に敗走することになる。

軍記類は、この際、昌幸が一益帰国の支援をしたというが、手を出せなかったというのが実態だろう。先述したように、生母と信繁を人質として差し出していたからである。ところが一益は、木曾領を通過する際の交渉で、徴収した人質を木曾義昌に引き渡す羽目になった。昌幸がこの事態をいつ把握できたかはわからないが、母と子は解放される機会を失ってしまったのである。

信長が旧武田領に配置した他の部将も、本国へと帰還した。これにより、旧武田領は事実上「無主の地」となったのである。信長の圧力が消滅した北条氏直は織田政権を離叛し、滅亡寸前まで追い込まれていた上杉景勝も一転、悲願である北信濃川中島進出に乗り出した。しかし、信長が死んだからといって、織田家が滅亡したわけではない。徳川家康も、織田政権に対する「謀叛人」北条氏を討つという大義名分のもと、旧武田領制圧に動き出した。これが近年「天正壬午《じんご》の乱」（「壬午」は天正一〇年の干支）と呼ぶことが提唱されている、北条・徳川・上杉三氏による武田家旧領争奪戦である。

「天正壬午の乱」のはじまり

本能寺の変で動き出したのは北条氏直だけではない。滝川勢が撤退すると知った藤田信吉は、城代滝川儀太夫《ぎだゆう》（一益の甥）に沼田城の引き渡しを要求した（『管窺武鑑』）。しかし儀太夫は、この城は真田昌幸が信長に進上したものだから、昌幸に返すのが筋であると指摘して信吉の要求を退けた。一益も儀太夫の意見を是とし、沼田城は真田昌幸に返還されることが決まった（『里見吉政《よしまさ》戦功覚書』）。昌幸が沼田城請取の軍勢を出したのは、六月一

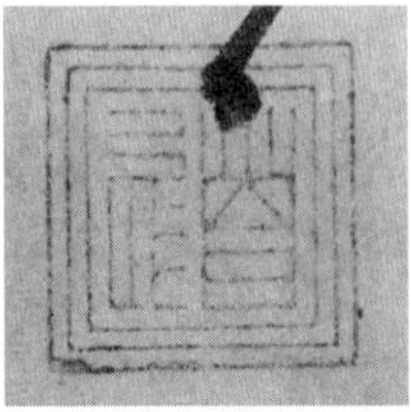

図3-10　真田昌幸朱印「道」

三日のことである。城内ではまだ藤田信吉が納得していなかったが、この件の調停をつとめた里見吉政の説得により沼田を去り、越後へ落ちのびた。このため、藤田信吉が上杉景勝の支援を仰いだとする史料もある（『管窺武鑑』）。というのも、藤田信吉は北条氏から武田氏に寝返って沼田城を引き渡した部将であるため、このまま滝川軍が上野を撤退し、北条氏が沼田を制圧することにでもなれば、処刑されかねないからである。一方、滝川一益も沼田に真田氏支援の援軍を派遣した。これは、沼田の混乱が長期化すれば、北条氏と挟み撃ちにあう危険性を考慮した結果であろう。なお『加沢記』は沼田の有力者金子美濃守（泰清）が昌幸に従属したと記す。美濃守の動向からすれば、沼田衆は昌幸を迎え入れることを選んだと思われる。これが、滝川儀太夫の判断を左右したのであろう。なお、金子美濃守はこの後、娘婿一場《いちば》氏を頼って岩櫃付近の厚田（群馬県東吾妻町）に隠棲し、そこで生涯を終えている。

　しかし昌幸は、すでに織田家従属国衆としての枠組みを逸脱する行動に出ていた。六月一〇日、昌幸は新たに印文「道」の朱印使用を開始したのである。これは山家神社宝蔵院に対し、社領を寄進した文書に用いられたもので、真田氏にとって最初の朱印状である。以後、武田氏同様、奉者を記した奉書式朱印状も併用するようになる。

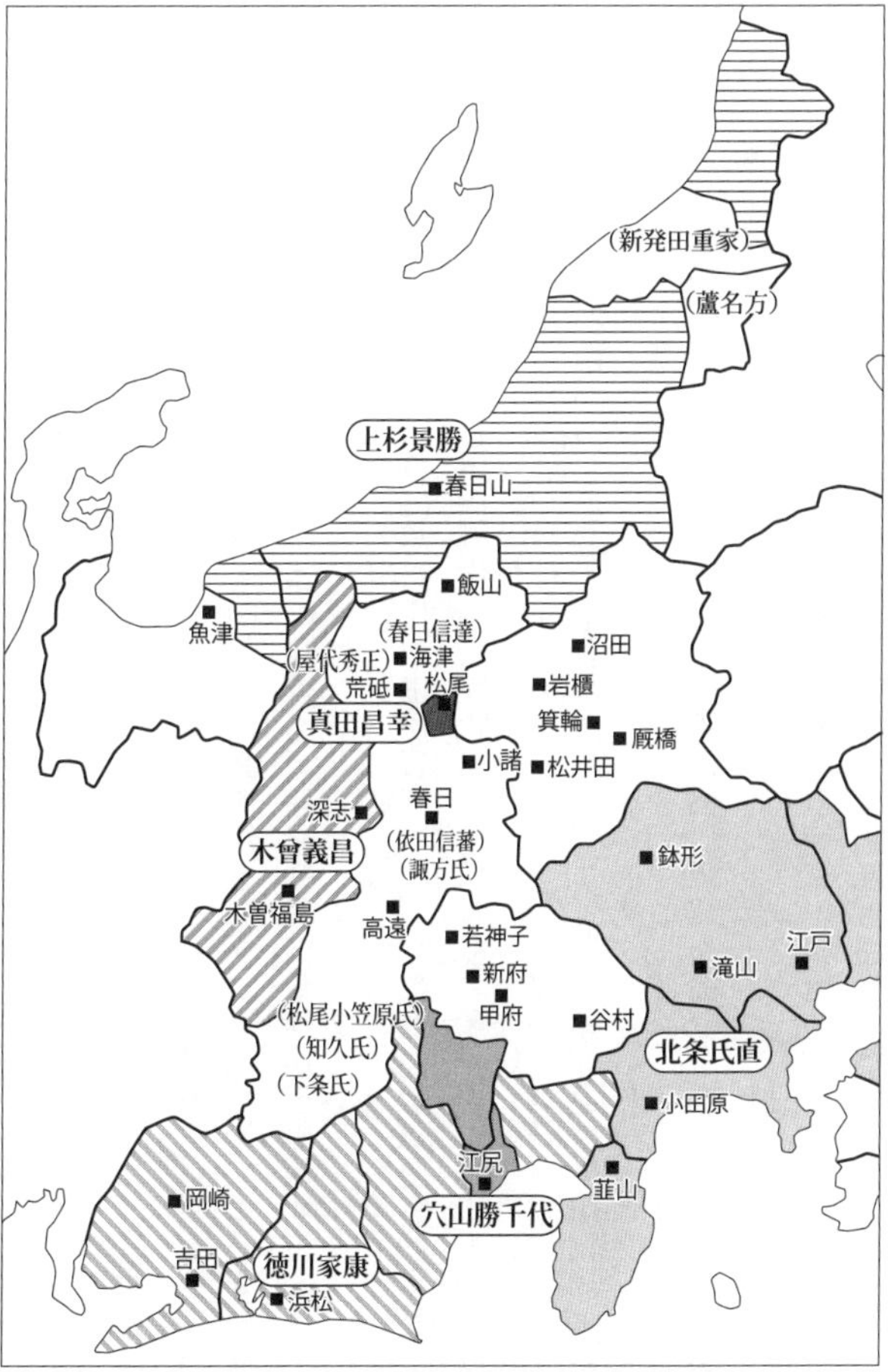

図3-11　天正壬午の乱　本能寺の変翌日の勢力図
本能寺の変の一報が届いた後、旧武田領をめぐって北条・徳川・上杉３氏が動き出す。真田昌幸はどの大名につけば自家を維持できるか、慎重な選択を迫られた。

これがなぜ問題なのか。一般に戦国大名は従属国衆に対し、①朱印状使用許可、②黒印状使用許可、③印判状使用不可（花押のみ使用）という三段階でランク付けをする。たとえば木曾義昌は、武田時代には朱印を用いていたが織田政権服属後は黒印に改め、本能寺の変後に再度朱印を使用しだしている。武田時代や、信長在世中に昌幸が朱印を用いた事例は見いだせないから、これは朱印状の無断使用ということになる。本能寺の変を聞き、ただちに刻ませたものであろう。この時点で、昌幸は織田政権から離叛する心づもりを固めたのではないか。

そして昌幸は、六月一二日に沼田衆恩田伊賀守《おんだいがのかみ》、一六日に吾妻衆鎌原宮内少輔の服属を認め、所領を宛行《あてが》った。恩田伊賀守の家臣化は、滝川一益の了解を得てのものとみてよい。また鎌原氏は真田氏の親戚であり、服属交渉は容易であったと思われる。二一日には、吾妻の土豪湯本三郎右衛門尉《ゆもとさぶろうえもんのじょう》を岩櫃に入れている。この命令は、「道」朱印状によって出されている。

一方、上杉景勝も沼田の有力者渡辺左近丞に沼田攻略を命じている。六月一六日のことであった。しかし昌幸は、先述したように一三日には滝川一益の許可を得て沼田請取の軍勢を派遣していた。本能寺の変の情報を得てから神流川の戦いまでのわずか一〇日程度の間に、昌幸は武田時代の「北上野郡司」管轄領域を回復したのである。

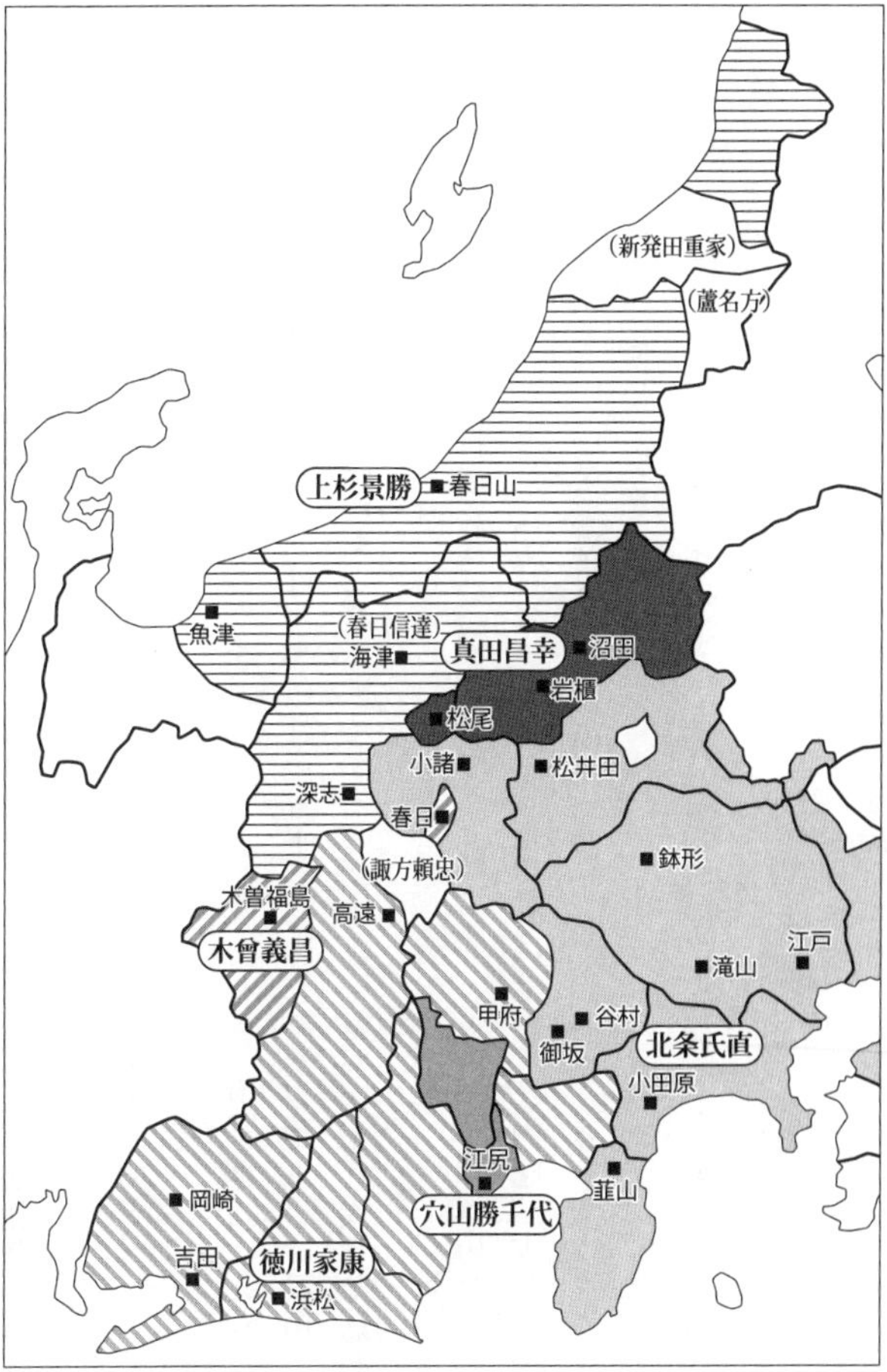

図3-12　天正壬午の乱　７月初旬頃の勢力図
真田昌幸は本能寺の変後の混乱の中、沼田・岩櫃両城を回復。武田家から「郡司」として預かっていた北上野を領国化した。

問題は、旧領上野奪還に燃える北条氏の動向である。北条氏直の上野進出はすばやく、昌幸は単独での太刀打ちは不可能と判断した。その上、昌幸の本領小県には、北信濃川中島四郡を制圧した上杉景勝が迫っていた。そこで昌幸は、上杉景勝に従属することで、北条氏への対抗を試みた。

ところが昌幸はあっさりこの手の平を返した。というよりも、返さざるをえなくなった。北条氏直が信濃佐久郡に軍勢を向け、小県郡海野平に布陣したからである。真田家にとっては、四〇年前の悪夢をよみがえらせる地である。昌幸はただちに上杉氏を離叛し、北条氏のもとに出仕した。

七月九日、北条氏直は真田昌幸の帰属を讃え、使者をつとめた真田家臣日置《へき》五《ご》右衛門《えもんの》尉《じょう》に西上野小島郷（高崎市）で知行を与えた。北条氏直は上野で勢力を拡大していたが、信濃侵攻を優先し、真田昌幸が確保した沼田・岩櫃領と毛利北条芳林（高広）の本拠厩橋領には手を出さずに碓氷峠を越えて信濃に入った。これが、昌幸には幸いしたのである。逆に上杉景勝は、昌幸を謀叛人と認定し、真田領の三島《みしま》（群馬県東吾妻町）を浦野《うらの》能登守《のとのかみ》に宛行っている。もちろん、上野には上杉氏の勢力は及んでいないから、空手形である。同じ頃、毛利北条芳林も上野で勢力を拡大し、惣社《そうじゃ》領（前橋市）を確保した。

昌幸は七月一二日に海野にまで陣を進めた北条氏直のもとに、翌一三日に参陣している。

氏直はそのまま川中島まで軍勢を進め、上杉景勝と対峙した。武田旧臣で、上杉方の海津城代春日信達（『甲陽軍鑑』の原記主香坂虎綱《こうさかとらつな》の子）の寝返り工作の進展に期待してのものである。この工作は「ちいさ方々之者共」によって行われたというから（『越後古実聞書《こじつききがき》』）、昌幸も関わっていた可能性がある。信達の手には、知行を安堵するという氏直の証文が渡された。ところが、謀叛は事前に露見し、信達は処刑されてしまうのである。偶然の一致ではあるが、昌幸が氏直のもとに参陣した七月一三日のことであったという。とすると、真田氏を含む小県の国衆は、春日信達の寝返りを手土産に北条氏に従属したのかもしれない。史料的価値は劣るが、『武徳編年集成《ぶとくへんねんしゅうせい》』は春日を調略した人物を真田昌幸と明記している。ただしこちらは、信達の裏切りが露見し、磔刑に処された日を七月二五日とする。それによると、北条氏直は二八日に出馬して川中島を攻撃し、迎え撃つ上杉勢において春日信達が裏切るという手はずであったという。

いずれにせよ、氏直の目論見は泡と消えたわけである。この直後の七月二七日、昌幸の実弟加津野昌春が上杉景勝を離叛し、居城牧之島《まきのしま》城（長野市信州新町）を退去した（『里見吉政戦功覚書』）。氏直は昌春の身柄を安全に引き取るため、軍勢を展開した。北条氏に味方した信濃衆一三頭《とう》の中では、昌幸が先陣を命じられたという。これらの事実から推測すると、真田兄弟が連携プレーをとってかつての傍輩《ほうばい》春日信達を寝返らせようとしたが、失敗したため、昌春が上杉領を脱出したとみてよさそうである。

昌幸、徳川家に従う

川中島攻略に失敗した北条氏直は、今度は甲斐を目指して南進策に転じた。これにより、上杉景勝は川中島四郡支配を固めることに成功した。海津には、荒砥《あらと》城（千曲市）を拠点とする国衆屋代秀正《やしろひでまさ》を入部させている。景勝は、屋代秀正に小県浦野氏の所領を宛行った。なお、小県浦野氏は当主源一郎が武田氏滅亡時に討死したようで、以後の動静は不明となる。どうも、本家筋にあたる禰津常安《じょうあん》に従って家康に属し、家康の関東入部によって上野豊岡《とよおか》（藤岡市）に入ったらしい。であるとすると、この時期は北条氏に属していたことになる。

この北条勢の甲斐転進、小県郡不在という事態が、昌幸を刺激することとなる。やはり史料的価値に問題があるが、『関八州古戦録《かんはっしゅうこせんろく》』によると、昌幸はすでに家康が武田旧臣曽《そ》禰《ね》昌世《まさただ》・岡部正綱《まさつな》を起用して甲斐の人心を摑んでいることを指摘して、氏直の甲斐侵攻に反対したという。これに対し氏直は、自分は武田信玄の外孫《がいそん》（娘の子）であり、それをもって武田旧臣を味方にできると判断して諫言を退けたとされる。事実であるとすれば、昌幸は当初、北条氏直に属して領国防衛を図ることを決めていたと思われる。しかしながら、氏直の甲斐転進実施により事情は変わっていく。

一方、徳川家康は甲斐・信濃双方に軍勢を進めていた。甲斐南西部河内《かわうち》領の国衆穴山梅雪は、本能寺の変時、家康とともに堺（堺市）に滞在していた。本国への逃避行、いわゆる「神君《しんくん》伊賀越え」に際しては、家康と別行動をとり、度重なる百姓の襲撃に遭って横死してしまった。後継者勝千代《かつちよ》は幼少であったため、家康は穴山領を事実上、保護下に置いた形で甲府に入っている。その際、武田旧臣が大きな役割を果たしたのは先述の通りである。

信濃には、筆頭家老酒井《さかい》忠次《ただつぐ》を進軍させた。忠次は伊那郡の国衆を味方につけた後、上杉景勝が木曾義昌から奪取していた筑摩・安曇郡攻略に取りかかった。その際、起用したのが小笠原《おがさわら》貞慶《さだよし》である。貞慶は、かつて武田信玄に追われた信濃守護小笠原長時《ながとき》の子であり、旧臣の支持を得て深志城（松本市）に入った。以後、上杉・木曾両氏を排除して両郡の制圧を目指すことになる。なお諏訪郡は、武田氏のもとで諏訪大社上社大祝《おおほうり》となっていた諏方頼忠《よりただ》が押さえ、武家としての御家再興を成し遂げていた。

ここまで順調に進んだ徳川氏の信濃攻略だが、七月後半に雲行きが変わった。問題は、酒井忠次の慢心にあったようである。忠次は信濃は自分に与えられたものと理解し、国衆に高圧的な態度で接したらしい。これに不満を抱いた諏方頼忠は、徳川氏との従属交渉を打ち切り、小笠原貞慶とともに北条氏直に従属した（『当代記』他）。こうした状況下で、北条氏直の甲斐転進が始まるのである。

八月六日、北条氏直は甲斐に進軍し、若神子《わかみこ》（北杜市）に陣を布いた。すでに甲府を押さえていた徳川家康は、新府城（韮崎市）を修築して入城し、迎撃する態勢を整えた。しかし、すでに北条氏は小山田信茂の旧領である甲斐都留郡（郡内）を制圧し、御坂城《みさか》（笛吹市）を築いて甲府盆地を東から攻める足がかりとしていた。その上、氏直の本隊だけで徳川勢を凌駕していた。数に優る北条勢が、東西から家康を挟撃する態勢を構築したわけである。氏直が打った手はこれだけにとどまらない。上野に亡命していた保科正直《ほしなまさなお》を派遣し、故地高遠《たかとお》（伊那市）を奪還させたのである。これにより、伊那郡の徳川勢は下伊那に退かざるを得なくなった。氏直の自信は、必ずしも根拠のないものではなかったのである。家康は寡兵を上手く用いて北条勢を食い止めたが、窮地に追い込まれたことは間違いない。

徳川家康は、信濃ではかろうじて木曾義昌を北条氏から引き離すことに成功するが、これは義昌が小笠原貞慶に敗退を続けた上、支援を求めていた織田政権から家康に味方するよう要請された結果に過ぎない。木曾義昌は、滝川一益から奪い取った佐久・小県郡国衆の人質の一部をしぶしぶ家康に引き渡し、徳川氏に従属した。しかし、これだけでは現状の打開にはほど遠い。

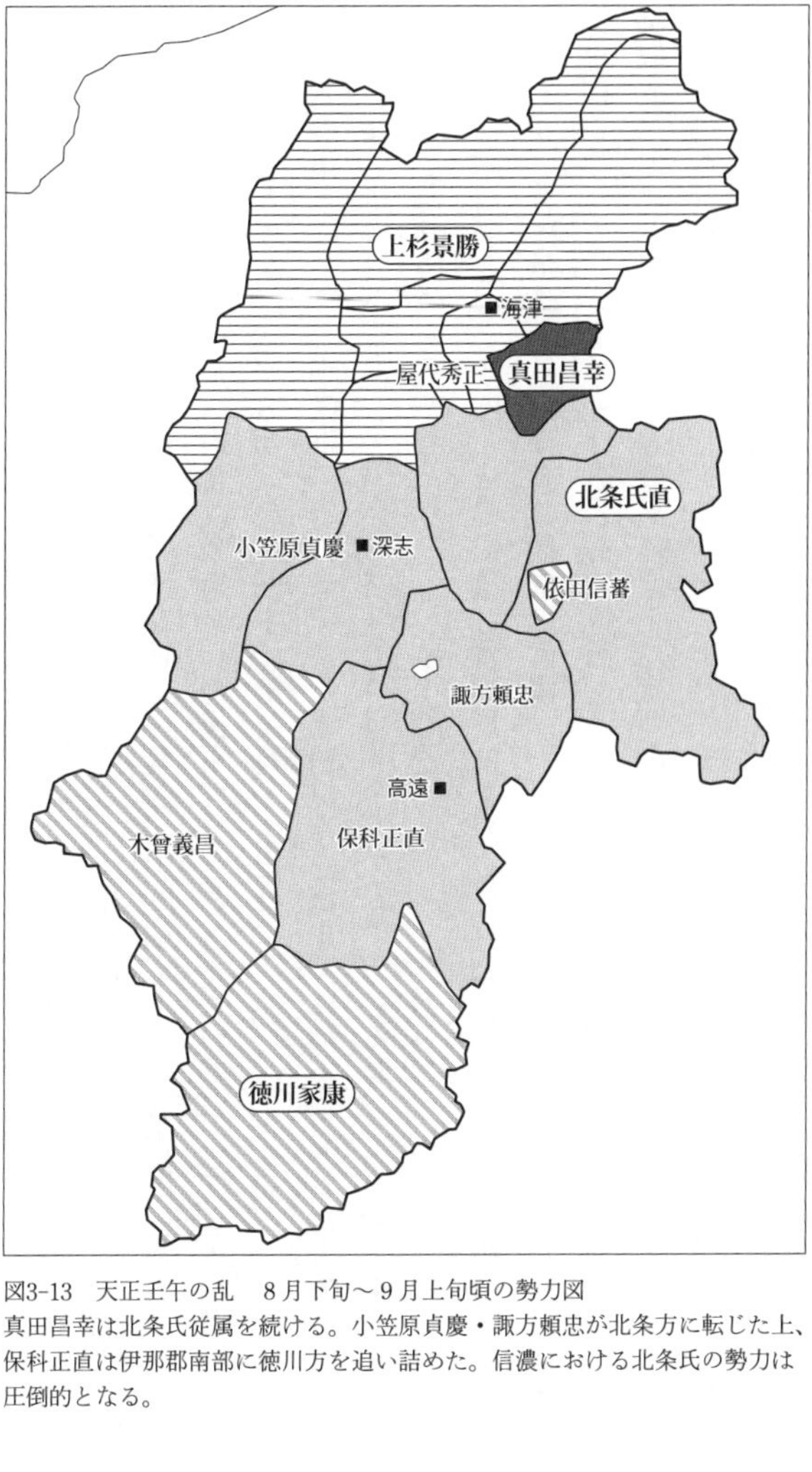

図3-13　天正壬午の乱　８月下旬～９月上旬頃の勢力図
真田昌幸は北条氏従属を続ける。小笠原貞慶・諏方頼忠が北条方に転じた上、保科正直は伊那郡南部に徳川方を追い詰めた。信濃における北条氏の勢力は圧倒的となる。

ここで動き出すのが、佐久郡国衆蘆田依田信蕃《よだのぶしげ》である。信蕃は武田氏滅亡時、家康の助言で身を隠していたが、本能寺の変後に春日城（佐久市）に帰国し、佐久郡国衆を徳川方につけるよう精力的に活動していた。しかし、佐久・小県郡に侵入した北条氏直の大軍を前にしてはいかんともしがたく、居城春日を放棄し、山間部にある三沢古屋《みさわごや》に撤退するまでに追い詰められていた。信蕃は家康からの援軍で持ちこたえていたが、甲斐・信濃における北条氏の攻勢が強まる中、起死回生の策に打って出た。

信蕃の策とは、北の小県郡の有力者である真田昌幸を徳川方に寝返らせることであった。佐久郡は小諸城（小諸市）を拠点にほぼ全域を北条方が固めているが、これがうまくいけば依田勢と真田勢で挟撃ができるというわけだ。

昌幸と徳川家との交渉は、依田信蕃と曾禰昌世を介して行われた。ともに武田時代の同僚であり、特に曾禰昌世は同じ「信玄の両眼」と呼ばれた親しい仲である。しかし、昌幸を後押ししたのは、実弟加津野昌春の進言だろう。家康は昌春の働きについて「万事其方御取成」と述べており、昌春は兄昌幸とは別行動をとり、徳川家に仕えていたらしい。

九月二八日に家康が提示した条件は、上野長野氏旧領、甲斐において二〇〇〇貫文の所領、および信濃諏訪郡の宛行であった。長野氏旧領というのは、箕輪領（高崎市）を指しており、武田時代には西上野支配の拠点となっていた。ようするに、上野支配を任せるという条件であろう。もちろん、空手形に過ぎない。諏訪郡は北条方に転じていた諏方頼忠《よりただ》の領国だから、これも完全に空手形である。ただし、甲斐二〇〇〇貫文については、相当部分が徳川領国になっているから、履行されたらしい。翌天正一一年（一五八三）、昌幸は甲斐において所領を家臣に宛行っている。

ポイントとなるのは依田信蕃との連携である。北条家の佐久郡における拠点となっていた小諸・前山（佐久市）両城は、北から真田昌幸、南から依田信蕃に挟撃されることになったのである。これは、北条氏直本隊の補給路を断つことを意味する。氏政は一〇月一日付の書状で佐久郡国衆から人質を徴収し直したことを受け、態勢を立て直して真田に集まった国衆を蹴散らすように命じているが、事態は予測を超えて動いた。今まで逼塞していた依田信蕃が猛烈な反撃に出たためである。家康が信蕃のもとにさらに援軍を増派したことも大きかった。ここに北条氏の制圧間近となっていた佐久郡の情勢は、一変した。

一〇月一九日、まず昌幸は北条方の小県郡国衆禰津昌綱《まさつな》を攻撃したが、これは失敗に終わった。しかし、その後も小県郡南部から佐久郡をうかがい続ける。

当然、北条氏直も速やかに対応し、佐久郡へは援軍として歴戦の名将北条道感《どうかん》（綱成《つなしげ》）を派遣した。軍勢五〇〇〇を率いさせたというから、かなり大規模なものである。一方、真田氏の拠点である上野吾妻郡については、一〇月二二日、北条方の国衆大戸浦野真楽斎に真田領攻撃を命じている。また二五日、武田時代の佐久郡支配の拠点内山城（佐久市）に北条氏邦の家老猪俣邦憲《いのまたくにのり》を入れ、佐久郡の防備を固めさせた。さらに小諸には、北条家家老大道寺《だいどうじ》政繁《まさしげ》が入城している。

昌幸の側も、北条氏の反撃を受けることは当然覚悟していた。小県はさしあたり安全として、懸念したのは上野である。したがって昌幸は、沼田・岩櫃の防備を固めた。特に吾妻郡については、真田氏の家老となった土豪湯本三郎右衛門尉が中心となって指揮をとった。その功績を讃え、昌幸は一〇月一三日、海野のうち若狭守分五〇貫文などを湯本に宛行い、翌一四日に羽根尾城代（群馬県東吾妻町）に任じて在城料を支給している。この海野のうち若狭守分というのは、海野氏の家老小草野若狭守隆吉の知行分を指すと思われ、この時までに昌幸が海野領を併合していたことが明らかとなる。なお、隆吉の弟の系統が、真田家に仕えていることが確認できる（真田氏所蔵『御家中系図』）。さらに昌幸は、上野群馬郡尻高《しったか》領（群馬県高山村）も確保しており、一九日に折田《おりた》軍兵衛《ぐんびょうえ》に知行を宛行っている。尻高城は中山城（高山村）の西に位置し、沼田と岩櫃を結ぶ要地にある。つまり昌幸は、利根（沼田領）・吾妻（岩櫃領）両郡を固めた上で北条氏を離叛したといえる。

さて、少し時を戻して一〇月一三日、北条氏邦が上野の家臣に信濃から透破《すっぱ》（忍《しのび》）五〇〇人ほどが城を乗っ取ろうと攻めてくるという噂を伝え、用心を固めるよう命じている。

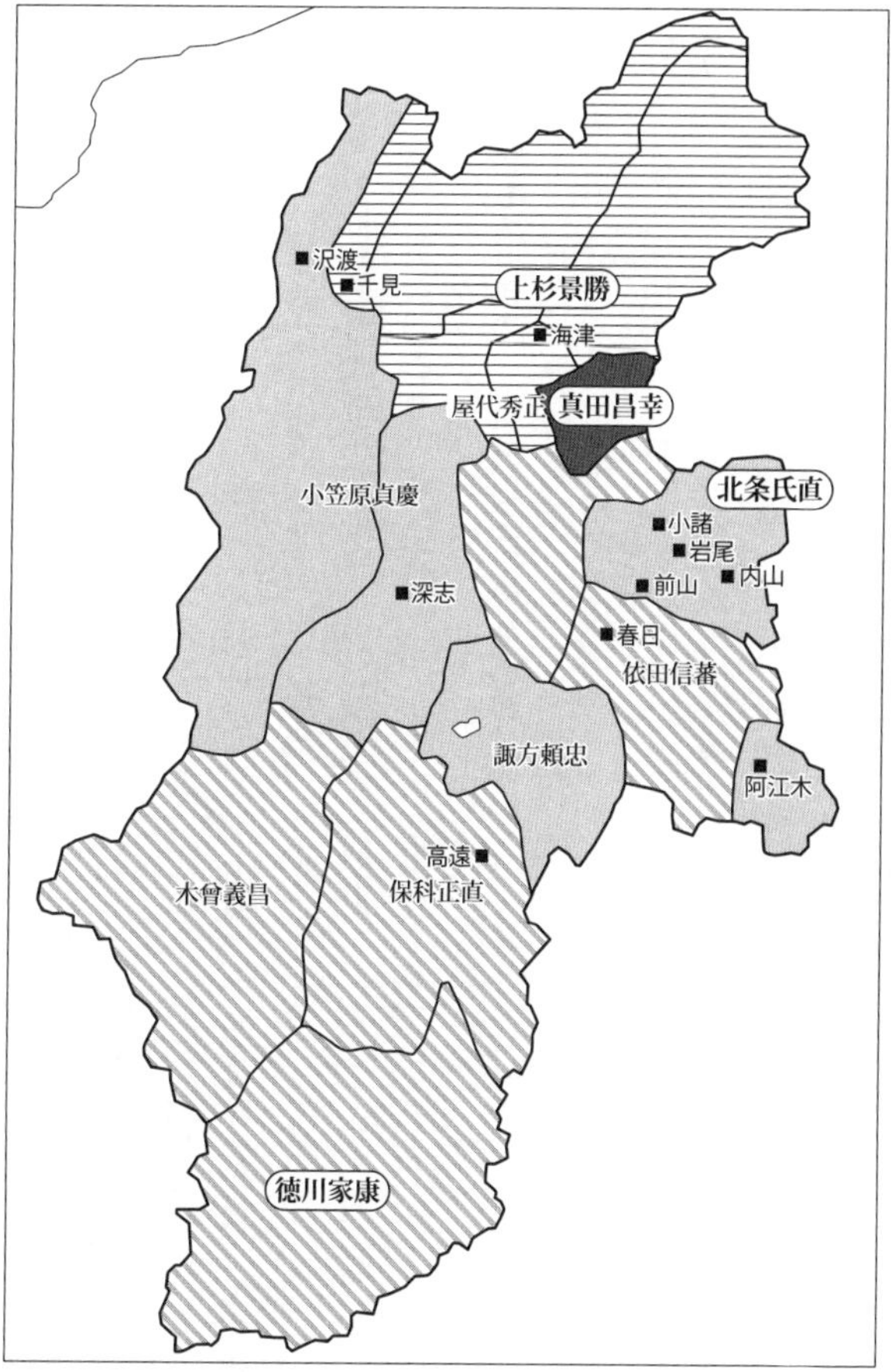

図3-14　天正壬午の乱　10月頃の勢力図
真田昌幸は北条氏直を離叛して、徳川家康に従属。依田信蕃と南北から小県・佐久郡の北条方勢力を挟撃した。これをみた保科正直は徳川方に転じ、家康は伊那郡を回復した。

忍が五〇〇人というのは異様な光景であり、これはゲリラ戦を得意とした足軽のことを透破と記しているのだろう。書状中の別の箇所では、足軽と明記している。氏邦は、寒い季節なので夜襲は月夜でないと行ってこないだろうという見解も付け加えた。時期的に、昌幸の動きと考えてさしつかえないだろう。昌幸はたんに上野の防備を固めるだけではなく、反撃に出ていたのである。そして二七日には、沼田衆に勢多郡津久田城《つくだ》（渋川市赤城町）を攻撃させた。津久田城は、北条方の拠点白井城《しろい》（渋川市）の支城である。古くより上杉・武田・北条三氏は白井城をめぐって抗争を繰り返しており、その過程で築かれた城郭であった。しかし、この攻撃は失敗し、北条氏に撃退されている。

徳川氏と北条氏の和睦――「天正壬午の乱」の終結

「天正壬午の乱」は、おそらく当事者それぞれの置かれた立場によって、視点がかなり異なる。徳川家康からみれば、北条氏直は大軍を擁する脅威であった。その上、ちょうどこのタイミングに、上方《かみがた》で「織田政権」が織田信雄《のぶかつ》＝羽柴秀吉《はしばひでよし》陣営と、織田信孝《のぶたか》＝柴田勝《しばたかつ》家《いえ》陣営に分裂したことで（「上方忩劇《そうげき》」）、当初予定されていた援軍が望めない状況となった。それどころか、家康は両陣営から北条氏との和睦を勧告されることとなった。もちろん、両陣営の目論見は、逆に、家康に援軍を派遣してもらうことにある。つまり家康は単独で北条氏と戦い続けることに不安を感じており、戦争を長期化させるのは得策ではないと考えるようになったはずなのである。

一方、北条氏直からみると、甲斐・信濃の戦況は思うに任せてはいなかった。特に甲斐若神子で釘付けにされてしまったのは手痛い。御坂城から家康の背後を狙った軍勢も、簡単に撃退されてしまった。北条氏は大軍を擁してはいるが、必ずしも軍事的勝利を積み重ねてきたわけではなかったのである。真田昌幸の離叛と、依田信蕃の奮戦の影響も大きかった。佐久郡の国衆が次々と徳川方に寝返ったばかりか、高遠を占領させた保科正直まで徳川方に転じてしまった。北条氏の信濃における勢力は、大きく後退したのである。そして佐久郡の急激な情勢悪化は、氏直本隊の退路を断ちかねないものであった。

こうなった以上、甲斐・信濃における領国拡大にこだわり、徳川家康との対陣を続けるのは得策ではない。むしろ裏切り者真田昌幸が沼田・岩櫃を領する上野制圧に専念し、悲願の関東統一に邁進したほうがよいのではないか。北条氏の考えはこのようなところであったろう。——ここに両大名の思惑は一致をみることになったのである。

天正一〇年（一五八二）一〇月二九日、甲斐若神子で対陣していた北条氏直と徳川家康の間で和睦が成立した。

この和睦は、真田昌幸にとっては青天の霹靂であったろう。国境を接する大名同士の和睦・同盟には「国分け《くにわ》」と呼ばれる国境の再画定が必ずつきまとう。この和睦では、甲斐・信濃が徳川領、上野が北条領と定められた。北条氏直が信濃佐久郡・甲斐都留郡から撤退する代わりに、徳川家康に従属している真田昌幸の沼田・岩櫃領割譲を受けるというものである。これに伴い、北条方の佐久郡国衆は上野に退去せざるを得なくなった。しかしながら、真田昌幸はこれに激しく抵抗した。沼田・岩櫃は家康から与えられた所領ではなく、勝手に割譲を決められる謂《い》われはない、というのがその言い分である。昌幸は、家康に従属しながらも、決して沼田・岩櫃を引き渡そうとはしなかった。

ここに、小田原合戦の導火線となる「沼田領問題」（岩櫃領も含めて沼田領と慣用している）が生じることになるのである。

北条・徳川間の国分け協定は、切り取り次第（実力による領国拡張の容認）というものであったらしい。したがって、徳川家康は真田昌幸に沼田領引き渡しを勧告するものの、昌幸が従わない場合は北条氏が武力によって奪い取る、ということになる。また城の請取自体が、軍勢を派遣して行われるものである。そこで真田氏が城郭明け渡しを拒絶し、城を退去しなければ戦争となる。

和睦交渉の最中の天正一〇年一〇月二七日、真田勢が北条方の上野津久田城を攻撃したが、撃退された。二八日、北条氏邦は反撃に出て、森下《もりした》（群馬県昭和村）で真田勢を討ち取

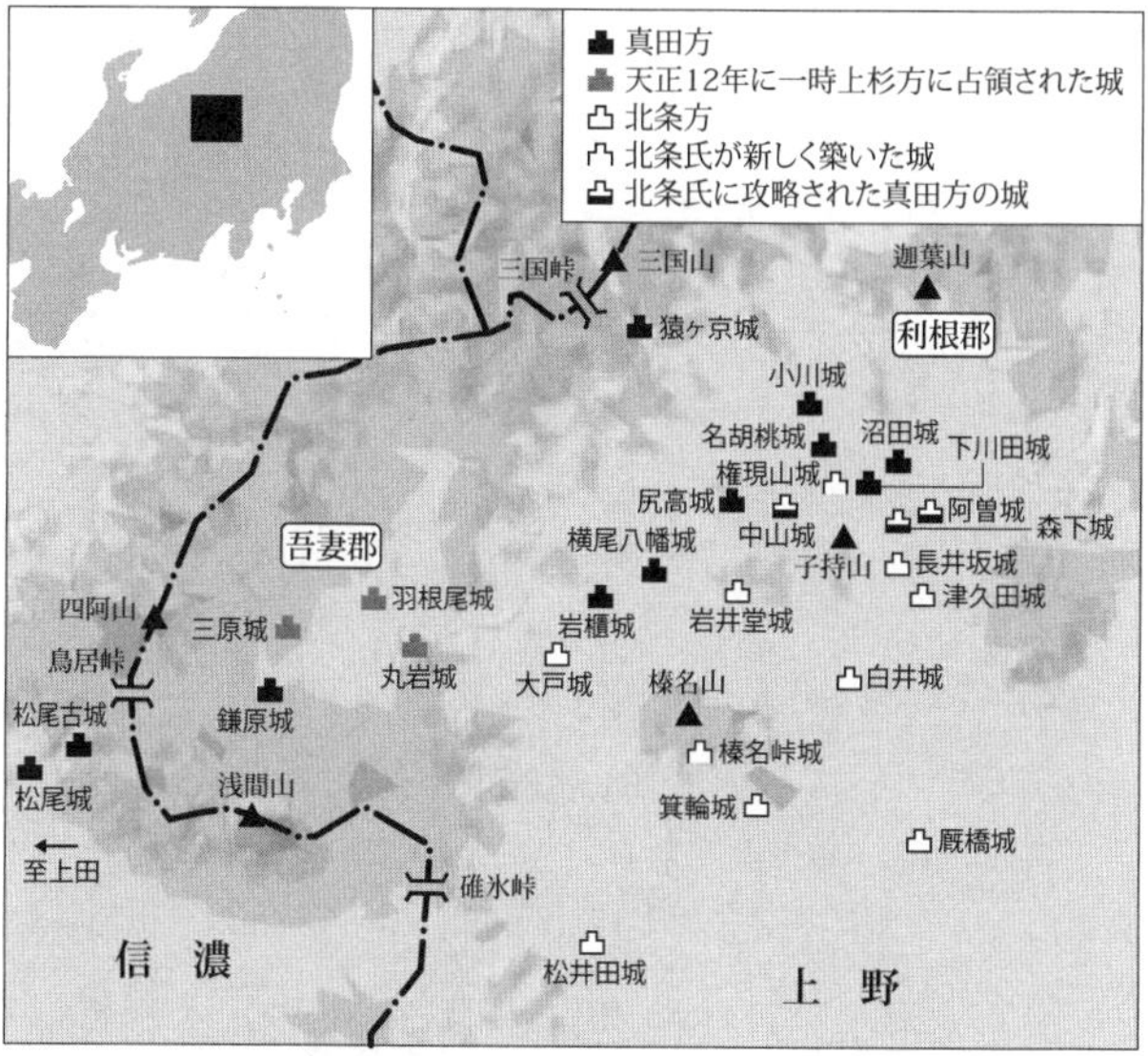

図3-15　沼田領をめぐる攻防図
北条家は昌幸の離叛と徳川家との国分け協定に基づき、北条氏邦を大将として沼田領に繰り返し侵攻した。境目の諸城は北条方に攻略されるが、矢沢頼綱は沼田城を守り抜く。

った。北条・徳川間の和睦とは別に、上野では戦端が開かれていたといえる。閏一二月（伊豆の三嶋大社が作成し、東国で流通した三島暦《みしまごよみ》による。京暦では天正一一年正月）、北条氏邦は中山城に迫った。一四日、今夜中に中山城を攻略するという見通しを述べ、その後はただちに沼田に攻め寄せるという予定であったらしい。毛利北条《きたじょう》芳林が上杉一門上条宜順《じょうじょうぎじゅん》に送った書状によると、氏政・氏直父子は白井城を拠点として中山城に攻めかかり、計策によって同城を攻略したという。芳林の書状では一一月の出来事となっているが、実際には閏一二月であったようである。真田氏は中山城を失陥し、沼田と岩櫃の連絡に大きな痛手を受けた。北条氏は、中山城に赤見山城守《あかみやましろのかみ》を入れたという。これに対抗して、真田昌幸も下川田城（沼田市）を中心とした防衛体制を構築した。上川田城（沼田市）には渡辺左近丞が入ったというから、渡辺左近丞も結局、昌幸に従ったとみられる（『加沢記』）。しかし、沼田衆の中には北条方に出奔した者も少なくなく、氏直は彼らを中山城に配置している。なおこの際、北条芳林は氏直から従軍を命じられたが、上杉景勝の支援が得られるという約束があったため、これを拒絶し、北条勢と戦ったという。

また、氏邦は沼田攻略に専念するため、津久田城の管轄権を兄氏照《うじてる》に譲り渡している。北条勢は、まさに総力をもって沼田を攻略する計画であったのである。しかし昌幸は、沼田城を北条氏から守り抜くことに成功した。

北条氏直は、翌天正一一年（一五八三）二月、叔父氏邦を箕輪城（高崎市）に入れ、沼田領攻略を氏邦の手に委ねた。三月、氏邦は武蔵・西上野の軍勢を集めて沼田へ出陣するという陣触れを出し、四月に出陣している。さらに五月、北条勢は吾妻にも姿を現した。だが、昌幸はこれをもしのぐことに成功した。

上田城築城

天正一一年正月（三島暦による。京暦では閏正月）、小県郡河南《かなん》の武石《たけし》大井氏・丸子《まるこ》依田氏らが反真田の兵を挙げた。昌幸は家康に援軍を求めたが、結局独力で丸子に進軍し、過半の制圧に成功する。これにより、真田氏の小県郡平定は一気に進展をみた。三月には武石のうち一〇貫文が伊勢神宮御師《おんし》広田《ひろた》氏に宛行われているから、これ以前に武石大井正棟《しょうとう》を滅ぼし、河南を制圧したとみてよいだろう。

この年正月に昌幸の生母河原氏が徳川氏のもとに人質として出されることが決まった。しかし、河原氏はまだ、木曾義昌に抑留されていたらしく、さらに体調も崩していた。このため、義昌との調整が必要となり、徳川領国に赴くのは二月までずれ込む。これにより、昌幸の徳川氏従属は確実なものになったかにみえた。

昌幸による河南の制圧後も、家康は、佐久・小県における残党討伐を掲げ、出馬する意向を固めていた。これは二月に、前年の和睦後も小諸城駐留を続けていた北条勢が関東に引き上げたところ、同城を禰津昌綱《まさつな》・望月信雅《のぶまさ》が占拠し、上杉氏に従属したいと申し出たためである。三月一五日、昌幸の弟加津野昌春は「家康の出馬は間違いなく行われるが、上杉領を攻撃するためではない」と、上杉家の長沼城代（長野市）島津忠直《ただなお》に伝え、理解を求めている。ところが、昌幸はこの約束を無視し、三月二一日までに上杉方の虚空蔵山《こくぞうさん》城（小県郡と埴科郡の郡界に位置）を攻め、勝利した。このことは、真田氏が小県郡のうち、千曲川以北を制圧していたことを示す。しかし、昌幸の行動は明らかな裏切り行為であり、上杉方に大きな疑念を抱かせることとなった。

四月、真田氏への援軍として小県郡に入った徳川勢は、「海士淵《あまがふち》」という場所で築城を開始した。この城郭こそ、後に真田氏の本拠となる上田《うえだ》城である（当初は伊勢崎城と呼ばれたが、上田城で統一する）。家康は、上杉景勝と戦う最前線に城郭を築くことを決意したのである。昌幸は甲府に入った家康のもとに出仕し、御礼を言上している（『当代記』）。

ただし勘違いされがちだが、上田城はあくまで徳川氏直属の城郭として築かれたものであった。真田家のような国衆は、敵国の脅威にさらされた際、領国内に従属先の戦国大名の軍勢の駐屯を仰ぎ、保護を求めることがある。この場合、上杉家の脅威に対処するため、真田領内に徳川方の城郭を築いてもらったのである。

三月に昌幸に裏切られた形となった上杉景勝は不信感を強め、虚空蔵山城に軍勢を集めて上田築城を妨害するよう命じた。しかし、徳川方の小笠原貞慶が麻績《おみ》城（長野県麻績村）を攻撃してきたため、軍勢をそちらに振り向けざるを得なかった。この合戦に上杉勢は大勝するが、越後で叛乱を起こしていた新発田重家が攻勢に出たため、上田築城の妨害は中

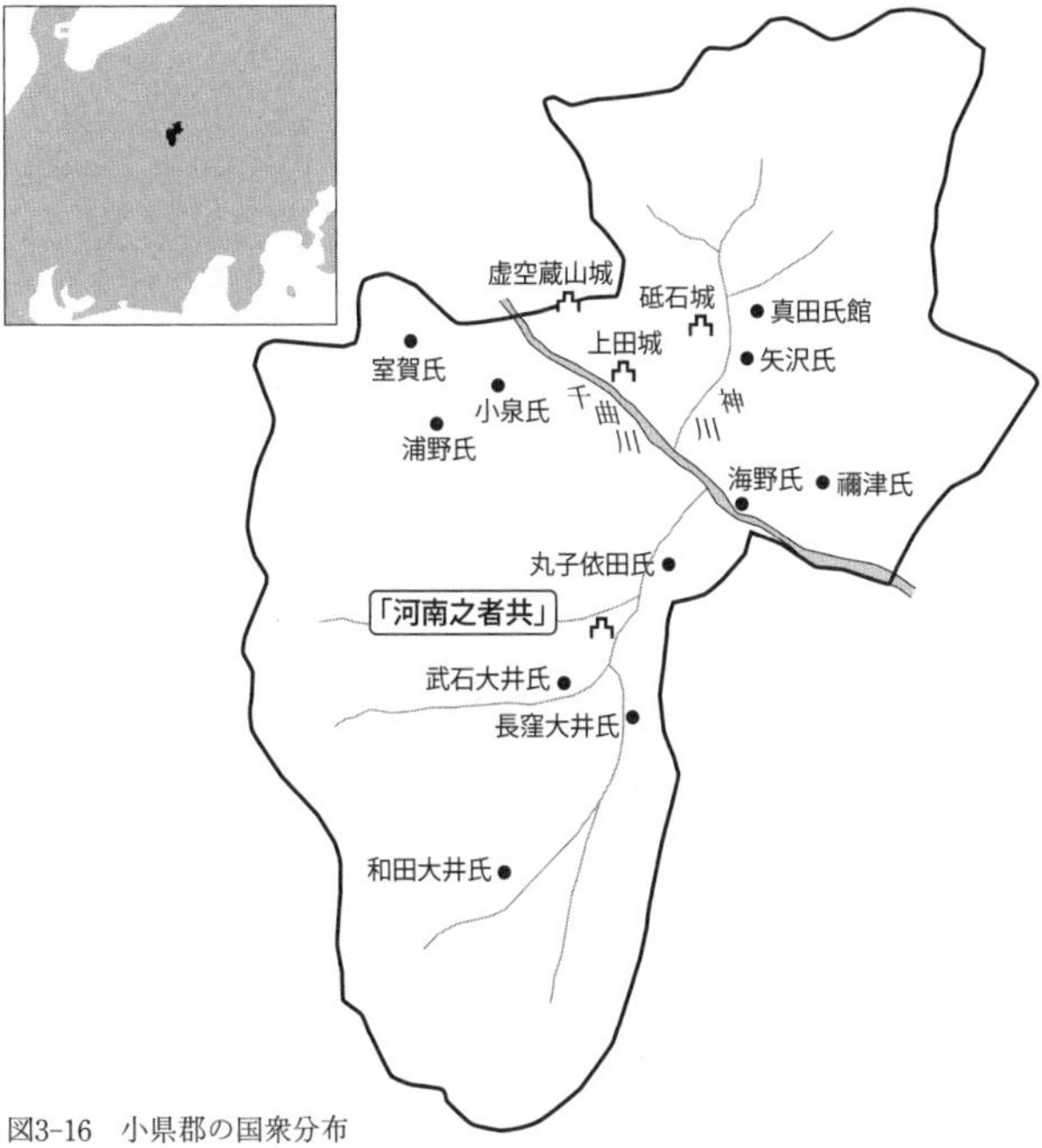

図3-16　小県郡の国衆分布
天正11年（1583）、昌幸は河南の国衆叛乱を制圧。援軍の徳川方に城郭を築かせ（のちの上田城）、翌年には小県郡統一を果たす。

止となる。上杉氏に従属を申し出ていた禰津・望月両氏も、最終的には家康に従った。家康も出馬を取りやめ、小県は一応の安定をみる。

　六月には家康の娘督《とく》姫が北条氏直に嫁ぐことが決まり（輿入れは八月にずれ込む）、両大名の関係はただの和睦から軍事同盟へと性格を変えた。その際、北条氏直が徳川家康に要請し、沼田・岩櫃城が北条氏に引き渡されることになったらしい。北条氏は沼田城請取のため、軍勢を上野に派遣している。しかし翌七月、沼田城を訪れた北条氏邦の使者を、沼田城代矢沢頼綱・金子美濃守が切り捨て、その旨を上杉氏に報告したのである。つまり昌幸は、早くも徳川氏を見限り、上杉氏への接近を図りつつあった。ただし、一度従属してひと月も経たないうちに離叛し、数ヶ月前には騙し討ちにあったばかりの昌幸からの接触である。にわかには信じがたい。七月一五日、景勝は矢沢頼綱に対し、「昌幸の考えは不審だと思ったが、毛利北条芳林の使者に状況を問いただしたところ、確かだとわかった」と伝えている。昌幸の行動が策略ではないかと疑ったようだ。景勝を納得させたのは「昌幸が北条氏と深く手切《てぎれ》している」という点で、謙信以来の北条氏との敵対関係が大きく心情に左右したらしい。

もっともこの時点で、昌幸はまだ、徳川家康から明確に離叛したわけではなかった。このため上杉景勝も、昌幸を敵対勢力と認識し続けたようである。

その上、真田領国をめぐる状況は悪化していく。九月には北条氏直自身が上野に出陣し、毛利北条芳林を降伏させた。これにより、上野における反北条方勢力は事実上、真田氏のみとなったのである。

天正一二年（一五八四）三月、上杉景勝は羽尾源六郎《はねおげんろくろう》の上野吾妻郡丸岩城《まるいわ》（長野原町）攻略を支援した。源六郎はかつて真田幸綱に滅ぼされた滋野一族羽尾氏の生き残りである。

その過程で、上杉方の誘いで羽根尾城将（長野原町）湯本三郎右衛門尉が謀叛を起こした。これが成功の鍵になったと思われる。源六郎は丸岩城ばかりか三原《みはら》（群馬県嬬恋村）の攻略まで成功しており、岩櫃と本拠真田を結ぶラインに位置する要地の失陥は軽視できない損害であったろう。おそらくは、まもなく奪回したと思われるが、確認はできない。いずれにせよ、昌幸は上野において上杉・北条両氏に挟まれてしまったといえる。

同じ三月、織田家の家督を継承していた織田信雄が羽柴秀吉寄りの家老を殺害し、秀吉討伐の兵を挙げた。これは逆に、秀吉が織田家から独立したことを意味したから、ここに「織田政権」は名実ともに崩壊したと評価できる。北条氏との同盟を固めた徳川家康は織田信雄支援を決定し、小牧《こまき》・長久手《ながくて》の戦いが始まる。

こうした状況下で、羽柴秀吉は上杉景勝に信濃を南進して徳川領を圧迫するよう求めた。逆に家康は、真田昌幸をはじめとする信濃国衆に景勝を食い止めるよう望む形となった。このため、北条氏に約束した「沼田領」割譲について、家康はあまり強い態度で昌幸に臨むことができなくなってしまったと思われる。小牧・長久手の戦いは、緒戦において織田信雄・徳川家康連合軍が勝利したものの、その後、膠着状態に陥り、一一月の和睦成立まで対陣が長引くことになる。なお、この和睦は織田信雄が単独で行ったもので、家康は蚊帳の外に置かれた形となった。このため、秀吉と家康の対立は継続する。また、和睦自体が対等なものではなく、以後、織田信雄は秀吉麾下《きか》の一大名として処遇される。

ここに秀吉は、織田政権に代わって、天下人の地位を継承することとなるのである。

小県郡を制圧

小牧・長久手の戦いが進展しない中、昌幸は小県郡での勢力を拡大しつつあった。

この天正一二年七月、家康は同じ小県郡の国衆室賀《むろが》正武《まさたけ》を使って昌幸の暗殺を試みたという（『加沢記』）。だが昌幸は、これを返り討ちにしてしまった。この事件の経緯については判然としないが、沼田領の引き渡しが関係している可能性は高い。この後、室賀家の家督は実弟満俊《みつとし》が嗣ぐことになるが、満俊はこの時兄とは別行動をとり、上杉景勝に従属していた。しかし同年四月一日、もう一人の兄屋代秀正に従って海津城を出奔。上杉方から徳川方に転じて屋代氏の本拠荒砥城、次いで虚空蔵山城（坂城町）に籠城を続けるという行動をとっている。この結果、室賀領は事実上当主不在という状況になったのであり、正確な時期は不明だが、昌幸によって併呑されたとみてよいようである。

もうひとつ、小県の国衆領としては同じ滋野一族の禰津氏領が存在する。禰津氏は常安《じょうあん》の嫡男月直《つきなお》が長篠の戦いで討死したため、甥の昌綱が家督を相続していた。武田氏滅亡時、常安は北信濃飯山城（飯山市）に在城していたから、「天正壬午の乱」においては上杉景勝に従った。また、昌綱は本領禰津にあって、当初は真田氏同様、北条氏直に従い、その後、徳川家康に転じたとみられる。しかし天正一三年（一五八五）、昌幸が上杉氏に従属した際、「禰津」の身柄保護を命じられている。したがって、禰津領もすでに真田氏の支配下に置かれており、昌綱は真田昌幸の保護下に入っていたらしい。昌綱嫡男の信秀《のぶひで》には、昌幸の娘婿小山田茂誠《しげまさ》の娘が嫁いでいる（真田氏所蔵『御家中系図』）。一方、常安は天正一一年九月に徳川家康のもとに出奔し、家康の関東転封後、上野豊岡一万石の大名になった。

これらから、天正一二年に、昌幸は小県郡統一を果たしたものと思われる。

三郡（小県・吾妻・利根）を擁する国衆――関東・中部地方においてこれだけの勢力を持つ国衆はいない。真田領を解体させるか、味方につけるか。上杉・北条・徳川の周辺三大名はその選択を突きつけられることになったといえる。

さて、沼田領引き渡しを拒絶した以上、真田氏がこのまま徳川家康に従属を続けることは難しい。さらに天正一三年に入ると、家康から沼田引き渡しの命令が届けられたようである。しかし昌幸は「沼田は家康から頂戴した領地ではない。自分の実力をもって獲得したのだ。その上、今度忠節に対する恩賞を頂戴する約束だったところ、それも実行されていないのだから、怨みにすら思っている。あまつさえそれがしの沼田を渡せと仰せられるのは、思いもよらない話だ」と拒絶し、「（最早）主君とあおいで仕えるつもりがない」と言い切ったという（『三河物語』）。

天正一三年六月頃、昌幸は再度上杉景勝に従属することを選択した。従来、従属は上杉景勝の起請文が出された七月一五日とされているが、六月には越後に人質として赴く真田弁丸（信繁）の供奉衆矢沢頼幸《よりゆき》（頼綱の嫡男）に、同心として昌幸直臣が預けられ、一軍の指揮官に任じられており、従属の決定がこれ以前であることは明らかである。なお、この頼幸の部隊は、まだ若い信繁の代理として越後の内乱（「新発田重家の乱」）討伐で活躍し、激賞されることとなる。

実はこの直前の五月初頭頃、上杉景勝は信濃国衆須田《すだ》信正《のぶまさ》を、昌幸に内通した嫌疑で処刑させており（『北越軍記』他）、関係は険悪であった。しかし、越後一国すら掌握できていない景勝にとって、三郡を領する真田氏を取り込む意味は大きかったのであろう。一度従属を認めるとなると、景勝の処遇は寛大なものであった。まず、小県（上田）・吾妻（岩櫃）・利根（沼田）三郡の領有を認められ、埴科郡坂城《さかき》（長野県坂城町）における所領も安堵された。かつて家康が出した従属条件のうち、長野氏旧領の宛行は約束され、甲斐において一郡および佐久郡宛行も恩賞として示された。前年四月に上杉氏のもとを出奔していた屋代秀正（更級・埴科郡国衆）旧領も安堵されている。これは上杉領内だから、ただちに支配を行うことができた。埴科郡において一定の権益を獲得したことになる。また、禰津昌綱の処遇を昌幸に任せること、上杉氏の本拠越後において知行を宛行うことも約束された。この時の安堵地に埴科郡が含まれている点は注目したい。埴科郡の出浦昌相《いでうらまさすけ》（軍記類は実名盛清とするが誤り）が真田昌幸に服属したのは天正一一年とされ、ちょうどそれと符合するからである。安堵された埴科郡の中には出浦氏の本領が含まれているとみて間違いない。なお、出浦城は屋代家旧領のすぐ南に位置する。

徳川家康の時と違うのは、家康が提示した条件よりも、実効性の高い恩賞が多いという点である。屋代家旧領は上杉家の実効支配地であり、吾妻郡支配の承認は、上杉家が支援した羽尾源六郎蜂起を認めないという姿勢を示すものであった。ここに真田家の領国は、更級・埴科郡にはみ出す形で、最大規模に達したのである。このうち、屋代家旧領の一部については、人質となった信繁に与えられることになる。

さらに徳川氏が築城した上田城は、いつの間にか昌幸のものとなっていた。この経緯は判然としないが、沼田城引き渡しの条件の一環と考えるのが一番すっきりする。つまり、上田城を与えるから、沼田を引き渡せという家康の懐柔策である。昌幸は、これに乗ったふりをしたということになる。おそらく、人質となっていた生母河原氏も一連の交渉の中で帰国させることに成功したのではないか。

結果として、小県から徳川勢は撤退した。昌幸が独力で上杉氏と対峙すると主張するの

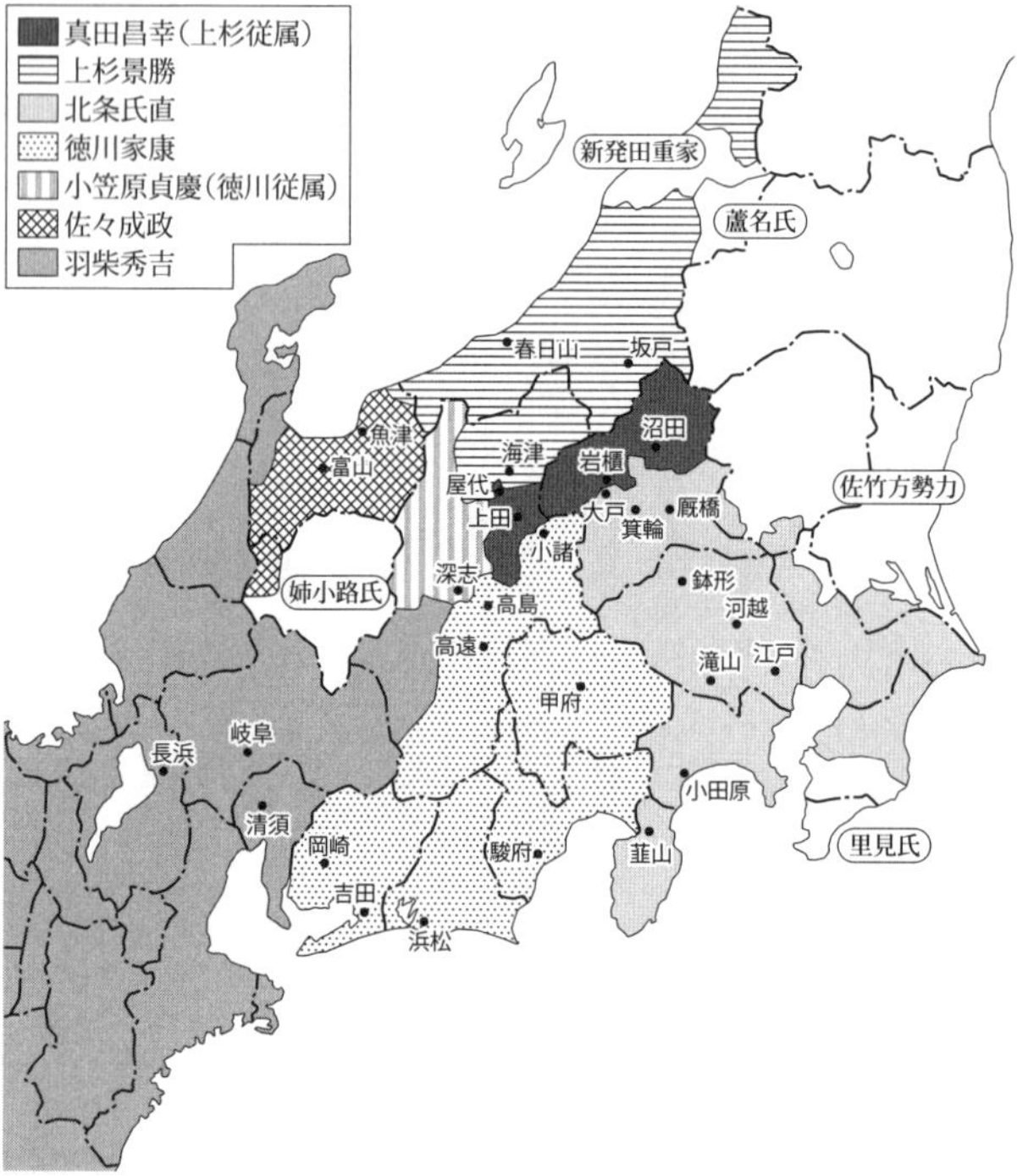

図3-17　天正13年（1585）７月末、信濃・上野周辺の勢力分布図
上杉景勝に従属した昌幸は小県・吾妻・利根郡に加え、更級・埴科郡の一部も所領と認められ、真田家の領国は最大規模に達する。

であれば、徳川勢が駐留する理由はない。家康としても、小牧・長久手の戦いに注力するために、小県防衛は昌幸に任せたかっただろうから、渡りに船であったと思われる。ただし、家康は昌幸を信用してはおらず、武田旧臣を佐久郡勝間城（佐久市）に昌幸への備えとして配置していたことが指摘されている。

上田城を自分のものとした上で、昌幸は家康を離叛して上杉氏に従属した。そして、次に述べる第一次上田合戦で徳川勢を撃退した後の九月、今度は上杉景勝に要請して対徳川氏防衛拠点として上田城の改築普請を行ってもらっている。

この間、昌幸は当然人足《にんそく》を出したであろうが、それは本来築城・普請に要する量のごく一部である。昌幸は、まんまと上田城を徳川・上杉氏に築城してもらい、その城主の座におさまったといえる。

第一次上田合戦

天正一三年（一五八五）八月、家康は鳥居元忠《とりいもとただ》・大久保忠世《おおくぼただよ》（忠泰《ただやす》）・平岩親吉《ひらいわちかよし》を大将として、真田領上田に軍勢を派遣した。第一次上田合戦（神川《かんがわ》合戦）である。以下、同時代史料と、この合戦に参陣した室賀満俊の『室賀満俊覚書』、大久保忠教《ただたか》の『三河物語』、そして『寛永諸家系図伝』を用いて叙述したい。なお、一部『上田軍記』の記述を出典を明記した上で補足する。この軍記の成立年代は不明だが、昌幸次男の実名を正しく「信繁」と記しており、成立が早いように思われるため、参考として掲げておく。

昌幸が早々に禰津（東御市）から軍勢を引き上げたため、徳川勢は禰津近辺に布陣した。報告を受けた上杉景勝は北信濃国衆に陣触れを出し、通常では動員対象にならない一五歳以下の少年と六〇歳以上の老人まで動員して合戦に備えるように求めている。一般の動員年齢はこの逆で、一五歳以上六〇歳以下だから、いかに異例かがよくわかる。ちょうどこの時、景勝は秀吉に呼応して越中の佐々《さっさ》成政《なりまさ》を攻める準備をしており、北信濃国衆の軍勢は春日山城に動員されていた。このような異例の措置がとられたのは、そのためであろう。この援軍は、海津城代須田《すだ》満親《みつちか》の命により八月末には曲尾《まがりお》（上田市真田町）に入った。

勢いに乗る徳川方は、上田城を急襲し、二の曲輪まで突入した。『真田家御事蹟稿』に付された「上田城古図」の記述を信じる限り、当時の上田城には三の曲輪はないから、城門を突破すれば二の曲輪となる。残るは本城（本丸）のみであり、誰の眼にも徳川方の勝利にみえた。しかし『上田軍記』など軍記類によると、これは昌幸の罠であったという。

二の曲輪まで攻め込んだ徳川勢だが、そこで口論が起きた。大久保忠世の弟忠教が城に火を懸けようとしたところ、芝田《しばた》康忠《やすただ》が城に攻め込んだ味方まで身動きできなくなるとして却下したのである。徳川勢は、いったん引き上げて態勢を整えようとするが、そこに本城から真田勢が討って出た。忠教は『三河物語』で「(本城の門に) 火を懸けていれば敵は出てこられなかったものを」と悔しがっているが、後の祭りである。『上田軍記』によると、城外に逃げ出した徳川勢には昌幸の仕掛けた罠が待ち構えていたという。まず城下町には互い違いに柵が配置されており、徳川勢はまっすぐに退却することができなかった。身動きがとれずに混乱していたところを狙い、昌幸は城下町に自ら火を放った。さらに周辺の山に潜ませた百姓に紙で作った旗を立てさせ、鬨《とき》の声をあげさせて大軍に包囲されていると誤認させて、パニックに陥らせたという。この『上田軍記』の記述がどこまで事実を反映しているかはわからないが、昌幸が百姓を動員して「総力戦」という対応をしたのは事実ではなかろうか。

何とか撤退する鳥居元忠の脇を、砥石城から出撃した軍勢が急襲した。この結果、徳川勢は千曲川支流の神川まで追い詰められた。真田信幸 (昌幸嫡男) が、閏八月二日に国分寺で衝突し、徳川方一三〇〇余を討ち取り大勝したといっているのはこの戦であろう。近世の軍記類では、砥石城から出陣したのは真田信幸であったとされる。徳川方の損害について、『三河物語』は三〇〇余とする。双方が主張する戦死者の数に相違が出るのはよくあるが、『上田軍記』は参陣した徳川勢を七〇〇〇とするから、信幸の書状はかなり誇張したものだろう。大久保忠教は「下戸に酒を強要したような情けない風情だった」と自軍のふがいなさを酷評している。

敗走する徳川勢をさらに不運が襲った。神川を渡ろうとしたところ、急に増水して押し流されたというのである（『上田軍記』）。これは『真武内伝』など他の軍記では、昌幸が事前工作をしていた結果であるという。

次いで、昌幸は尾野山城（上田市）に布陣した。かつて海野平合戦で海野棟綱が拠点とした城郭である。この地で小競り合いが続いた。一方、徳川方は翌三日に丸子城（上田市上丸子）を攻めたが、ここも落とすことができなかった。そのまま、徳川勢は丸子城に番勢を張り付かせる。

閏八月二〇日、真田昌幸・信幸は反撃に出て、徳川方が陣取る丸子城を急襲するが、今度は選り抜きの兵を率いた岡部長盛《ながもり》（武田旧臣・駿河衆）によって撃退された。第一次上田合戦における徳川方唯一の勝利である。同日、家康は伊那郡の国衆に対し、真田を「根切り」すなわち根絶やしにすべく出陣を命じた。徳川勢は小諸城（小諸市）に退いていたが、再出兵は時間の問題と思われた。

これに対し、昌幸は情報戦で対抗した。九月に入ると、羽柴秀吉から援軍が派遣されること、そして武田信玄の次男龍芳《りゅうほう》とその子顕了道快《けんりょうどうかい》を甲斐に入部《にゅうぶ》させるという噂を喧伝したようである。実際には龍芳は武田氏滅亡時に自刃しているから、不可能な話である。

ただ『三河物語』に記されているから、このような噂が流れたのは事実なのであろう。そしてそれを流布させた人物は、昌幸以外には考えられない。

徳川家康は井伊直政《いいなおまさ》を援軍として派遣したが、これはどうも安全に撤兵をするための準備であったらしい（『寛永諸家系図伝』）。上杉景勝がいつ本格的な援軍を派遣するかわからず、撤退戦を慎重に行おうとしたものとみられる。

この撤退は、昌幸をかえって困惑させたが、実は徳川家を揺るがす大事件が背景にあった。一一月一三日、家康の重臣石川数正《かずまさ》（康輝《やすてる》）が徳川家を出奔《しゅっぽん》し、秀吉のもとに亡命したのである。石川数正は、酒井忠次《さかいただつぐ》とともに家康の右腕として領国支配を委ねられてきた人物で、この時期は三河岡崎《おかざき》城代（岡崎市）をつとめていた。岡崎城は、かつての家康の本拠地で、西三河支配の拠点である。

数正出奔の要因としては、家康と秀吉の関係悪化があげられる。石川数正は秀吉に対する取次《とりつぎ》（交渉責任者）として関係改善に尽力していたが、徳川家臣団の考えは秀吉との決戦に傾いていた。このため、数正は家中で孤立しつつあったのである。その上、石川数正が「指南《しなん》」（国衆に対する取次役）として統制下に置いていた信濃国衆小笠原貞慶《さだよし》が秀吉に内通した。これにより、数正の徳川家での立場は、急速に悪化した。そこで数正は秀吉の誘いに乗り、小笠原貞慶の人質を連れて、秀吉のもとに亡命することを選択したのである。

石川数正は事実上、徳川家ナンバー3の地位にあり、その出奔はありとあらゆる機密が秀吉に筒抜けになることを意味した。そこで家康は、いったん戦線を縮小させることを選んだのである。これが、撤退命令の背景にあった。なお、家康はこれを機に、軍制を武田様《よう》に改めたとされる。それほど、数正出奔の影響力は大きかった。

一一月後半、徳川勢は小諸城から撤退し、遠江に帰国した。背景に石川数正出奔という僥倖があったとはいえ、真田昌幸は、ほぼ独力で徳川勢に完勝したのである。なお、先に用いた『上田軍記』をはじめ、近世の軍記類はこぞってこの戦いに信繁も参陣したとするが、同時代史料では確認できない。

越後に人質に赴いていた信繁がこの戦いに参加したというのは、いかにも怪しい。ただし、天正一四年に昌幸正室山之手殿が海津に人質に赴いているから、一時的に信繁が上田に戻り、代わりに山之手殿が人質に出されたとする説もある。

さて、上田で思わぬ苦戦を強いられた徳川家康は、北条氏直に沼田を攻撃してほしいと繰り返し要請した。これを受け、天正一三年九月初頭までには北条勢が勢多郡森下城（群馬県昭和村）をただちに攻略し、沼田へ軍勢を進めた。北条勢は越後との国境まで進軍し、各地を放火して回っている。一〇日には吾妻郡大戸《おおど》城（群馬県東吾妻町）に鉄砲衆を援軍として派遣し、氏邦の指揮下に置いているから、吾妻郡でも軍事行動をみせたようだ。一方で北条氏の動きを察知した矢沢頼綱は先手を打って、閏八月二四日に津久田城（渋川市赤城町）を攻撃するが、三〇〇もの戦死者を出して敗北し、下沼田《しもぬまた》豊前守《ぶぜんのかみ》が捕虜となる失態を演じた。九月後半には沼田城下の上戸張で北条氏邦勢と真田勢が衝突している。しかしこの時も、真田氏は沼田城を守り抜くことに成功した。もっともこれには、五月に下総国衆千葉邦胤《ちばくにたね》が横死したことを受け、下総の仕置きを優先させたかったという北条氏側の事情も背景にある。この時の北条氏には、沼田攻めに専念する余裕はなかったのである。

秀吉への接近

歴史を繙《ひもと》く時に注意しなくてはならないのは、結果からさかのぼって答えを探ることは慎重に行わないといけない、という点である。真田昌幸とはいえ普通の人間である。軍記類では、徳川勢が二の曲輪に迫るまで悠然と碁を打っていたとされるが、もしこれが事実なら、緊張を解きほぐそうとしたか、余裕があると家臣にみせかけるためのアピールであろう。昌幸が徳川方と戦って勝利できると考えていたとは思えない。籠城戦に持ち込むのが精一杯で、上杉景勝の本格的な援軍を仰いで決戦をしようと考えていたのではないか。

実際、昌幸は第一次上田合戦を間近に控えた段階で、上杉景勝を含む複数のルートから羽柴秀吉への接近を図っている。その秀吉は、天正一三年（一五八五）七月に関白《かんぱく》に任官し、旧主織田氏に代わって、名実ともに新たな天下人となった。「豊臣《とよとみ》」姓を天皇から与えられたのはその翌年九月である。なお「豊臣」はあくまで源氏・平氏・藤原氏と同じ「氏《うじ》」であって、秀吉の苗字は一貫して「羽柴」である。したがって秀吉は、最後まで「羽柴秀吉」と呼ぶべきで、秀吉政権も「豊臣政権」ではなく「羽柴政権」と呼ぶべきであるという見解が提起されているが、本書ではわかりやすさを優先し、通例通り豊臣秀吉・豊臣政権という語句を採用することにしたい。

その秀吉からの回答は第一次上田合戦には間に合わなかったものの、天正一三年一〇月、昌幸は秀吉から支援の確約を得ることに成功した。取次役は石田三成で、豊臣政権下での昌幸父子の動向を考える上で無視できない。翌一一月には、秀吉から徳川攻めの意向が伝達されている。この時点では、事態は昌幸の望むように動いていたが、状況は急転する。

天正一四年六月、上杉景勝が上洛し、関白となった秀吉に謁見した。その際秀吉は、真田昌幸を徳川家康の支配下に戻すという意向を示した。秀吉としては、「天正壬午の乱」終結時の状況をベースに考えたらしい。

ところが、この命令は真田昌幸にはとうてい承服できるものではなかった。家康に従えば、北条氏との同盟条件が履行され、上野の領国が北条氏直に引き渡されてしまう。先述した「沼田領問題」が関わってきてしまうのである。秀吉が北条氏に服属を要求するのは時間の問題であり、その際に北条方の要望を受け入れる素地は十分に存在した。

このためであろうか、昌幸は秀吉の命令を無視し、上洛しようとはしなかった。当時の服属儀礼は自身の出仕をもって完成することが基本だから、これを無視するのは服属を拒否したに等しい。その上、昌幸は人質も差し出そうとはしなかった。

問題は、この時点の秀吉の政治課題が徳川家康の上洛・出仕にあったことである。天正一三年一二月、天正大地震が列島を襲った。秀吉領国が甚大な被害を受けたのに対し、家康領国の損害は軽微であったらしい。そこで秀吉は徳川領侵攻を断念し、外交交渉による家康従属を目指すこととなる。家康からすると、石川数正出奔という大きな危機を、天災が救ってくれたことになる。天正一四年四月に秀吉の妹旭姫《あさひ》が家康に嫁いだことで、家康と秀吉の和睦は成立したが、出仕には応じようとはしなかった。秀吉が信濃における停戦を昌幸に命じたのは、この直前の二月である。

つまり、真田昌幸の家康付属は、家康懐柔政策の一環であったといえる。ところが昌幸は事態を正確に把握してはいなかった。石川数正出奔以後、信濃では小笠原貞慶が徳川領に全面攻勢をかけており、保科《ほしな》氏の奮戦でかろうじて戦線を維持している状況であった。

昌幸は、これを勢力拡大の好機と捉えたのである。

天正一三年一二月、昌幸は信玄の菩提所を建立するという構想を兄信綱《のぶつな》の菩提寺信綱寺《しんこうじ》

（上田市真田町）に伝えた。あわせて佐久郡制圧後に、龍雲寺《りゅううんじ》（佐久市）の寺領を信綱寺に与えると述べている。龍雲寺は、信玄が曹洞宗寺院の取りまとめ役に任じていた寺である。昌幸は勢力拡大の手段として、信玄の後継者という旗印を掲げ、武田旧臣に呼びかけようと考えたのだろう。そして翌一四年正月から、佐久郡での知行宛行状を家臣に出し始めた。これは、佐久郡攻略の暁には同地を恩賞として与えるという約束である。昌幸の眼は南の佐久郡に向いていた。これが、秀吉が昌幸に停戦を命じた理由である。

一方、家康も秀吉との和睦を受け、真田領再侵攻に向けて動いた。当然のことながら、同盟国北条氏直も、悲願の沼田攻略に向けて軍勢を発した。指揮をとる北条氏邦は、岩櫃・沼田両城に迫り、五月になると沼田城を包囲下に置いた。しかし、沼田城代矢沢頼綱は氏邦の攻勢をしのぎきり、撃退に成功したのである。北条氏の沼田攻略は、またしても失敗に終わった。岩櫃においても、昌幸の従兄弟河原綱家《かわはらつないえ》と羽根尾城将湯本三郎右衛門尉を入城させて守りを固め、北条勢を撃退した。

「表裏比興者」、豊臣政権への服属

さて、いっこうに出仕する姿勢をみせない昌幸に対し、秀吉の姿勢も変化した。秀吉の政治課題はあくまで家康の服属であったから、家康の真田領攻撃容認を表明したのである。

七月一七日、家康は真田攻めのため、駿府に入った。これを受けて秀吉は、八月三日に上杉景勝に真田氏への支援を禁じた。秀吉が昌幸を「表裏比興者《ひょうりひきょうのもの》」と評したのは、この時である。裏表のある信頼できない人物というニュアンスであろう。八月七日、秀吉は家康に真田攻め延引を伝えたが、九日、自ら出馬して真田氏を討伐するという意思を表明した。家康の出陣も再度認められた。上杉景勝の援軍が在番している城は、秀吉が引き渡しを受けるので、徳川勢が手を出さないよう指示を出すという念の入れようである。徳川・上杉間で戦争が勃発しないようにという配慮である。

昌幸は一転して窮地に追い込まれるが、九月二五日に真田攻めは沙汰止みとなった。上杉景勝の嘆願がその背景にあったらしいが、それだけではないだろう。家康が上洛して「豊臣政権」に従属する意思を表明したことも影響していると思われる。家康の上洛が徳川家中で決したのは、真田攻め中止が決まった翌日の九月二六日であった（『家忠《いえただ》日記』）。また秀吉は家康に真田攻めを伝えた際に、これは家康のために行うものであり、家康が真田攻めを行うことで上洛が遅れても構わないと述べている。逆にいえば、真田攻めが終われば上洛せよということである。つまり真田討伐もまた、家康に上洛・出仕を決心させようとする材料のひとつであったのではないか。しかしながら、昌幸が滅亡の危機に瀕したことには変わりはない。

天正一四年一一月二一日、秀吉は真田昌幸に赦免を通達し、改めて上洛を命じた。秀吉は上杉景勝にも昌幸に赦免を伝えるよう指示している。命令を受けて昌幸が上洛したのは天正一五年三月のことで、徳川家臣酒井忠次が同席した。これは思わぬ副産物を産んだ。昌幸は秀吉と直接交渉を持っていたため、戦国大名上杉氏に従う国衆として処遇されるのではなく、中央政権に直接仕える豊臣大名になったのである。上杉家との立場は、基本的に対等なものへと変化した。その上で、家康の与力大名という扱いを受けることとなった。秀吉直属の大名だが、戦争時には家康の指揮下に配属されるという処遇である。

さらに、昌幸にとって幸運だったのは、秀吉がいったん「沼田領問題」を棚上げすることを承認したらしいということである。これにより、上野沼田には嫡男信幸が入った。真田氏は後に「沼田領問題」の裁定で、沼田領三分の二を北条方に引き渡すことになる。その際、三分の二の替地《かえち》は徳川家康が用意している。つまり、信幸を保護する責任者は徳川家康であった。徳川氏はこの後、同盟国北条氏の豊臣政権服属交渉に従事していく。その際、家康が信幸のいわば「後見人」という立場についたことは、真田氏にとって思いがけない僥倖となった。家康は、一方的に北条方の主張を呑む立場ではなくなったからである。昌幸が忌避した徳川与力大名という立場が、かえって真田家に有利に働いたのである。

ここに昌幸は上田領三万八〇〇〇石、嫡男信幸は沼田領二万七〇〇〇石の豊臣大名として、新たな道を歩み始めることになる。父子合計で、六万五〇〇〇石の大名である。

天正一七年（一五八九）九月、秀吉は諸大名に妻室の在京を命じた（『多聞院日記《たもんいんにっき》』）。天正一五年に完成した豊臣政権の政庁である聚楽第《じゅらくてい》（聚楽城、京都市上京区）に伺候《しこう》せよとの命である。これにより、昌幸も京に屋敷を構え、正室山之手殿は京に入ったものとみられる。昌幸は、豊臣政権の一員として組み込まれていった。

信長・秀吉の「惣無事」

徳川家康が従属した以上、豊臣政権の次の政治課題は、関東を治める北条氏直の服属であった。すでに秀吉は、天正一一年（一五八三）に家康を通じて「関東惣無事《そうぶじ》」を北条氏に伝達していた。「惣無事」とは、「すべて無事」という字義通り、広域にわたる停戦状態を指す言葉である。停戦を命令しているわけだから、「惣無事令」と呼んでおり、豊臣政権の基本政策と位置づけられてきた。秀吉は中央政権を主宰する「天下人」として、各地の大名・国衆に「惣無事」を命令した。諸大名間の戦争を「私戦《しせん》」（勝手な戦争）と認定してこれを禁止し、命令を受け入れなければ軍勢を派遣して処罰するというものである。ただし、この天正一一年の「惣無事」は、織田家宿老の秀吉が、一門待遇を受けていた織田大名徳川家康に伝達を依頼し、織田政権に謀叛した北条氏直に帰順を求めたものであり、後年の秀吉「惣無事令」とは段階が異なる。

なお、現在は「惣無事」を法令とみなすことに否定的な見解が主流になりつつあるが、筆者は中世法の一環として成り立ちうると考えている。この点については、拙著『戦国大名の「外交」』（講談社選書メチエ）の終章で見解を述べているので、ここでは立ち入らない。「惣無事令」の淵源をさかのぼれば、戦国期室町幕府将軍による大名間紛争の停戦令にたどりつく。しかし、戦国期の幕府は畿内政権と化しており、その命令には一定の敬意が払われても、戦国大名への強制力がなかった。そこで歴代将軍は、周辺諸大名に「中人《ちゅうにん》」となるよう命ずることで、強制力を確保しようと図ってきた。「中人」とは、中世社会の紛争解決において、近隣の第三者から選ばれた調停者のことを指す。

たしかに隣国の大名が将軍の命に従い、「中人」となって和睦仲裁に乗り出せば、当事者の受け止め方は変わってくる。紛争当事者が和睦を拒絶すれば、「中人」となった大名と敵対関係に陥りかねないからである。また「中人」が間に入って結んだ和睦を不用意に破棄すれば、「中人」の顔を潰した行為と受け取られ、やはりその大名を敵に回すことになる。戦国期室町幕府将軍はこの点を狙ったのだが、あまり成果はあがらなかった。

室町幕府滅亡後、織田信長が「天下人」として中央政界のみならず、列島全体に認知されていくようになる。信長も、やはり大名同士の戦争に停戦を命じた。そして最晩年には、その影響力はまだ完全に支配下に置いていない関東や九州にも及ぶようになる。それを可能にしたのは、信長の持つ圧倒的な軍事力であった。本能寺の変後、信長の停戦令は関係者から「惣無事」と呼ばれている。つまり秀吉が唱えた「惣無事」とは、信長の発想を全国展開させたものであったわけだ。この「惣無事」も、やはり「中人」を活用したものであったことは、信長政権からの連続性を象徴している。

秀吉の「惣無事令」と「沼田領問題」の裁定

織田氏に代わって天下人となった豊臣秀吉も、各地の地域権力に「惣無事」を呼びかけることによって、政権への服属を迫っていった。その論理は、先述したように諸大名の戦争を「私戦」と認定してこれを禁止し、中央政権たる豊臣政権に従属せよというものである。その背後にあるのは、信長同様、強大な軍事力である。つまり「惣無事令」とは、軍事力を背景にした強制的停戦命令と評価できる。なお「惣無事令」は「豊臣平和令」という一連の政策の中に位置づけられているが、ここでいう「平和」とは豊臣秀吉に従うことを選んだ者にのみ享受することが許された「平和」であった。

したがって、秀吉の「惣無事令」に、軍事的強制力の及ばない遠国の大名が従うとは限らない。その一人が、北条氏直であった。北条氏は、戦国期室町幕府のもとで関東支配を委任されていた古河《こが》公方（かつての鎌倉公方の末裔）を奉戴し、そのもとで「関東管領《かんれい》」になることで関東地方を統一しようというイデオロギーを有していた。北条氏は上杉謙信との和睦時に関東管領職を返上するが、その後も古河公方のもとでの関東統一という構想を捨てたわけではなかった。だからこそ、「天正壬午の乱」終結時には甲斐・信濃を放棄してまで、上野制圧にこだわったのである。天正年間（一五七三〜九二）に入ると、北関東では常陸の佐竹義重《よししげ》が戦国大名化し、常陸・下野・下総の国衆の盟主として北条氏に対抗していた。佐竹氏からみれば、秀吉の「惣無事令」は渡りに船である。佐竹氏を中心とする北関東の国衆は、秀吉と結んで北条氏に対抗しようと外交努力を重ねていった。

当然ながら、北条氏が「惣無事令」に応じるわけはない。上野では、北条氏邦が繰り返し沼田領に侵攻していたのである。天正一五年（一五八七）には、秀吉侵攻に備えた動員令が出された。この年、氏邦は自身に代えて、家老猪俣邦憲を箕輪城代に任じ、また大戸城代（東吾妻町）として家老斎藤定盛《さだもり》を配置しており、沼田攻撃態勢の再編を図っている。七月、北条氏邦の軍勢が群馬郡岩井堂城（渋川市）を攻略し、岩櫃に迫った。逆に一二月には、矢沢頼綱が沼田から軍勢を出し、白井領に侵攻している。

しかし秀吉は、あくまでも北条氏に服属を求めるべく、軍事圧力を強めていった。天正一六年（一五八八）八月、徳川家康の強い勧告の結果、北条氏規《うじのり》（氏政弟）の上洛が実現した。人選は、氏規が徳川家康の幼なじみで、北条家中で家康との外交を担当する取次であったことによる。北条氏は天正一四年、同盟国の徳川家康が豊臣政権に従属したことに強い衝撃を受けていた。家康と結んで秀吉および真田昌幸・佐竹義重に対抗しようという戦略が崩れたからである。したがって、家康から同盟破棄をちらつかされれば応じざるを得なかった。ここでの家康は「中人」の役割を果たしているのであり、交渉成立には自身の面目がかかっていた。ここに北条氏も、豊臣政権への従属に向けて動き始めることになる。

この過程で、「天正壬午の乱」終結時の上野＝北条領という徳川・北条間の国分け協定がクローズアップされてくる。北条氏直が服属条件として、「沼田領」引き渡しを要請したからである。

しかし、氏規上洛の準備が進められていた最中の天正一六年四月、北条氏邦は家老猪俣邦憲に命じて、権現山城（高山村・みなかみ町）を築城した。名胡桃城攻略の足がかりである。五月、猪俣邦憲は権現山城の防備を強化し、在城衆に真田領名胡桃での知行宛行を約束している。閏五月二三日には、権現山城を拠点とした沼田攻めが行われた。真田昌幸も四月二六日に、横尾八幡城《よこおはちまん》（群馬県中之条町）在番と普請について、二番交代で行うよう定め、沼田と並ぶ拠点である岩櫃城の守りを固めている。

つまり北条氏は、秀吉との和平交渉を進めながら、沼田攻略を諦めてはいなかったのである。北条氏内部では、豊臣政権への対応をめぐって内部分裂が起きていた。従属に慎重な「御隠居様」氏政と、積極的な姿勢をみせていた当主氏直・氏規の対立である。氏政は同年一一月に「(すでに家督を譲って隠居の身だが)また隠居する」と言い出して引きこもるという行動に出ている。ようするに、今までは隠居といっても北条家の政治運営には携わってきたが、もう完全に楽隠居する、あとは勝手にやってくれというもので、従属交渉にあたっていた氏規は対応に苦慮している。

なお、この天正一六年五月には、矢沢頼綱に対し、沼田で保持している所領の替地が信濃で与えられている。この頃になると、昌幸は沼田領割譲に追い込まれる可能性を考え出したのではないか。

一方、北条氏邦の軍事行動はその後も続いた。九月四日に沼田領に侵攻し、二五日までに阿曽《あぞ》城(群馬県昭和村)を攻略している。

こうした状況の中、ついに秀吉が「沼田領問題」の裁定に向けて動き出した。七月一〇日、秀吉は上使として津田《つだ》盛月《せいげつ》・富田《とみた》一白《いっぱく》を派遣し、真田信幸に岩櫃から沼田への伝馬《てんま》(宿場間の乗り継ぎ馬)を手配するように命じた。目的は、「関東八州・出羽陸奥面々」の境目《さかいめ》(国境)を画定させるためであるという。つまり、「惣無事令」を実行に移して関東・東北の大名と国衆の領国を画定させるという壮大な構想があり、「沼田領問題」裁定はその一環であったのである。そしてこの前提には、北条氏規の上洛が存在していた。

北条氏規は一一月晦日に酒井忠次に送った書状で、秀吉の上使津田盛月・富田一白の下向について、沼田に関するもので、朗報であるらしいと述べている。詳細な内容は、北条氏邦が一二月一一日付で出した書状で明らかになる。それによると、「京都から使者が来た。沼田・吾妻（岩櫃）ともに当方に引き渡されることになった。真田昌幸は京都で抑留されており、これで矢留《やどめ》（停戦）と決まった」という。氏邦は上野にある真田領が全面割譲されるであろうと楽観視していたのである。

秀吉は北条氏直に「沼田領問題」について説明を求めた。氏直はこれを快諾し、板部岡《いたべおか》江雪斎《こうせつさい》を上洛させて、ことの経緯を報告した。しかし、その結果は北条氏にとって意外なものであった。秀吉は沼田領の三分の一が真田領、三分の二が北条領と裁定したのである。つまり、真田氏は上野の領国の全面割譲を免れた。天正一七年（一五八九）春頃とされる。

これは、上野を北条領と定めたという和睦条項が、「沼田領」を家康が譲渡するという意味ではなかったことが明らかになったためである。実際には、北条氏が実力で上野を制圧すること（いわゆる「切り取り次第」）を家康が承認するという内容であった。よって、秀吉は北条氏が沼田領有権を主張することを言いがかりであると捉えた。しかしながら、秀吉の目的は北条氏の完全な服属にある。そこで北条氏直の要請を部分的に受け入れながら、真田氏にも配慮するという分割案が提示されたわけである。

『加沢記』に真田領として記された城郭の分布と、江戸時代の石高からみて、これは真田家に吾妻郡を残す一方、沼田のある利根郡は一円に北条氏直に引き渡せという命令であったとみられる。すでに北条方の拠点となっていた大戸城を真田氏の持ち城とするなど、『加沢記』の記述は鵜呑みにできないが、大筋では誤りはないであろう。たしかに吾妻郡は昌幸の父幸綱が経略して二〇年ほどが経過している上、真田氏の同族滋野一族が割拠した地である。一方、沼田城は昌幸が攻略してから日が浅い。また、沼田城は基本的には上杉氏の城郭であったが、北条氏が領有していた時期もあったから、歴史的経緯からみても妥当な裁定といえる。

ところが、この裁定に対し、昌幸は利根郡名胡桃には「祖先の墓があるため引き渡せない」と頑強に主張した。しかしこれは、真田家の正史『真田家御事蹟稿』の編者河原綱徳《つなのり》が呆れるほど明確な嘘である。昌幸は、沼田城の至近にある軍事的要衝名胡桃城を何としてでも確保しておきたかったのだろう。一方の秀吉も、北条家従属を優先させ、真田家に無理をいう割譲問題だから、昌幸の要求に折れたらしい。名胡桃は真田領となり、その替地が吾妻郡内で北条家に与えられた。

ただし、後に北条氏直が弁明したところによると、真田昌幸は百姓を村落から引き上げ

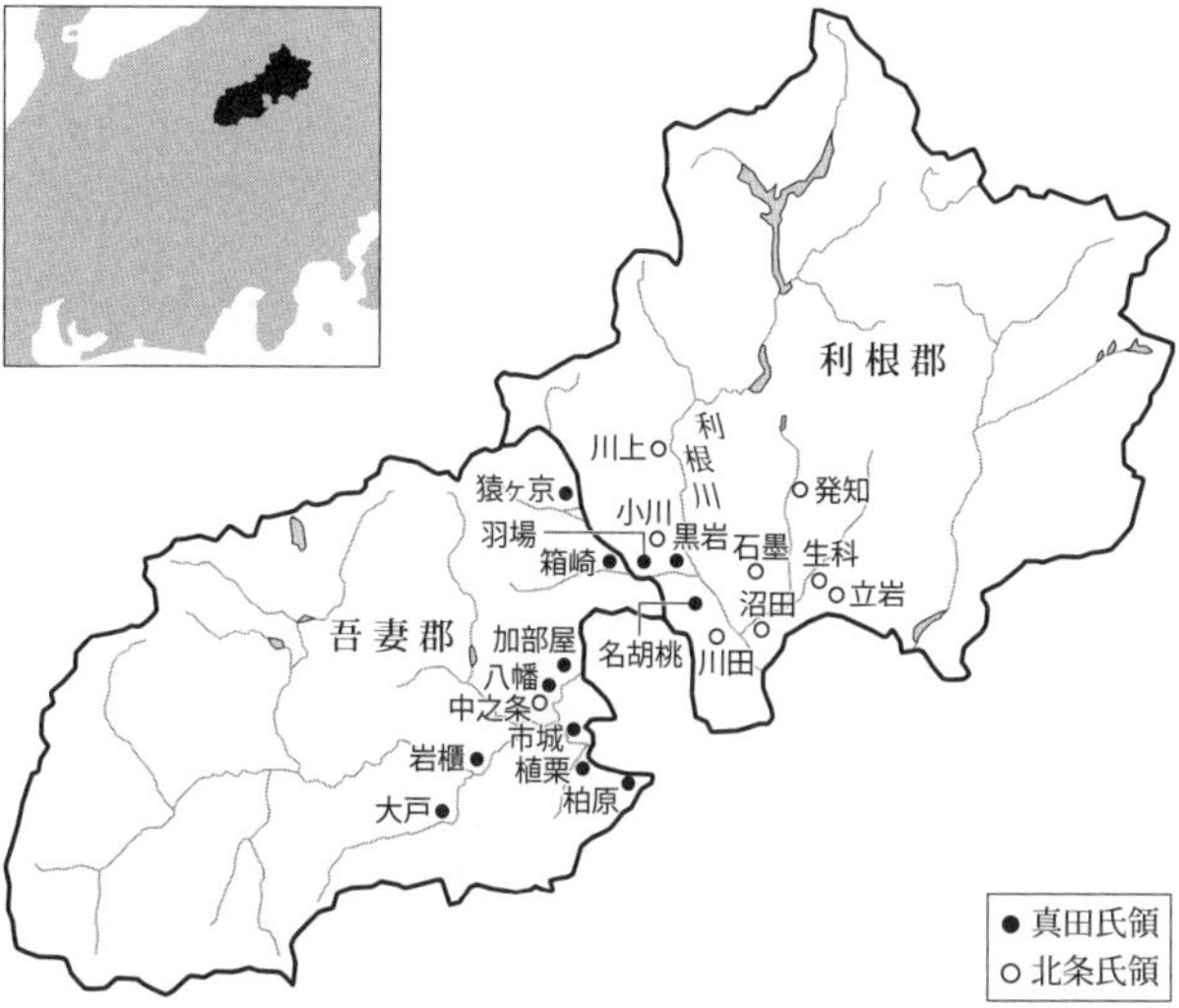

図3-18　沼田領分割図
天正16年（1588）、秀吉は「沼田領問題」に着手。翌年春、沼田領の３分の１を真田氏領、３分の２を北条氏領と裁定した。

させた上で吾妻郡における替地を北条氏直に引き渡したらしい。さらに中之条（群馬県中之条町）にいたっては、引き渡し自体を履行していなかった。同地を地図でみると、真田領に囲まれた飛び地となっている。したがって、昌幸は敢えて、引き渡しが困難な地をリストアップした可能性すらある。
　これがどこまで真実かわからないが、昌幸が明らかな「嫌がらせ」を行い、北条氏の忍耐が試される状況であったことは間違いないようだ。しかし、最終的には氏政も納得し、沼田領割譲の条件として示された上洛に同意してその準備を進めるようになる。

天正一七年(一五八九)七月二一日、秀吉の家臣津田盛月・富田一白が検使として沼田に派遣され、徳川家臣榊原康政《さかきばらやすまさ》の指示のもと、沼田城が北条方に引き渡された。氏直は、同城を沼田攻略を担当していた北条氏邦の管轄下に置くことを定め、氏邦の家老猪俣邦憲が入城した。真田信幸は、検使両名の世話と案内を秀吉から命じられている。

真田昌幸は、利根・吾妻両郡(沼田領)支配を嫡男信幸に任せていた。そこで信幸の寄《より》親《おや》である徳川家康が、信濃伊那郡箕輪《みのわ》領(長野県箕輪町)で替地を与えることが定められた。よって秀吉の裁定は、真田領の減知《げんち》を意味したわけではない。もっとも交通の要衝である沼田とは、比ぶべくもないのは事実である。

名胡桃城事件

しかし、まさに信幸が箕輪領で知行割りを始めた天正一七年一一月三日、猪俣邦憲が名胡桃城を急襲し、同城を攻略したとの報が届けられたのである。諸書によると、名胡桃城代鈴木主水《もんど》のもとに昌幸からの召還命令なるものが届いた。これを信じた主水が城を留守にしたところ、実はこの命令は北条方の流した偽りであった。嘘を伝えたのは主水の姉婿中山久兵衛《きゅうびょうえ》とされる。騙し討ちにあった鈴木主水は沼田を目指すがいかんともしがたく、

図3-19　名胡桃城跡
天正17年（1589）11月、猪俣邦憲が名胡桃城を占領した事件は、秀吉の「惣無事令」に抵触するとみられ、翌年の小田原攻めのきっかけとなった。

城下の正覚寺《しょうかくじ》（沼田市）で自害して果てたという。要は、鈴木主水と中山久兵衛の確執が原因である。なお、正覚寺には鈴木主水の墓と伝えられてきた墓石があるが、現在は裏づけがないとして案内板が取り外されている。

さて、猪俣邦憲にしてみれば、戦国の世なら当たり前の、紛争時に当事者の一方から支援を求められたら軍勢を動かして保護するという行動に出ただけである。しかし、もはや時代は違った。猪俣の行動は、明確に秀吉の行った私戦禁止・大名間紛争停止政策つまり「惣無事令」違反となってしまったのである。秀吉は天正一六年末までは北条氏の軍事行動を黙認していたが、政権に従属した以上、北条氏は「惣無事令」に従う義務が生じていたといえる。

事態を知った真田信幸は、ただちに寄親である徳川家康に北条氏の不法を訴えた。家康は一一月一〇日、信幸に対し、秀吉に報告すると返書をしたためている。ここに秀吉は、北条家討伐を決意することになる。一一月二一日、秀吉は昌幸に対して「自ら出馬して北条氏の首を刎ねる」という朱印状を与えた。そして二四日、秀吉は氏直の非を書き連ねた、「手切《てぎれ》の一札《いっさつ》」（同盟・従属関係破棄通告書）を多数作成し、北条家ばかりか従属諸大名に配布した。当然、当事者である真田家にも配られ、現在「真田家文書」として真田宝物館に伝わっている。秀吉はこの文書を配布することで、いかに北条氏に非があったかをアピールし、戦争の正当性を強調したのである。

小田原合戦のはじまり

天正一八年（一五九〇）、ついに豊臣秀吉は小田原攻めを開始した。昌幸は前田《まえだ》利家《としいえ》・上杉景勝に従い、北陸から東山道《とうさんどう》（近世になると中山道《なかせんどう》と呼ばれた）に入る軍勢に加わることとなった。地理的な関係から、寄親である徳川家康とは別行動をとっている。昌幸の出陣は二月末か三月初頭であったようだ。遠江・三河・駿河・甲斐・信濃の大名は一〇〇石につき七人の軍役《ぐんやく》が賦課されているから、親子で四五五〇人を率いたものであろうか。北国勢（東山道軍）は碓氷峠を越えて松井田《まついだ》城（安中市）を目指した。城代は、北条氏の重臣大道寺政繁である。『滋野世紀《しげのせいき》』などを見る限り、これが昌幸の次男である信繁出陣の初見である。大規模な合戦としては、初の参陣であったろう。小田原合戦に際し、北条氏は領内各地にある支城《しじょう》の城主・城代を小田原に集めて事実上の人質とする方策をとったが、重要拠点である松井田には城代大道寺政繁が籠もっていた。大道寺氏は、初代伊勢《いせ》宗瑞《そうずい》（いわゆる北条早雲《そううん》）以来の家老である。

『真武内伝』によると、大道寺政繁は碓氷峠に軍勢を派遣してここで合戦となった。北条氏直の感状から、三月一五日のこととわかる。どうも政繁は、碓氷峠の封鎖に失敗したようで、先に北国勢が峠を押さえてしまったらしい。これでは最初から勝負はあったようなものである。大道寺政繁は降伏し、城を明け渡した。昌幸が松井田の根小屋を打ち破り、城際まで迫ったと石田三成に報告したのは、四月七日のことである。二一日、政繁は城を明け渡して降伏した。

一見するとあっけない落城だが、碓氷峠越えが三月一五日であったことを勘案すると、攻城戦は一ヶ月には及んでいる。松井田城の規模はかなりのものだから、城攻めに時間がかかるのは当然だろう。以後、大道寺政繁は北国勢の案内役をつとめることになる。これにより、政繁の養子直英《なおひで》が籠もっていた大道寺氏の本拠武蔵河越城《かわごえ》（川越市）はあっさりと開城した。北国勢は続いて上野箕輪城（高崎市）に軍を進め、四月二四日までに城代垪《は》和《が》信濃守《しなののかみ》を敗走させ、同城を攻略した。箕輪攻略は昌幸自身が秀吉に報告しているから、同城攻略は真田勢が主力となっていたのかもしれない。またこれ以前に、厩橋城《まやばし》（前橋市）も陥落し、沼田城も攻略されたようである。ここに北国勢は、上野の主要部を掌握した。

この段階で、秀吉は小田原城包囲を開始している。四月二九日、昌幸は秀吉から「東国之習《ならい》」である女子供の「乱取り《らんど》」（人狩り）を厳しく禁じる通達を受けた。もっとも、乱取りは九州でも確認できるから、東国だけで行われたわけではない。秀吉の発言はある種の方便で、これから豊臣政権の領国となる北条領の荒廃を最低限に抑えようとしたのであろう。秀吉は軍勢の乱暴狼藉を禁ずる禁制《きんぜい》を大量に村落宛てに発給している。

鉢形城攻略と小田原合戦の終結

北国勢の次の目標は、武蔵鉢形城（埼玉県寄居町）の攻略である。城主は、真田昌幸の「宿敵」ともいえる北条氏邦であり、彼も鉢形に籠城していた。従来、昌幸は氏邦の攻勢を沼田でしのいでいた格好だったが、ここにはじめて、氏邦の本拠鉢形を攻める側に回ったのである。秀吉の意向は、直臣木村一《はじめ》・浅野《あさの》長政《ながまさ》（長吉《ながよし》）率いる東海道本隊の支軍と、

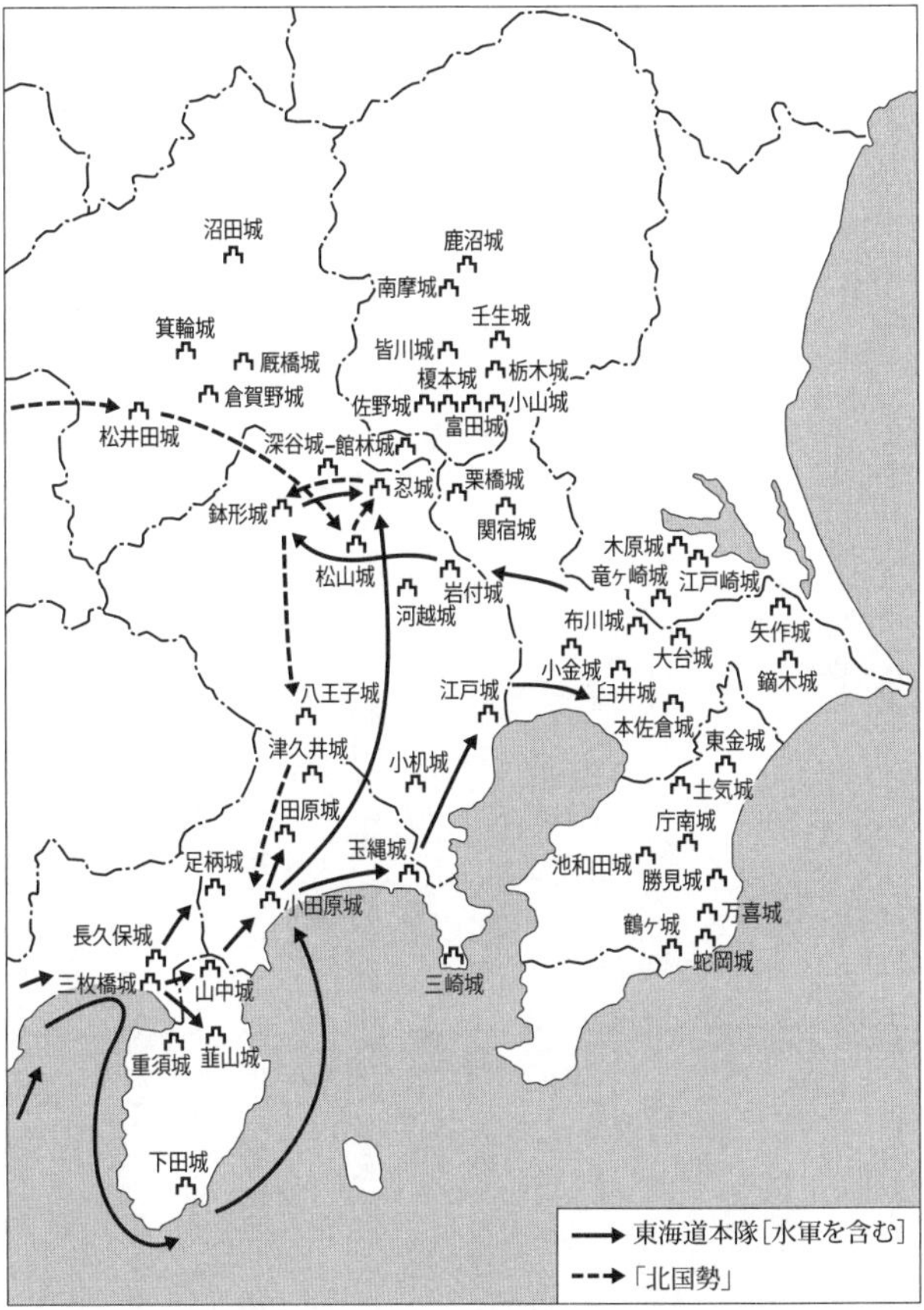

図3-20　小田原攻めの進軍図
天正18年（1590）、秀吉は北条征伐に乗り出す。昌幸は北陸から東山道に入る軍勢「北国勢」に加わって参陣した。（山口博「小田原合戦」に加筆・修正）

北国勢が連携して鉢形攻略にあたることであった。しかし、木村・浅野勢は武蔵南部・下総南部の諸城の攻略に力を注いでいたため、動きが遅れた。またこのような情勢であったため、北国勢も鉢形に進軍をしていなかった。秀吉はこの状況に不快の色を顕わにし、五月一三日に北国勢を、五月二〇日に木村・浅野勢を叱責し、ただちに合流して鉢形を攻略するよう命じた。しかし、前田利家・上杉景勝が動き出したのは、合流の目途がたった六月初旬に入ってからである。

ところが、秀吉は突然方針を転換し、北国勢は六月七日に武蔵忍城《おし》（行田市）攻略を命じられた。このため、浅野・木村勢と合流した北国勢は、忍城に向かったとみられる。六月一三日、やはり忍城に進軍してきた石田三成は、木村一・浅野長政と忍城攻略の打ち合わせを行い、攻城兵器の引き渡しを受けた。忍城攻略は石田三成に任されることになり、改めて前田利家・上杉景勝と木村一・浅野長政は鉢形城に進軍することになる。

氏邦の管轄兵力は五〇〇〇と小田原合戦時の北条家で最大のものであり、そのうち三五〇〇を率いて鉢形城に籠もっていた。しかし、攻撃する豊臣軍は五万を超えており、わずか一日で北条氏邦は降伏を決断した。六月一四日のことである。『管窺武鑑』によると、氏邦が家督を嗣いでいた武蔵国衆藤田家の庶流で、上杉景勝に仕えていた藤田信吉の説得によるものというが、定かではない。降伏した氏邦は、ただちに北条方諸城への攻撃を中止するよう嘆願したが、秀吉が聞き入れることはなかった。もともと氏邦は対秀吉穏健派であったとみられ、戦争の早期終結を望んだのである。それにしても、氏邦の家老である猪俣邦憲が起こした「名胡桃城事件」が開戦のきっかけとなったのは、何とも皮肉な話といえる。氏邦は、徳川家臣榊原康政による「前代未聞之比興（卑怯）者」という批判を甘受せざるを得なかった。

一方、忍城を攻撃していた石田三成は、秀吉の指示で「水攻め」を行うこととなった。すでに城内から助命嘆願が出ており、水攻めの衝撃で城中の議論を速やかに開城でまとめさせることを意図してのことであった。二〇日、真田昌幸は秀吉の命により鉢形を離れ、浅野長政に従って忍城攻めに参加することとなった。ただし、秀吉の思惑は外れ、堤が破れて水攻めは不完全な状態となり、結局、城兵との交戦に陥ってしまっている。『大鋒院殿御事蹟稿』はさまざまな軍記類を引用して、信幸が出丸を攻め落とした軍功を讃えるが、『里見吉政戦功覚書』によると、昌幸自身の働きはぱっとしなかったらしい。それでも七月一四日になって、忍城も開城した。実はこれより一〇日ほど前、七月五日に小田原城が開城しており、忍城は唯一残った北条方の抵抗拠点であった。昌幸は、小田原合戦の終局までを見届けたことになる。

小田原では、北条氏直が剃髪して豊臣方の陣を訪れ、自身の切腹と引き替えに城兵の助命を嘆願した。秀吉は氏直が家康の娘婿であることを配慮して助命したが、責任者の処罰を定めた。代わりに切腹することになったのは、隠居の氏政、一門筆頭の北条氏照（氏政弟）、家老松田《まつだ》憲秀《のりひで》・大道寺政繁である。

ここに小田原合戦は終結し、関東の覇者として一〇〇年の栄華を誇った北条氏は滅亡することになる。氏直は高野山に配流されたが、家康の赦免運動が功を奏し、翌天正一九年（一五九一）に河内狭山（大阪狭山市）一万石として大名に返り咲いた。しかし、心労がたったものだろうか、わずか二ヶ月後に病没した。家督は氏直の叔父で、豊臣政権との従属交渉にあたっていた氏規の子氏盛《うじもり》が相続し、江戸時代を通じて存続していくことになる。

北条氏の治めていた関東には徳川家康が転封されて入部することになり、秀吉の指示で武蔵江戸が本拠地と定められた。同時に、真田信幸は北条氏に割譲していた沼田領を回復し、上野沼田の大名として再出発を図ることになる。なお、家康に従属していた信濃国衆はいずれも関東に転封されたが、与力大名扱いであった昌幸は転封を免《まぬが》れ、秀吉直属の豊臣大名として小県郡上田領支配を継続することになった。一連の真田家への処遇に対し、家康は秀吉に御礼を言上している。

小田原陣には、それまで従属姿勢を示そうとしなかった伊達《だて》政宗《まさむね》も参陣しており、ここに秀吉は天下一統を成し遂げた。北条氏の滅亡が、戦国時代の終焉とされるのはこのためである。秀吉は、政宗が「惣無事令」を無視し、蘆名《あしな》氏を滅ぼして占領した会津を没収、蒲生《がもう》氏郷《うじさと》に与えることを定めた。下野宇都宮（宇都宮市）においてくだされた決定であるため、「宇都宮仕置《しおき》」と呼ばれている。なお、秀吉は会津に赴く予定であり、真田信幸は沼田領における御座所《ござしょ》の整備と街道の普請を命じられている。

しかし、ここでトラブルが起きた。小田原に参陣しなかったことで改易された陸奥の名族葛西《かさい》・大崎《おおさき》氏の旧臣が、新たな大名として入部した木村吉清《よしきよ》に叛乱を起こしたのである。天正一八年一二月、徳川家康・佐竹氏らに救援が指示され、昌幸も陸奥岩瀬《いわせ》（須賀川市）への出陣を命じられている。葛西・大崎一揆の背景には、会津を没収されて不満を抱いた伊達政宗の扇動があったと疑われた。このためか、天正一九年の叛乱鎮圧後、政宗は本領伊達《だて》郡を没収されて、代わりに木村氏旧領を与えられることとなる。

小山田茂誠の家臣化

北条氏滅亡後、思わぬ人物が昌幸を頼ってきた。娘婿の小山田茂誠《しげまさ》である。茂誠は一般に武田氏滅亡時に高遠城（伊那市）で奮戦して討死した小山田昌成《まさしげ》の子息と伝えられているが、実は甲斐都留郡の国衆小山田信茂の一門で、境（都留市）・倉見（山梨県西桂町）を領した小山田有誠《ありまさ》の子である。有誠の家は、郡内小山田氏において一門筆頭に位置したとみられ、武田氏から直接命令を受けることもあった。実は江戸時代、小山田信茂の謀叛が不評を買ったため、茂誠の子息之知《ゆきとも》の代に小野に改姓したという経緯を持つ（之知の子が小山田に復姓）。このため、忠臣として知られた小山田昌成の子息であると、近世に出自を隠したらしい。郡内小山田氏の一門にはそうした人物が他にもみられる。

茂誠の父有誠は、天正一〇年（一五八二）の武田氏滅亡時に北条氏のもとに亡命した。小山田氏の領国都留郡は、「天正壬午の乱」においては北条氏の支配下に入ったため、一時は本領に戻ったとみられる。しかし、北条氏と徳川氏の和睦の結果、甲斐は徳川家に割譲されたため、再度都留郡を離れたのだろう。郡内小山田氏には、北条氏を頼った一族が散見される。

茂誠は武田氏滅亡時に二一、二歳であったという。天正三年に小山田信茂から「茂」の字を与えられて元服し、平三茂誠と称した。ちょうど一四、五歳だから、元服年齢として適切である。昌幸の長女である村松殿との結婚時期は確定できないが、嫡男之知は武田氏滅亡時には乳児で、身を隠したと伝わるから、武田家臣時代に結婚したと推定される。

天正一八年一二月一一日、昌幸は茂誠に村松郷（長野県青木村）の蔵納年貢三〇〇文を与えた。ほとんど捨て扶持のような給恩だが、同地がその後茂誠の本領となり、また正室村松殿の呼称の由来ともなった。慶長三年（一五九八）に壱岐守《いきのかみ》の受領名を与えられ、真田姓を名乗ることを許された。真田姓は子息之知も称しており、一門として処遇されたことがわかる（之知の代に辞退）。

その後、加増を受けて、知行地は三二三貫四〇〇文にまでのぼり、松代藩においては次席家老の家柄となった。なお、筆頭家老は矢沢頼綱の子孫である。

昌幸は武田氏滅亡後の勢力拡大に伴い、武田旧臣を多く召し抱え、家臣団組織を整備していく。茂誠もまたその一人であったわけである。茂誠は義弟信繁との交流が知られるが、この点はまた後で触れる。

なお、小田原合戦後、昌幸は花押を武田時代から用いていたいわゆる武田様《よう》花押（信玄の花押を模倣したもの）から、まったく独自の形に改めた。新しい世の中の到来に、心機一転を図ったものと思われる。

天正二〇年（文禄元年、一五九二）五月二〇日または翌文禄二年八月一日、昌幸生母河原氏が没した。法名は、喜《き》山《ざん》理《り》慶《けい》大姉である。

豊臣政権下の真田氏と石田三成

豊臣政権は諸大名を統制するにあたり、秀吉側近の奉行衆を「取次《とりつぎ》」として仲介にあたらせた。取次というのは普通名詞で、一般に客なり目下の者が訪問した際に、主人への仲立ちをする人物を指す。

しかし、豊臣政権の「取次」は、ただたんに秀吉の命令を大名に伝えたり、大名の要望を秀吉に上申するだけではない。大名の領国仕置きを支援したり、大名が秀吉の機嫌を損なうことなく振る舞えるよう助言するという、極めて重要な役割を果たす存在として、大名ごとに設定された秀吉の側近家臣であった。こうした「取次」という助言・後見役が存在したからこそ、各地の戦国大名は「豊臣大名」という、ある程度、均質な存在へ移行していくことができたのである。

なお、こうした「取次」の存在が秀吉の独裁の証左だと唱える論者があるが、「取次」の前身は戦国大名が従属国衆ごとに設定した取次役「指南」であり、豊臣政権独自のものではない。したがって、秀吉の特異性に拘泥しすぎることには賛成できない。また「取次」の助言には強制力があるわけではないから、「均質化」が徹底されたわけではない点にも注意したい。あくまでケースバイケースで、大名側の判断によった。たとえば真田家では、先述したように江戸時代に入っても石高制を採用せず、貫高制を用いている。つまり豊臣政権下で「太閤検地」による石高制への移行がなされなかったわけだ。

真田家の場合、豊臣政権との最初の連絡役を担った石田三成が「取次」をつとめたとみてよい。真田家宛ての豊臣秀吉朱印状を取り次いでいるのは石田三成だからである。石田三成と真田家を結ぶ書状は、関ヶ原関係を除けば実は信幸宛てのものばかり残されているが（五章で後述）、これは真田家全体の「取次」が三成であったためである。

文禄三年（一五九四）四月七日、秀吉は関白豊臣秀次《ひでつぐ》に真田昌幸を諸大夫《しょだいぶ》にするという意向を伝達した（『駒井日記』）。諸大夫とは、朝廷の位階で四位・五位に叙せられた者を指し、「諸大夫成《しょだいぶなり》」とは従五位下《じゅごいのげ》に叙せられることを意味する。これにより、昌幸は武田勝頼から与えられた通称安房守を朝廷から正式な官位と公認され、従五位下という位階に列せられることになる。続いて同年一一月二日には信幸・信繁兄弟が従五位下伊豆守《いずのかみ》・同左衛門佐《さえもんのすけ》に任官した。信幸のものは口宣案《くぜんあん》が「真田家文書」に残されており、信繁は『柳原《やなぎわら》家記録』に口宣案の控えが記録されている。

豊臣政権は諸大名を朝廷の官位によって序列化し、統制を図ろうとしていた。その序列は、従来あった摂関家・清華家《せいがけ》・羽林家《うりんけ》・名家《めいか》とまったく同じものではない。五摂家に豊臣家を加えた摂関家を別格とした上で、序列のトップは「清華成」（武家清華家）であり、清華家同様、太政大臣・近衛大将になる資格を有する家格である。次が「公家成《くげなり》」で朝廷の位階で三位以上になれる者、その下が「諸大夫成」で四位・五位の位階を得ることができる者である。昌幸は「諸大夫成」を通達され、信幸・信繁は従五位下に叙せられたのだから、真田家は「諸大夫成」大名として位置づけられることとなった。なお叙位任官にあたっては、豊臣姓を与えられた。真田一族は、従来の滋野姓から豊臣姓に改まる形で、豊臣政権に包摂されていったのである。この「氏」は豊臣政権崩壊後、滋野に戻される。

朝鮮出兵の中の真田氏

ところで、秀吉は天正一三年(一五八五)までには、中国(明《みん》王朝)征服の計画を表明していた。いわゆる「唐入り《からいり》」である。実はこれは信長段階で構想されていたものであり、秀吉の独創ではない(ルイス=フロイス『日本史』)。この背景には諸説あるが、天下一統後、働き場を失うことになる「兵」たちに戦場を準備するという側面が指摘されている。戦国大名の軍隊は、村落から雇い入れた「傭兵」によって構成されており、これは秀吉の軍隊も同様である。よく秀吉が「刀狩り《かたながり》」などによって「兵農分離《へいのうぶんり》」を推し進めたとされるが、事実ではない。

刀狩りを例にとれば、村落の武装解除と理解されているが、これは初期のごく一部の事例に限られる。中世社会では、刀と脇指《わきざし》を身につけることが成人男子であることの証であった。村落においても男子の元服時に「刀指し《かたなざし》」という儀式を行い、彼が正規の村落構成員であることを示した。つまり中世は、百姓も刀・脇指を指していた時代なのである。したがって、人びとは武器を帯びているのが当たり前である。秀吉はそうした村落に武器提出を命じたが、「刀・脇指・弓・鑓《やり》・鉄砲」と記された法令の文面とは異なり、実際に集められたのはほぼ刀と脇指に限られ、それもすべてではない。戦国時代の主力武器は鑓・弓・鉄砲だが、これらは没収対象にはほとんどならなかったのである。刀・脇指と鑓・弓・鉄砲の違いをもうひとつ考えれば、日常的に携行できるかどうかの有無である。秀吉は日常的に身に帯びる刀・脇指を村落から奪い取ることで、中世社会の常識であった武力による紛争解決（自力救済）を禁止するとともに、視覚的に武士と百姓を区別させることを意図したのである。その上、これはあくまで政策指向というもので、徹底したものではなかった。このため、近世村落には大量の武具が残ることとなる。

兵農分離があったかどうかについては、より問題である。信長・秀吉の軍隊は、兵農分離を遂げた専業武士による軍隊とされるが、これは事実ではない。そのような政策指向すら存在しなかった。信長・秀吉の軍隊の構成員も、他の戦国大名と変わりはないのである。実は兵農分離とは、江戸時代の学者が「戦国時代は兵農未分離であったに違いない」と考え、昔のように武士を在村させれば城下町に武士を集住させるよりは藩財政の節約になると主張したことに端を発する。実際に兵農分離が成し遂げられるのは、戦乱の時代が終結を迎え、村落から雇っていた「傭兵」を解雇した結果に過ぎない。戦国大名と信長・秀吉は、家臣の城下町集住を指向するが、これは兵農分離を目指したためではなく、いわば勤務先に住まいを持たせ、かつ妻子を人質に取ろうと考えたためである。そして、江戸幕府が確立した結果、「非正規雇用」であった村落の「傭兵」は解雇され、「正規雇用」である武士が勤務先である城下町に集住することになった。つまり兵農分離とは、政策ではなく、平和の達成に伴う結果論と評価できる。

話をもとに戻そう。秀吉は「唐入り」を意図し、日本の周辺諸国に服属を要求した。これは日本国内にスローガンとして掲げた「惣無事」を、海外に輸出するものでもあった。つまり、国内戦の延長という認識だったのである。しかし、ここで秀吉の東アジア国際秩序への認識不足が露呈する。服属命令は台湾（高山国《こうざんこく》）などにも届けられているが、台湾は未統一の状態で、誰に朱印状を渡したらよいのかわからないという滑稽な事態が生じたほどであった。

問題は朝鮮である。中国を攻めるためには、朝鮮を通過しなくてはならない。しかし朝鮮は、中国に服属儀礼をとっていた。これは長い歴史を持つ「華夷《かい》秩序」と明王朝が定めた朝貢《ちようこう》貿易制度に基づくもので、中国皇帝（華）は東アジア諸国（夷）の君主を「国王」に任命し（冊封《さくほう》）、朝貢させて貿易を許可するという関係を結んでいた。ただし日本については、東アジアでも海を越える必要があったため、中国による「華夷秩序」からは一定の距離を置いていた。そのような歴史的経緯を無視して、秀吉は自身が中国皇帝と同じ立場という自覚のもと、朝鮮に服属を要求したのである。服属交渉を任されたのは、日朝交易で栄えた対馬の大名宗義智《そうよしとし》である。穏便に話を進めたかった義智は、朝鮮には列島統一祝賀使を派遣するように求め、それを秀吉には服属の使者と説明した。これを受け、秀吉は朝鮮に中国出兵の先陣を命じたが、義智は日本軍通過要請へと要求を差し替えて交渉を進めたのである。しかし朝鮮からすれば、秀吉に降伏するなど論外であったし、軍隊通過など認めるはずもない。ここに「唐入り」は、当面の目的が「朝鮮出兵」へとすり替わることとなった。文禄・慶長の役《えき》の始まりである。

真田氏は文禄の役に際し、天正一九年（一五九一）に七〇〇人を率いて肥前名護屋《なごや》（佐賀県唐津市）に在陣した。ここには「真田安房守昌幸　同父子」とあり、子息信幸の軍勢も含んだものと思われる。真田家の家老で、昌幸の娘婿となった小山田茂誠の家に伝来した覚書には「五百人　真田安房守」とある。ただし、文禄・慶長の役において朝鮮渡海を命じられたのは基本的に西国大名である。東国大名は、予備兵力という形で名護屋に在陣し、文禄二年（一五九三）に伊達政宗・上杉景勝らが渡海するにとどまった。佐竹義宣《よしのぶ》は半数の渡海だけで済み、徳川家康・前田利家の渡海は見送られた。したがって、真田家も朝鮮に渡海することはなかった。

また動員人数も、真田家の石高《こくだか》からすると非常に少ない。豊臣政権の軍役は一〇〇石につき五人が本役《ほんやく》であったから、父子で六万五〇〇〇石を領する真田家に課せられる軍役は三二五〇人となる。それからすると、五分の一役程度しか賦課されていないことがわかる。ただし名護屋までとはいえ、出陣を命じられたことには変わりはない。信幸は家臣に対し「唐入り」の軍役に応じた恩賞を宛行《あてが》っている。

文禄の役は日本側優勢で進み、小西行長《こにしゆきなが》は朝鮮の首都漢城（ソウル）を攻略、平壌《ピョンヤン》まで進軍した。加藤清正《きよまさ》は半島東部を縦断して朝鮮領を突破し、満州《まんしゅう》のオランカイにまで入った。しかし小西勢は、明の援軍を得た朝鮮側の反撃に遭い、戦線を縮小して明と講和交渉に入った。この間の軍事・外交に関する見解の相違や秀吉への報告が、石田三成・小西行長と、加藤清正・黒田《くろだ》長政《ながまさ》らの間に埋めることのできない溝をつくっていく。

そうした中、文禄年間（一五九二〜九六）になると、昌幸は秀吉の新たな政庁である伏《ふし》見《み》城（京都市伏見区）の普請役を命じられている。この普請役は連年賦課されたようで、複数の命令書が残されているが、年次比定は困難である。一番大きい普請役を割り当てられた際には、親子三人で一〇〇〇石につき二人役の本役をつとめ、また国許より杣《そま》板一五〇駄の輸送を命じられた年もある。伏見城普請役については、信繁の立場と関わるので、四章でも後述する。

文禄五年、明の使者が秀吉のもとを訪れ、和睦の条件が伝えられた。一般のイメージと異なり、秀吉が「日本国王」冊封を受け入れたため、大坂城での公式交渉はうまくいった。ところが、堺での使者歓待の際、明側が小西行長らの忠告を無視し、新たに「朝鮮からの全面撤兵」を求める書状を言付けたことで事態が急変した。秀吉は冊封を受け入れたものの、あくまで明側が降伏する形での講和と認識していた。したがって、朝鮮における領土の割譲は大前提であったのである。秀吉は話がまったく違うとして激怒し、再度の出兵が決定された。これが慶長の役である。

この間の慶長二年（一五九七）一〇月、下野の宇都宮国綱《うつのみやくにつな》が改易された。「取次」浅野長政による改革指導が、かえって宇都宮氏重臣の反発を買い、家中の統率がとれなくなったことが原因とされている。昌幸は浅野長政とともに事後処理にあたり、百姓から年貢を収納するよう命じられている。真田家が豊臣政権の命で働いた数少ない事例といえる。

そして、慶長の役の最中の慶長三年八月一八日、秀吉が死去し、死後を託された五大《ごたい》老《ろう》・五奉行は撤兵を決定することになる。

関ヶ原の戦いへの道

五大老・五奉行制というのは非常に誤解を招きやすい用語である。五大老は徳川家康・前田利家・毛利《もうり》輝元《てるもと》・宇喜多《うきた》秀家《ひでいえ》・上杉景勝、五奉行は浅野長政・石田三成・長束《なつか》正家《まさいえ》・

増田長盛《ましたながもり》・前田玄以《げんい》からなる。一般に、秀吉生前から五大老が政権運営に参加したとされることが多いが、これは事実ではない。五大老は前田利家を除けばいずれも旧戦国大名であり、豊臣家からすると外様にあたる。前田利家も、織田信長に取り立てられた織田大名だが、柴田勝家の指揮下に置かれた存在であり、やはり秀吉からみれば外様であることに変わりはない。戦国大名にせよ、江戸幕府にせよ、外様が政権運営に関与することはない。したがって秀吉生前は、五奉行を含む豊臣直臣団によって政権運営がなされていた。

秀吉が巧妙だったのは、後に「五大老」となる五家と、甥秀秋《ひであき》を養子入りさせた小早川《こばやかわ》家を「清華成」大名の家格に列し、彼らに在京を命じたことである。戦国大名とは、領国に在国して直接統治にあたった存在だから、帰国が許されないという命令は非常に厳しいものであった。これが室町時代であれば、守護には在京原則または在鎌倉指示があったものの、京・鎌倉で政権運営に携わる地位につけるか、そうでなくても幕府・鎌倉府と密着した政治関係を築くことができた。つまり、中央政界に活躍の場が与えられたのである。ところが、豊臣政権の「清華成」大名は異なる。在京を命じられながら、政権運営に携わることは許されなかったし、そのような徴証は一切みられない。

しかし、秀吉の死去によって事情は変わった。ここではじめて五大老・五奉行という制度が動き出し、五大老が政権運営に参画することになったのである。ただし問題は、秀吉の遺言が複数残されており、しかも相互に矛盾する内容を持つ点である。また一部の文書には、近世初期の偽作の可能性が指摘されている。したがって、後継者豊臣秀頼《ひでより》成人までの期間、秀吉がどのような体制による政権運営を望んだのかはよくわかっていない。

確実にいえるのは、家康を伏見に入れ、前田利家を秀頼の傅役《もりやく》に任じて大坂城に入れたということである。この評価も実は難しい。豊臣政権の政庁は基本的には伏見であり、そこからすると家康に後事を託したようにもみえる。しかし、秀吉没後の豊臣家家督は秀頼なのだから、政庁は大坂に移ったとみなければならない。実際、慶長五年（一六〇〇）には諸大名は屋敷を伏見から大坂に移転させている。政治の中心は、ここで大坂に移ったのである。家康は一人、伏見に取り残される形となった。

さて、朝鮮からの撤兵という大きな問題を抱えていたこともあり、秀吉の死去が公表されたのは慶長三年末のことであった。秀吉没後の政局を示すものとして、家康が秀吉の遺命を破り、諸大名と勝手に姻戚関係を結んだことがよく取り上げられる。実際、家康に詰《きつ》問《もん》の使者が派遣されており、政治問題化しているのだが、実はこの婚儀が進められたのは秀吉死去が発表される前であった。秀吉が「勝手な婚姻」を結ぶことを許すわけはないから、秀吉の死去を知らない人間にとって、それは秀吉の許可を得たものとしか映らない。家康は秀吉「秘喪《ひも》」というタイミングを上手く突いたことが指摘されている。そして、家康が姻戚関係を構築した大名こそ、いわゆる「武断派《ぶだんは》」に属し、朝鮮出兵を通じて石田三成ら「文治派《ぶんちは》」との関係が極度に悪化していた大名であった。家康は、新たな派閥を形成した上で、残りの四大老・五奉行からの詰問を上手く切り抜けることに成功した。

詰問が尻すぼみになった背景には、前田利家の病状がおそらく関係している。利家は秀吉から秀頼の傅役に指名されたものの、彼自身もまた体調を崩していた。そして慶長四年(一五九九)閏三月三日、秀吉の後を追うように死去してしまうのである。新たな大老には、利家嫡男利長《としなが》が迎え入れられた。

利家死去の翌日に勃発したのが、いわゆる「七将襲撃事件」である。加藤清正・福島正則《ふくしままさのり》・黒田長政・浅野幸長《よしなが》・池田輝政《てるまさ》・細川忠興《ただおき》・加藤嘉明《よしあきら》の七名が挙兵し、石田三成を排斥しようと軍勢を動かした。事実上の軍事クーデターである。この時、三成は政敵である家康の屋敷に逃げ込むという奇策に出ることで難を逃れたとされるが、これは事実ではない。笠谷和比古氏が明らかにしたように、三成が逃れたのは伏見城内の治部少輔丸《じぶのしょうゆうまる》(治部少輔は三成の官位)であり、ようするに自身の屋敷に逃げ込んだとするのが正しい。

ただし、この事件の裁定に大老徳川家康が乗り出し、三成に居城佐和山(滋賀県彦根市)蟄居《ちっきょ》を命じたことは事実である。この説明は難しい。豊臣政権の政策基調は「私戦禁止」であり、罰せられるべきは襲撃をしかけた「七将」でなくてはならない。しかし、処罰されたのは三成だけであった。これにより、三成は政界からの引退に追い込まれる。

政権奪取の布石を打つ家康

最終的に豊臣政権が崩壊し、江戸幕府が成立するという歴史を知っている我々からすれば、家康が豊臣家滅亡に向けての布石を着々と打っていた、という歴史把握にはかえって慎重にならなくてはならない。結果からさかのぼって、説明をすることほど楽な話はないし、そこには多くの危険が伴うからである。ただ、この時点の家康は、政権奪取に向けて動き出したと捉えてもよさそうである。

先述したように、豊臣政権においては、秀吉の命令を奉行人たちが「取次」として諸大名に伝達するというシステムが機能していた。徳川家康は、この「取次」を味方に引き入れ、最終的に自分の家臣と入れ替えてしまうことで権力を奪取したことが指摘されている。その意味で、石田三成を失脚させた意義は大きい。なぜならば、三成はおそらくもっとも多くの大名の「取次」をつとめていた奉行人だからである。これにより、今まで三成の指導を仰いでいた諸大名は、豊臣政権に対する新たなパイプ役を求めて奔走する必要が出てくる。秀頼がまだ幼い以上、「取次」を家康とその息のかかった者が押さえてしまえば、期せずして政権奪取はなるのである。

そうした家康が重用した奉行人の一人が、真田信繁の岳父《がくふ》である大谷吉継《おおたによしつぐ》であった。大谷吉継については四章で詳述するため、ここでは関ヶ原関係の政局に関わる話に限定するが、家康が眼をつけたことには理由がある。それは吉継が病気により、慶長の役には関わることができず、この頃ようやく政権に復帰できた人物だということである。吉継は行政手腕に長けた「文治派」だが、慶長の役で疲弊した「武断派」の憎しみを買ってはいなかった。中立な奉行人という立場にいたのである。また吉継自身も、家康を中心とした体制を固めることが、豊臣政権の安定につながると考えていたらしい。したがって吉継は、豊臣政権の中で家康に近い政治家という立場を確立していった。

慶長四年（一五九九）八月、前田利長が父利家の遺言を破って領国加賀に下向した。五大老は在京・在坂を定められていたから、これは秀吉の命令そのものも破る行為である。増田長盛はただちに前田利長、さらには浅野長政にも謀叛の疑いがあると家康に報告をしており、詰問を受けた前田利長は、生母芳春院殿《ほうしゆんいんでん》（於まつ）を江戸に人質として差し出した。大老であるに過ぎない家康の本拠に人質を出すことも、理屈にあわない行為である。あわせて、浅野長政も家督を嫡男幸長に譲って、隠居することを強いられた。秀吉の死去から一年、五大老・五奉行制は早くも形骸化したのである。

同年九月、家康は秀吉正室北政所《きたのまんどころ》（於禰）の譲りを受け、ついに大坂城西の丸に入城した。ここに秀吉の遺言は完全に破られることとなったといってよい。

さて、前田利長同様、上杉景勝も八月に新領国会津へと下向していた。越後から国替えを命じられた景勝は、治政に専念する予定であったと思われる。ところが、翌慶長五年に入ると、家康から顧問僧西笑承兌《さいしょうじょうたい》を通じて上洛命令が送られてきた。これに対し、家老直江兼続《なおえかねつぐ》は家康側の要求と詰問を一蹴する書状を返した。いわゆる「直江状《なおえじょう》」である。

直江状については、偽作説が主流であったが、筆致や紙質から近世初期とみられる写しが存在しており、もととなる原本が存在したことは間違いない。美文調に過ぎるといわれることも多いが、筆者の感覚では当時の文章とみてさほど違和感を覚えない。転写の過程で加筆があった可能性はあるが、大筋で信頼してよいのではないか。

ここで注意したいのは、西笑承兌が家康が重用している奉行として、増田長盛と大谷吉継の名をあげている点である。大谷吉継は、前年末に起きた大老宇喜多家の御家騒動への対応で家康に不信感を抱いたとされるが、親密な関係は未だに維持されていたのである。

直江状の文面をみた家康は、激怒した。というよりも、激怒した風を装ったといったほうが正しかろう。家康の目的は、大老の名のもとに豊臣軍を動かすことにあり、実をいえば前田利長が相手でもよかった。芳春院殿の決断により、前田家がすぐに恭順してしまったため、拳を振り下ろす相手を変えただけのことである。

慶長五年六月、徳川家康は豊臣政権大老として諸大名に軍事動員をかけ、会津の上杉景勝を討伐すべく東に向かうこととなった。真田昌幸・信幸にも、出陣の命が下った。

第二次上田合戦

関ヶ原の戦いに向けての政治動向を正確に再現することは難しい。江戸幕府成立という未来図からさかのぼれば、家康は石田三成の挙兵を誘うためにわざと隙を作ったと考えがちである。しかし、三成は近江佐和山の大名に抜擢されていたとはいえ、石高は一九万四〇〇〇石と決して多くはない。その上、蟄居の身であるのだから、家康に立ち向かえるはずもない。何しろ家康が動かしたのは豊臣正規軍なのである。家康にとっては、正規軍の指揮を執るだけで、十分な政治的意味がある。それは豊臣秀頼の軍権代行者であると諸大名に知らしめることになるからである。

したがって家康にとって、以後の経緯は想定外と考えたほうがよいのではないか。まず、石田三成は家康が重用した大谷吉継の説得に成功した。そして毛利氏の外交僧安国寺《あんこくじ》恵瓊《えけい》を巻き込み、大老毛利輝元を大坂に入城させたのである。これにより、秀頼という「玉《ぎょく》」は三成の手中に落ちた。慶長五年七月一七日のことである。同日、大老毛利輝元・宇喜多秀家と、奉行前田玄以・増田長盛・長束正家の手により、「内府《だいふ》（内大臣家康）ちか（違）

いの条々」と呼ばれる弾劾文が作成された。この結果、豊臣政権正規軍指揮官の地位は、徳川家康から毛利輝元に移ることとなったのである。

しかしさかのぼって一二日、増田長盛は大谷吉継が病気により行軍をストップさせていること、そして石田三成出陣の噂を徳川家臣永井直勝《ながいなおかつ》に伝えている。したがって家康は早い段階で三成・吉継の動きは察知していた。増田長盛は、西笑承兌によると人脈的に家康に近かったようだから、三成を中心として急速に事態が進展する上方《かみがた》の政情に流されつつも、家康に内通することで保険をかけたのだろう。これにより、家康は三成・吉継の謀叛を諸大名に伝達した。問題は、大老毛利輝元の存在を軽視していたことだろう。

このように経過を整理すると、関ヶ原の戦いとはつまるところ豊臣正規軍同士の衝突であることがはっきりしてくる。よって、いわゆる東軍につこうが、西軍につこうが、どちらにも正当性が存在したといえるだろう。

さて、真田昌幸は大老徳川家康による上杉景勝討伐に従うべく、会津に向かって陣を発した。そこに七月一七日付で、家康の違約を非難する石田三成を除く三奉行の連署状が届けられた。大坂での挙兵と大老毛利輝元・奉行石田方（いわゆる西軍）参加を求められたのである。返事は二一日付で、それを石田三成が受け取ったのが二七日というから、即決で返書をしたためたことがわかる。

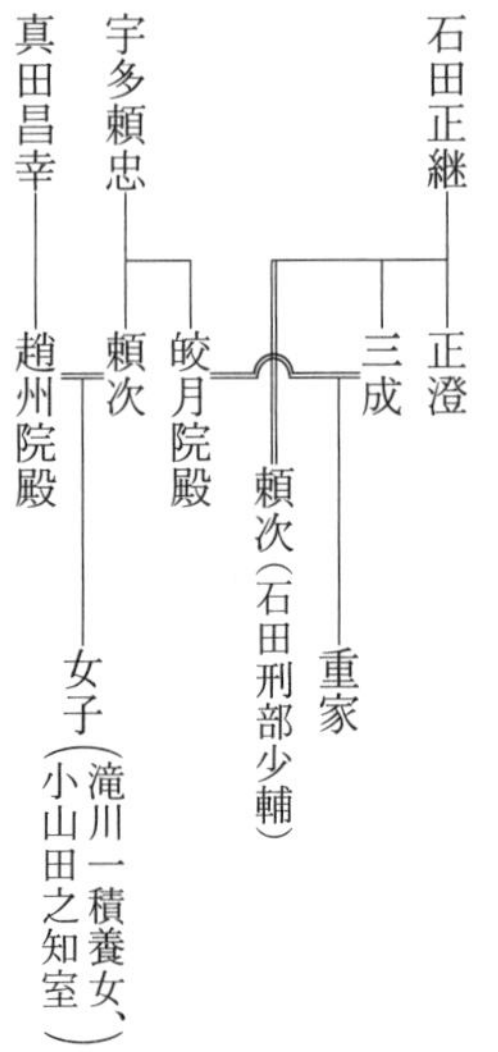

図3-21　真田昌幸・石田三成関係略系図

その返書の中で昌幸は、事前に相談がなかったことを三成になじったようだから、日頃の関係がいかに深いものであったかよくわかる。昌幸の娘趙州院殿《ちょうしゅういんでん》が嫁いだ宇多頼次は、石田三成の父正継《まさつぐ》の猶子《ゆうし》となっている。つまり、石田三成は昌幸の「取次」であっただけではなく、縁戚でもあったのである。

昌幸の返書を受けて三成は、諸大名の去就が判断できない段階では漏らすわけにはいかなかった、貴方については心配はないと思ったが、挙兵がうまくいかないのでは貴方だけに打ち明けても意味がないと考えた、しかし、今は後悔していると懸命に弁明している。三成にとって、昌幸は会津の上杉景勝への連絡を果たす上でも重要な存在であった。三成が提示した条件は、小諸・深志《ふかし》（松本市）・川中島・諏訪の宛行《あてがい》だから、信濃の北半分を与えるというものに近い。その後、三成は毛利輝元らと協議し、甲斐・信濃二国と条件をつりあげた。

昌幸の西軍加担の理由はいろいろ推測できるが、自身と三成・上杉景勝、次男信繁と大谷吉継の人間関係が大きく影響したことは想像に難くない。また、領国を拡大したいという夢もあっただろう。昌幸は七月二四日までに帰陣している。一方、嫡男信幸は家康に味方することになり、真田親子の去就は分かれた。下野犬伏《いぬぶし》（佐野市）で父子の密談が行われたとされ、一般に「犬伏の別れ」といわれる。この点は真田家関係の軍記類よりも、他大名の家譜類をみたほうが客観的だろう。『森家先代実録《もりけせんだいじつろく》』は「犬伏之町」より引き返したと記し、『改撰仙石家譜《かいせんせんごくかふ》』は上野板鼻《いたはな》（安中市）を経て佐野川に到着したところで密かに引き返したとする。佐野川が佐野を指すのであれば、犬伏とみてもよいだろう。なお七月晦日、大谷吉継は昌幸に書状を送り、真田氏の妻子を保護したことを伝えている。

八月二四日、家康は嫡男秀忠《ひでただ》に大軍を委ね、東山道を進ませた。信濃で唯一、石田方についた真田昌幸討伐のためである。

九月三日、小県に押し寄せた秀忠勢に対し、昌幸が嫡男信幸を通して降伏を申し出たため、秀忠はこれを受け入れた。昌幸は五日になって、ようやく砥石《といし》城を明け渡した。秀忠は砥石に土地勘のある信幸を入れ、安心して西上しようと準備を始めた。ところがその直後、昌幸は前言を翻して上田に籠城したのである。降伏申し出は、防備を固めるための時間稼ぎであったといわれるが、時間的に見て上田籠城の準備が整っていなかったとは思えない。秀忠を挑発し、敢えて上田城を攻めさせるための策ではないか。怒った秀忠は攻撃をかけるが、攻略に失敗した。そもそも城攻めには時間がかかるのが通例だから、すぐに結果が出なかったのは当然といえるだろう。しかし、そこに家康から急ぎ上洛するようにとの命令が届き、秀忠は八日、上田城攻略を断念した。大久保忠教《ただたか》は『三河物語』で、戦慣れしていない本多正信《ほんだまさのぶ》が若い秀忠の信任を勝ち取り、合戦を主導したのが上田城攻略に失敗した原因と罵倒している。

秀忠方の事情があったにせよ、またしても昌幸は徳川勢を退けた。これが第二次上田合戦である。この戦闘もあって、秀忠は関ヶ原に遅参してしまい、家康の怒りを買ったとされる。だが、秀忠は当初の予定通り、上田攻めを実行したに過ぎないから、これは家康自身が戦況を見誤った結果であろう。

しかし、関ヶ原で石田方が敗北したため、昌幸の夢は潰えた。近年、関ヶ原の戦いの研究は急速に進んだ。白峰旬氏によると、西軍の小早川秀秋の裏切りが勝敗を決定づけたのは事実とはいえ、秀秋は逡巡せずにすぐさま裏切りを断行したのだという。通説では秀秋は東軍から鉄砲を打ちかけられて動揺し、ようやく寝返ったとされているが、この鉄砲の話は、近世の軍記類によって生み出されたものだという。実際の秀秋は、開戦直後に寝返って大谷吉継隊を切り崩し、西軍はただちに総崩れになったとされる。これから検証を加えていく必要がある議論だが、簡単に触れておく。

関ヶ原の敗戦を受け、昌幸・信繁父子は上田城を徳川方に引き渡した。上田城には、約束通り信幸が入城した。

高野山配流と死去

降伏した昌幸・信繁父子は、信幸およびその岳父本多忠勝の取成《とりなし》で一命を取り留め、高野山配流で済んだとされる。ただし、関ヶ原の戦いで処刑されたのは石田三成・小西行長・安国寺恵瓊といういわば首謀者に限られている。秀忠を足止めしただけの昌幸を処刑することが既定路線であったとは考えにくい。ようするに、そこまでの大物か、ということである。

昌幸・信繁父子はわずか一六名の家臣を連れ、一二月一三日に高野山にのぼった。山内では、真田家の菩提所である蓮華定院《れんげじょういん》に入った。もっとも、供奉衆の筆頭は家老の池田綱《つな》重《しげ》であり、近臣だけを連れてきたわけではない。またこの供奉衆は、その後も全員が昌幸父子に従い続けたわけではない。飯島市之丞《いいじまいちのじょう》は慶長六年（一六〇一）八月には上田に帰還し、信之（信幸から改名）に仕えている。なお「真田家文書」に伝わる一六名の人数書上は、まだ甚次郎《じんじろう》を称していた池田綱重を長門守《ながとのかみ》と書いている。後になって作られた覚書である点は、注意を要する。

その後、山麓の九度山《くどやま》（和歌山県九度山町）で暮らすことが許された。昌幸の正室山之手殿は上田に残ったが、側室は連れてきたようで、九度山で娘が生まれている。信繁も正室大谷氏（竹林院殿《ちくりんいんでん》）以下の女性を伴っている。高野山は女人禁制だから、連れてきた女性はともに山上に赴くことができない。その点が考慮されたのだろうか。いずれにせよ、一般にイメージされているよりも、真田父子の扱いは悪いものではない。

昌幸はここで花押を武田時代のものに戻している。信玄の花押を模倣した花押を用いることで、往時を偲んでいたのかもしれない。

その間にも政治は動いており、慶長八年二月に徳川家康が征夷大将軍《せいいたいしょうぐん》に任官し、江戸幕府を開く。家康は慶長一〇年には早くも将軍職を秀忠に譲り、天下人の地位が徳川家に移ったことを明示した。これにより、豊臣秀頼の処遇がどうなるかが諸大名の関心事となっていく。九度山は、その中で時代に取り残されているような状況にあった。

とはいえ、昌幸はおとなしく蟄居するようなタマではない。慶長八年三月には早くも本多正信を通じて赦免運動を展開し、その期待を兄の菩提寺信綱寺の住持に伝えている。しかし、昌幸の期待通りには進まなかった。本多正信からは音沙汰がなかったのである。

九度山での生活は厳しいものであった。国許から支援があるとはいえ、あちこちに借金をしていたのである。昌幸はその返済のため、三男蔵人昌親《くろうどまさちか》に四〇両の融通を依頼した。四〇両となるとさすがに大金である。昌親は取り急ぎ二〇両を工面し、真田家家老原昌貞《まささだ》を通じて昌幸に送ったが、昌幸はその返書で残りの二〇両を催促している。そして残り二〇両を融通してもらったとしても、九度山でした借金の返済には足らないとして、急いで今年の合力金を送るよう求めている。この書状の日付けは年が改まったばかりの正月五日であり、いかに借金返済に焦っていたかがうかがえる。その際、池田綱重と談合して送ってほしいと述べているから、綱重は一時的に帰国していたらしい。この時、通称が甚次郎から長門守に変化しているから、帰国時に信之から長門守の官途を与えられたのだろう。

慶長一二年（一六〇七）九月二一日、昌幸は蓮華定院に自身と正室山之手殿の逆修《ぎゃくしゅ》（生前）供養を依頼した。この時、一翁干雪居士《いちおうかんせつこじ》という戒名が付されている。山之手殿は、宝《ほう》月妙鑑信女《げつみょうかんしんにょ》である。あるいは、この頃には体調を崩していたのかもしれない。信之に出した書状には「去年の病気のように、今年も煩い、迷惑をご想像ください。一〇年あまりにもなりますから、一度直接お会いしたいと思いますが、今の様子では望めそうにありません」などと書き記している。また最晩年の書状は信繁が代筆し、「この一両年はもう年も取りましたから、気根《きこん》が草臥《くたび》れました」と述べさせている。

慶長一六年（一六一一）六月四日、「信玄の両眼」「表裏比興者」と謳われた真田昌幸は配流先の九度山で没した。享年六五。法名は、長国寺殿一翁千雪居士である。九度山真田庵および菩提寺長谷寺《ちょうこくじ》（上田市真田町）に墓が残る。

昌幸の期待とは裏腹に、本多正信は昌幸を「公儀《こうぎ》憚《はばか》りの仁」と認識していた。昌幸を赦免するような空気は、幕府にはなかったのである。そのため、葬儀を行ってもよいか幕府に伺いをたてるよう、信之にアドバイスをしている。

四章　真田信繁

戦国史上最高の伝説となった「日本一の兵」

実名と生没年

真田信繁は幼名を弁丸、元服して源次郎《げんじろう》信繁、従五位下《じゅごいのげ》左衛門佐《さえもんのすけ》に任官し、九度山において入道号好白《こうはく》を称した。

実名は、信繁が正しく、一般に知られた「幸村」は江戸時代の創作である。最晩年まで、信繁を称しており、幸村を用いた形跡は今のところ確認できない。寛文一二年（一六七二）成立の軍記物『難波戦記《なにわせんき》』が、現在初出と考えられている。没後約半世紀を経てのことであった。この誤解は大きく、近世真田家も実名を幸村と勘違いしてしまい、初名信繁、後に改名して幸村と系図類に記している。また、「信仍」「信為」と書かれることもあるが、信繁の「繁」の下半分が花押と重なってしまい、上の「敏」だけを誤読したものである。

真田方の軍記物『真武《しんぶ》内伝《ないでん》附録』に、四五日中に大坂は落城するでしょうと高野山蓮華定院に書き送った「左衛門尉（ママ）幸村」書状が収録されているが、花押型は信繁が冬の陣から討死前日まで用いたものと異なる。したがって、偽文書と判定せざるを得ない。信繁の名前が幸村と誤伝されてから偽作されたものだろう。実際、討死前日にも「信繁」と署判している。

次に、「源次郎」という仮名も話題にされることが多い。というのも、兄の信幸は「源《げん》三郎《ざぶろう》」で、兄弟逆になっているようにみえるからである。これを逆手に取り、設定に活かしたのが池波正太郎で、『真田太平記』での信繁は、実は側室の生まれで、信幸よりも年長としている。

信幸が「源三郎」を称した理由について、『大鋒院殿御《だいほういんでんご》事《じ》跡稿《せきこう》』は「源太というのは真田家では不吉であるため」としている。つまり、昌幸の兄源太左衛門尉信綱が長篠で討死したために、「源太郎」を避けたという。

図4-1　真田信繁像（原昌彦氏蔵）

ではなぜ信幸を「源次郎」にしなかったかというと、これは昌幸の弟加津野昌春（真田信尹《のぶただ》）の仮名と同じである。したがって、嫡男には相応しくはなく、これが次男信繁に付されたのである。そもそも昌幸の兄弟が、長男源太郎信綱、三男源五郎昌幸、四男源次郎昌春（信尹）である点に注意したい。戦国時代にはもう長幼の順と太郎・次郎は無関係になっていたのである。ただし、嫡男が名乗るべき仮名というのは家ごとに決まっている。真田家の場合、昌幸の先代信綱が「源太郎」を称したので、信幸がそれを踏襲するかどうかが問題となり、不吉として避けたと特記されたのである。

信繁の場合は、生年も問題となる。真田家臣河原綱徳が幕末に編纂した『真田家御事跡稿』のうち『左衛門佐君伝記稿《さえもんのすけくんでんきこう》』によると、大坂の陣で討死した時、四九歳であったという。逆算すると、永禄一〇年（一五六七）生まれとなり、これが通説となっている。ところが同書は、真田家の菩提寺長国寺の過去帳には享年四六とあったとも記し、これに従うと元亀元年（一五七〇）生まれとなる。

どちらが正しいか、決め手を欠く。ヒントは元服年齢で、天正一三年（一五八五）六月の発給文書の署判は幼名「弁」となっている。したがって元服は、天正一三年以後となる。永禄一〇年生まれ説だとこの時一九歳。いくら何でも遅すぎる。一方、元亀元年説だと一六歳となり、ぎりぎり許容範囲であろう。また、『長国寺過去帳』のほうが、当然ながら『左衛門佐君伝記稿』よりも成立がはるかに早い（現物は確認されていない）。

以上から、本書では元亀元年生まれ説を採用したい。ただし、もう少し生年が早い可能性がある。

兄信之の回想によると、物事柔和にして険しい態度をとらず、無口で怒ることは少なかったという。出典が『真武内伝追加』『幸村君伝記』という史料的価値の低いものによるため確証はないが、残された書状からはその性格の一端をうかがい知ることができる。また、大坂の陣で信繁を実際にみた長沢九郎兵衛《ながさわくろうひょうえ》は、「小兵《こひょう》なる人にて候」と述べているから（『長沢聞書《ながさわききがき》』）、背は高くなかったようである。

木曽での人質生活

天正一〇年（一五八二）六月の本能寺の変後、厩橋《まやばし》（前橋市）に在城して「関東御警固」「関東御取次」の任にあった滝川一益は北条氏直に敗れ、本領伊勢に敗走した。その際、佐久・小県郡の国衆から人質を徴収した。しかし滝川一益は、木曾義昌から領国通過の条件として人質引き渡しを要求され、集められた人質は木曾に抑留されてしまう。

従来、この時真田昌幸が差し出した人質は、生母河原氏であるとされてきた。しかし実は、弁丸（信繁）も人質として出されていたのである。

『木曽考《きそこう》』という、木曾義昌家臣の子孫が編纂した史料には、「信州上田城主真田安房守弁之助〈後ニ左衛門ト云〉、木曾ニ質トシテアリ」とある。つまり真田安房守昌幸の子息で「弁之助」、後に「左衛門」となった人物が木曾義昌のところに抑留されていたという。幼名弁、官途名左衛門。真田信繁（弁丸、左衛門佐）に他ならない。

さらに「弁」は、木曾から祖母の甥である河原綱家に宛てて、仮名書きの消息を出している。これまで見過ごされていた消息だが、『木曽考』の記述を裏づけるものである。内容はたいしたものではないが、現代語訳すると次のようになる。

お手紙を頂戴しました。何よりも何よりも嬉しく思うばかりです。さてそちらのことは、落ち着いているとのことで、何よりも何よりも嬉しく思っています。さて私についても、近いうちに近いうちに帰ることになるでしょうから、ご安心下さい。

追伸。返す返すもお手紙忝《かたじけな》く存じます。何事も何事も、帰った後で（お話ししましょう）。かしく。

木曽より

左衛門丞との　　弁

原文はほぼすべてひらがな書きである。ひらがなの消息は差出または受取人が子供か女性の場合に用いられる。元亀元年生まれとすると、信繁はこの時一三歳。数え年なので、満年齢では一一、二歳となる。書状の内容は非常に単純なもので、まだあどけない子供が懸命に書いた書状のように映るのは筆者だけだろうか。ひょっとしたら、信繁の生年は元亀元年よりも遅いのかもしれない。

信繁が人質から解放された時期は確定が難しい。ただ、家康が木曾義昌に人質解放を命じた天正一〇年（一五八二）九月か、祖母河原氏が木曾から家康のもとに人質替えとなった翌一一年二月のどちらかと考えられる。後者であれば、家康から人質は二人も不要とみなされ、解放されたのだろう。

越後での人質生活

天正一三年（一五八五）六月、真田昌幸は徳川家康から離叛し、上杉景勝に従属した。八月、「御幼若之方」を人質として差し出しており、これが信繁とされている。信繁はすでに一六歳。「幼若」というには年齢が高いが、まだ元服はしていないことを指したのだろうか。やはり、信繁の歳はもう少し下なのかもしれない。信繁では年長にすぎるため、この「御幼若之方」は矢沢頼幸の子息とする説もあるが、信繁は通説よりも若い可能性がある。なお、矢沢頼幸の子息は現在確認されておらず、没後の家督は弟が嗣いでいる。

正式な人質であるため、供奉役として矢沢頼幸が付せられた。六月に頼幸が同心として昌幸直臣を預けられ、部隊指揮官に任じられたのは、このためだろう。頼幸は元服前の信繁に代わり、上杉氏の越後における内乱（「新発田《しばた》重家《しげいえ》の乱」）平定戦で活躍している。

上杉景勝は信繁に対し、信濃埴科郡の屋代家旧領三〇〇〇貫文のうち一〇〇〇貫文を与えたという（『真武内伝』）。江戸時代初期に真田信之は、小県郡における一貫文は三石に相当すると換算しているから、それに従えば、三〇〇〇石の領主ということになる。

実際、この年六月二八日に「弁」という人物が屋代旧臣の諏方久三に知行地を安堵している。したがって、信繁（弁丸）が屋代家旧領から一〇〇〇貫文を与えられたという『真武内伝』の記述は事実なのであろう。なお、三〇〇〇貫文というのは国衆領の規模としては適正なものだから、これが屋代家旧領のすべてとみてよい。その三分の一である。

信繁はただの人質ではない。一〇〇〇貫文の領主として出発をすることになったといえる。本文書が信繁が幼名「弁」でみえる終見となり、まもなく元服したのだろう。

豊臣政権と岳父大谷吉継

信繁は父昌幸が豊臣政権に従属した後、今度は秀吉のもとに人質として出されたとされる。ただ、天正一七年（一五八九）に諸大名の妻室が在京を命じられ（『多聞院日記』）、慶長五年（一六〇〇）には生母山之手殿が大坂城下の真田屋敷に入っていることが確認できる。よって、信繁が人質として処遇されたかには疑問が残る。

実は、文禄の役において信繁は、昌幸・信幸と同じく肥前名護屋に参陣している。その時の身分は、「馬廻《うままわり》」と記される（『大鋒院殿御事蹟稿』）。つまり、信繁は人質ではなく、秀吉の直参衆（直属の家臣）だったのである。

文禄三年（一五九四）一一月二日、兄信幸と同時に従五位下左衛門佐に叙任された。豊臣大名真田昌幸の次男として、着実に地歩を固めている様子がうかがえる。

年次はわからないが、正室として豊臣政権の奉行人大谷吉継の娘を妻に迎えた（『当代記』『左衛門佐君伝記稿』）。大谷吉継の出自は豊後説・近江説など諸説あったが、近年の研究により、青蓮院《しょうれんいん》門跡《もんぜき》坊官《ぼうかん》泰珍《たいちん》の子息で、母は豊臣秀吉正室北政所（於禰）に仕えた女房「東殿」であったことが明らかとなった。吉継の「吉」も秀吉からの偏諱であろう。つまり大谷吉継は、加藤清正や福島正則にも劣らないほど秀吉に近い家臣であったのである。天正一七年一二月という早い段階で、越前敦賀《つるが》五万石を与えられたのは、その象徴であるといえるだろう。このような重要人物の娘を、信繁は正室に迎えたのである。もちろんこれは秀吉の許可を踏まえたものだろうから、信繁が秀吉から眼をかけられていた様子がうかがえる。

大谷吉継といえば、病に冒されながら関ヶ原で奮戦した武人として著名である。しかしその本領は行政手腕にあり、経歴をみても武功は少ない。北条氏を滅ぼした後に出羽で検地と刀狩りを実施し、秀吉の最初の朝鮮出兵である文禄の役では、石田三成・増田長盛とともに朝鮮にわたって補給と占領地行政を委ねられた。

しかし吉継は、文禄の役以後、史料から姿を消す。これは以前から冒されていた病気の悪化によるものらしい。吉継は実名に替えて「白頭」と署判を据えた文書を発給しており、一般的に考えれば若白髪であることを号に用いたと捉えられる。ただし吉継の場合は、「悪瘡《あくそう》」（皮膚病）に冒されていたことが史料から明らかとなっている。本願寺の『宇野主水日記《うのもんど》』によると、天正一四年に「千人斬り」という辻斬り騒動が起きていた。噂では、犯人は吉継であり、一〇〇〇人の血を舐めれば病気が治ると信じて行った殺戮行為であったという。ことの真偽は別にして、吉継の病が広く世間に知れ渡っていた様子がわかる。

ここで「悪瘡」とあるため、吉継の病はハンセン病（中世では癩《らい》病と呼ばれた）とされることが多いが、実は確定できない。吉継のイメージは白い頭巾をかぶった部将というもので、先述の「白頭」と結びつけて考えることも不可能ではないが、近世に成立した《関ヶ原合戦図屏風》では、吉継は白頭巾姿では描かれていない。これは幕末に落合芳幾《おちあいよしいく》が描いた浮世絵でも同様である。一度「白頭」と病気とを離して考える必要がある。

というのも、中世において癩病は、前世の悪行が祟《たた》った業病《ごうびょう》と考えられており、厳しく差別されていた。諸大名が作成した起請文に、「もしこの誓約を破れば、神罰を受け、癩病に冒されることになる」といった文言が散見されるのはその一例である。それは戦後日本においてすら、平成八年（一九九六）になってようやくハンセン病患者の隔離政策を定めた「らい予防法」が廃止されたことからも、容易に想像がつくことであろう。しかし吉継の活動からは、同僚から差別されていた様子はうかがえない。

もし吉継が病に伏さなければ、五奉行に連なる地位にあった可能性は極めて高い。真田家は昌幸の娘が宇多頼忠・頼次父子を介して石田三成と姻戚関係にあっただけでなく、信繁も豊臣政権の重臣と姻戚関係を構築していたといえる。

なお、信繁は上田時代に真田家臣堀田作兵衛興重《ほったさくびょうえおきしげ》の妹と、高梨内記《たかなしないき》の娘の間に娘をもうけているが、彼女たちはあくまで側室という扱いであったのだろう。堀田作兵衛の妹との間に長女すへと次女於市、高梨内記の娘との間に三女阿梅と四女あぐりが生まれている。

高梨内記の娘を側室に迎えたことには、少し説明が必要だろう。河原綱徳が編纂した真田家臣の伝記『本藩名士小伝』（飯島文庫）によると、内記の嫡子采女《うねめ》は信繁の「姆《うば》」であったという。男性が乳母をつとめるわけはないことと世代の観点から、これは采女と信繁が乳兄弟の関係にあったことを示すのではないか。そうすると、内記は信繁の傅役《もりやく》であった可能性が高い。こうした縁で、内記の娘と結ばれたのであろう。

馬廻信繁の知行地とその支配

文禄年間（一五九二〜九六）の正月八日、真田家が伏見城普請を命じられた際に、信繁も昌幸・信幸とともに普請役を賦課された。このことは、豊臣政権が信繁を「普請役」をつとめることができる存在と認識していたことを意味する。そのためには信繁が豊臣政権から与えられた所領を領有していなければならない。馬廻なのだから当然であろう。

伏見城の普請役は、一〇〇石につき二人というのが本役であったことが諸史料から明らかにされている。つまり五〇石につき一人である。この時、真田父子三人は一六八〇人を賦課されている。なお、信幸を「半役」「五分の一役」とする命令書も残されているが、普請の開始日が異なるから、違う年のものだろう。一六八〇人は、真田家がつとめた本役とみてよい。

実は豊臣大名の石高を網羅的に記した確実な史料は存在しない。真田家については『恩《おん》栄録《えいろく》』から昌幸の上田領三万八〇〇〇石、信幸の沼田領二万七〇〇〇石とされている。ここから、無役《むやく》分つまり控除分を差し引いた石高が役賦課高となる。ただし、真田家には無役分が設定されたという記録がないから、仮にすべて役賦課高としてみよう。

すると昌幸は三万八〇〇〇石だから七六〇人、信幸は二万七〇〇〇石だから五四〇人となり、あわせて一三〇〇人となる。なお、信幸は半役を賦課された際に二七〇人、五分の一役を賦課された際に一一〇人の動員を命じられているから、ほぼ数字はあっている。『恩栄録』に記された石高は信用してよいだろう。

となると、残りの三八〇人はどこからきたのかが問題となる。当然、宛所《あてどころ》に記された残りの一人である信繁ということになる。そもそも、普請役を賦課しないのであれば、信繁の名前を記す必要はない。

そこで信繁の石高を計算すると、一万九〇〇〇石になる。信繁は、馬廻として一万九〇〇〇石を知行していたのである。

旧領の屋代領は、豊臣期に上杉氏に返されていることが、最新の研究で明らかにされた。ということは、当然信繁は知行一〇〇〇貫文の替地をどこかで与えられているはずである。そうしなければ、家臣を養い続けることはできない。信繁は天正一八年に、安中平三に「名字」（安中姓の許しまたは偏諱）を与えている。信繁には、確実に家臣が存在していたのである。部屋住みの次男坊では決してない。

そう考えると、場所は上田領内ではなかろうか。豊臣政権期に三万八〇〇〇石であった上田領は、関ヶ原の戦い後、真田家が元和八年（一六二二）に松代に転封された際、六万五〇〇〇石と評価されている。この間、上田領を引き継いだ信之が知行改めを行っているから、多少の増し分は出ただろうが、二万七〇〇〇石の増加というのは少し多すぎるように思う（沼田領は、二万七〇〇〇石から三万石に増えただけである）。しかし、この六万五〇〇〇石に信繁領一万九〇〇〇石が含まれていたとすればどうか。つまり昌幸の三万八〇〇

○石というのは、上田領（信濃小県郡）すべての石高ではなく、別に信繁領が存在していたと捉えるのである。

そこで、信繁の出した書状をみると、前山（上田市）で採れた漆を別の真田家臣に送っているものがある。やはり上田に所領があったようだ。一万九〇〇〇石の大部分は、上田に所在したとみてよさそうである。また、信繁は馬廻として伏見や大坂に詰めていたはずだから、京・大坂周辺に在府料を与えられていた可能性が高い。これも一万九〇〇〇石に含まれるだろう。

ただし、信繁はその知行地を自身の家臣だけで治めていたわけではないらしい。父昌幸の家老原昌貞《まささだ》に対し、所領を念入りに調査し、無人となっている場所には百姓を入れて荒れ地がないようにしてほしいと求めている。昌貞が無事に手配したと報告したところ、信繁は今後とも問題のないように頼むと重ねて依頼している。

知行地からの収穫物についても、差配しているのは原昌貞である。信繁はもし上田での売値が安いようであれば、急いで売却して自分に納める必要はないと述べている。また上野の信幸領から米俵を運ぶ時には、自分の米俵も一緒に運ぶよう求め、何事もうまく行くよう取りはからってほしいと昌貞に頼んでいる。

原昌貞は、昌幸のもとで勘定方を務めていた形跡があり、それがこのような実務を任された理由であろう。さらに信繁領の勘定日記は、やはり昌幸の家臣である関角左衛門が信繁に送っており、信繁はその内容を伏見で確認している。つまり信繁は、上田における知行地経営を昌幸の家臣に委ねていたのである。

信繁は伏見と大坂に独自の屋敷を有していた。秀吉没後の慶長五年、まさに関ヶ原直前の昌幸書状によれば、豊臣政権より大坂で屋敷を拝領している。もっとも、直接拝領したわけではなく、昌幸を通じての拝領であった。それによると昌幸は、信幸・信繁双方の屋敷を与えられ、住み心地のよい屋敷を信幸に、住むには改築の必要な屋敷を信繁に渡したという。一見、父の庇護下に置かれているようにもみえるが、これは信幸も同様である。手続き上、まずは昌幸に一括して与えられたようである。つまり信繁は、豊臣政権から屋敷を下賜される立場にいたのである。

「秀次事件」と信繁

確実な史料で裏づけをとることができないのだが、真田信繁は関白豊臣秀次《ひでつぐ》が秀吉に殺害された後（「秀次事件」）、その娘をかくまって後に側室に迎えたという。三章で述べた豊臣政権の政治史を補足することにもつながるから、「秀次事件」について、簡単にみておきたい。

豊臣秀次は秀吉の甥で、秀吉の跡を受けて関白に任官した。きっかけは、天正一九年（一五九一）八月に秀吉の子鶴松《つるまつ》が三歳で夭折したことにある。この年正月に秀吉異父弟豊臣秀長《ひでなが》が死去しており、一門の少ない秀吉にとって、愛息の死去以上の衝撃であったことは想像に難くない。そこで秀吉は政権を一門で固めるべく、甥の秀次を養子とし、急遽関白に任官させたのである。以後、秀吉は引退した関白の呼称である「太閤」と呼ばれる。なお、太閤といえば一般に秀吉を指すが、これは、関白を辞してその位を自分の子息に譲った人物の尊称で、秀吉独自の呼称ではない。

これにより、関白・摂政《せっしょう》は豊臣家の世襲とするという秀吉の意向が示されたわけである。しかし、関白になったからといって、秀次は権力を手にしたわけではない。実権は、あくまで太閤秀吉のもとに残されたのである。そもそも秀吉の持っていた権力とは、関白職とはまったく関係がない。秀吉の軍事力・政治力によって獲得・維持されたものである。

ところが、秀次の命運は、文禄二年に急変する。この年八月三日、秀吉側室淀殿《よどどの》（茶々《ちゃちゃ》）が第二子お拾《ひろい》、つまり豊臣秀頼を産んだからである。待望の男子出産である。

一方、秀次も四月一日に男子をもうけていたが、六月六日に夭折してしまった。それから四ヶ月後、八月初頭の秀次の様子について、公家衆は病気であると記している。どうも、精神面から体調のバランスを崩した可能性が高い。

九月五日、秀吉は秀次に日本を五分割し、五分の四を秀次に与えるという突拍子もない案を言い出した。もちろん、残る五分の一は秀頼に、ということであろう。秀次は翌日から熱海へ湯治《とうじ》に出かける予定であり、心身ともに疲れ果てた身に聞かされた提案であった。

この間、秀吉は大はしゃぎであったが、さすがに秀次の異常に気がついたらしい。一〇月一日、秀頼と秀次の娘の婚約が定められた。まだ秀次は熱海から帰京していないから、秀吉の独断である。秀吉としても、脳裏に長男鶴松《つるまつ》の早逝がよぎったであろうし、せっかく秀頼が誕生したにもかかわらず、政権が不安定化しては元も子もない。秀頼成人後、穏便に秀次から関白職を譲る形が望ましかったであろう。

しかし、文禄四年（一五九五）七月三日、秀吉と秀次の「不仲」は衆目の知るところになった（『言経卿記《ときつねきょうき》』『大かうさまくんきのうち』）。そして、秀次は八日、聚楽第を追われ、七月一〇日に高野山青巌寺《せいがんじ》（現在の金剛峯寺）に入った。

七月一二日、高野山木食応其《もくじきおうご》上人に対し、山内における秀次の生活を定めた条目が出された。ところが、そのわずか三日後の一五日、秀次は青巌寺で突然切腹し、生涯を閉じるのである。これが「秀次事件」のあらましであり、背景には秀吉の意を奉じる石田三成との対立があったとされる。

それにしても、この流れは明らかにおかしい。秀次切腹が決まっていたならば、生活規定を定める必要はない。これらから矢部健太郎氏は、秀次の切腹は秀吉の命令ではなく、秀次の自発的な意思によるものではないかという見解を提示されている。

矢部氏も指摘するように、秀次旧臣のうち若江《わかえ》八人衆が石田三成に召し抱えられている点も注意したい。主君を切腹に追い込んだ人間に忠誠を尽くすというのは考えにくいだろう。少なくとも、「秀次事件」において石田三成の手は白いのではないか。

しかしながら、人びとはこれを秀吉の命に拠るものと考えた（『兼見卿記《かねみきょうき》』）。噂はわずか一日で京にも届けられている。現職関白の切腹など前代未聞の出来事であるから、当然のことかもしれない。

切腹が秀吉の命令でなかったにせよ、いやなかったからであろうか、秀吉の怒りはすさまじいものがあった。八月二日、秀次の妻子三〇余名は七輛の車に乗せられ、秀次の首を見せた上で処刑されたという。

凄惨な処刑の陰に隠れがちであるが、実はすべての妻子が処刑されたわけではない。まず、秀次の両親は無事であった。これは秀吉の姉夫妻だから、当然ともいえる。次に側室であった池田輝政の妹も、実家へ戻ることを許されている。

そして秀次継室一《いち》の台《だい》（菊亭晴季《きくていはるすえ》娘）の産んだ娘が、真田信繁に嫁いだとされているのである。名は不明で、法名を隆清院《りゅうせいいん》と伝える。慶長九年、九度山で信繁の娘御田《おでん》を産んだという。御田は亀田藩主岩城宣隆《いわきのぶたか》（佐竹義重三男）に嫁ぎ、寛永六年（一六二九）に妙慶寺《みょうけいじ》（秋田県由利本荘市）を建立して信繁を弔ったという。信繁の娘が宣隆に嫁いだことは『岩城家譜《いわきかふ》』で確認がとれるが、その母が秀次娘であったという裏づけは現在とることができない。果たして、秀次の忘れ形見を匿《かくま》うようなことが、信繁に可能であったのかどうか。事実であるとすると、相当な危険を冒したといえる。

九度山での生活

慶長五年（一六〇〇）の第二次上田合戦後、信繁は父昌幸とともに高野山蓮華定院、次いで九度山に配流となった。妻室を伴っており、ここで嫡男大助以下の子女をもうけている。正室竹林院殿（大谷氏）は間違いなく九度山に来ている。側室のうち、高梨内記の娘は内記自身が昌幸に供奉しているから同道したことだろう。堀田作兵衛の妹は、上田に残ったかもしれない。作兵衛は供奉衆には含まれていないし、間に生まれた長女すへは、作兵衛養女の扱いで石合十蔵道定《いしあいじゅうぞうみちさだ》に嫁いでいるからである（ただし、次女於市は連れてきている）。

高野山上は女人禁制だから、下山が許されてから九度山で妻子と合流した可能性が高い。九度山において、信繁は多くの子をもうけた。以下、『左衛門佐君伝記稿』および真田六《ろく》文会《もんかい》（真田氏子孫の会）の調査成果などを踏まえて記す。

まず慶長七年に嫡男大助が誕生している。母は竹林院殿である。次いで慶長九年に五女御田《おでん》が生まれた。生母は豊臣秀次の娘隆清院殿とされる。生年未詳だが、竹林院殿との間にもうけた六女阿菖蒲《おしょうぶ》・七女おかねも九度山で出生したとされる。八女・九女は生母不明だが、やはり九度山時代の出生。次男大八は慶長一七年出生で、母は竹林院殿。つまり二男五女を九度山でもうけているのである。ただし、次女於市（母は堀田作兵衛興重の妹）は九度山で死去している。

九度山の生活では、蓮華定院住職行永《ぎょうえい》と親密な関係となった。その行永の紹介により、秀吉のもとで高野山を中興した木食応其《もくじきおうご》上人と、千手院勢誉《せんじゆいんせいよ》上人とも深い交友を持ち、高野山領内を自由に往来できたという。また紀州藩主浅野氏からも藩領付近での山狩り・川狩りを許された。一定の自由を認められていたといってよい。

しかし、晩年の昌幸の書状を代筆した際には、追伸についつい自身の愚痴を挿入している。「こちらでの山住まいも長くなり、万事不自由であることをお察し下さい。私にいたりましては、なおさら大草臥者《くたびれ》になりました……」とある。「大草臥者」というのが、信繁の実感であった。

その上、昌幸の死と前後して、供奉衆には上田に帰国する者が出るようになり、身辺は

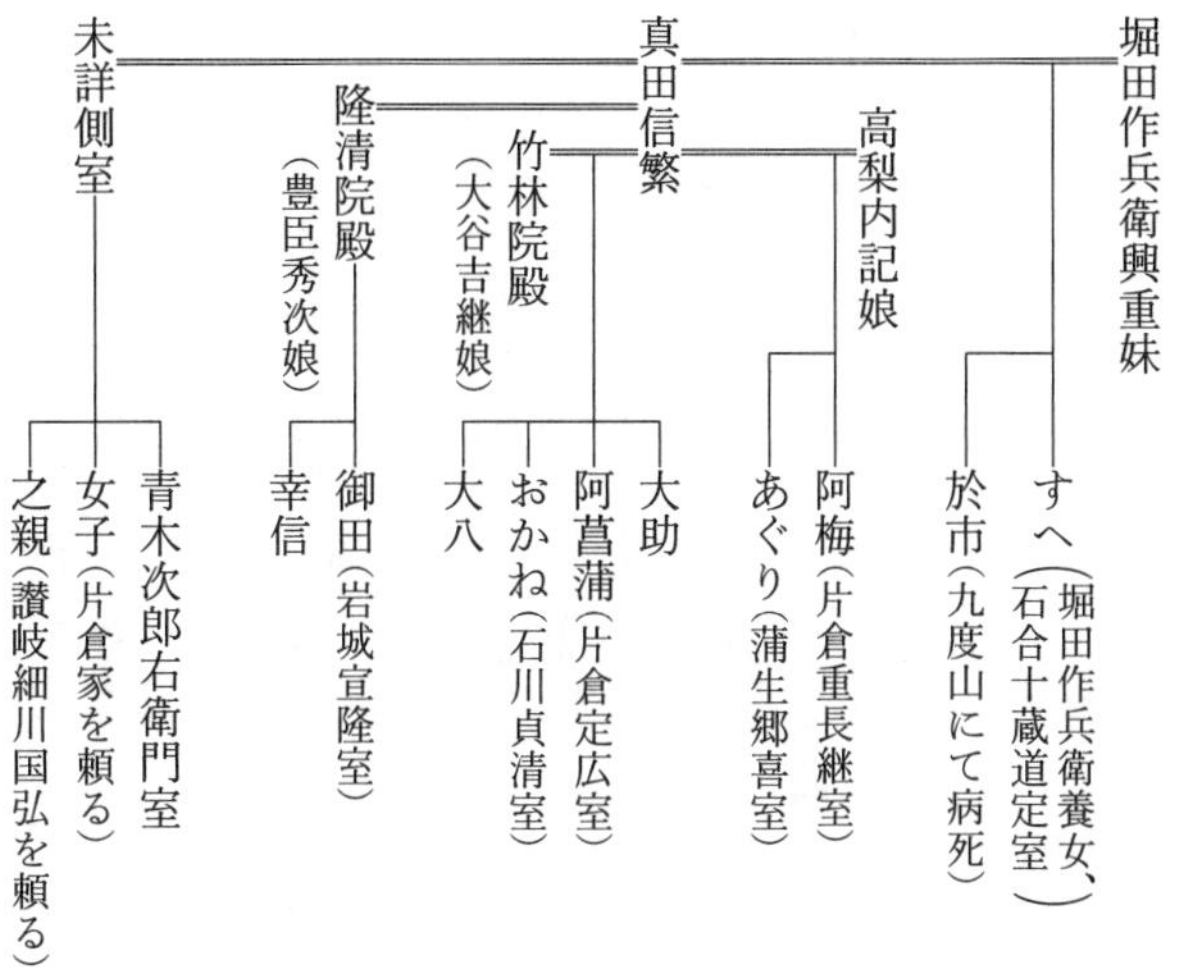

図4-2　真田信繁子女系図
（『左衛門佐君伝記稿』および真田六文会の調査成果等より作成）

にわかに淋しくなった。『高野山蓮花定院書上』によると、久保田角右衛門・青木半左門・鳥羽木工《もく》が帰国したという。供奉衆の筆頭であった池田綱重が帰国したのもこの時だろう。信繁はその状況を、「ひとしおうそさぶ（寒）く」と書き記している。

周囲も信繁の寂寥感を悟ってか、連歌を学ぶように勧めた。信繁は信之の家老木村綱円《つなかど》（土佐守《とさのかみ》）に書状を送り、「老いの学問なので無理だろう」とあまり乗り気でない心境を伝えている。しかしその後、上田に送った書状では、「一度、お目にかかって連歌を興行したい」と述べており、やりはじめると嵌まったらしい。

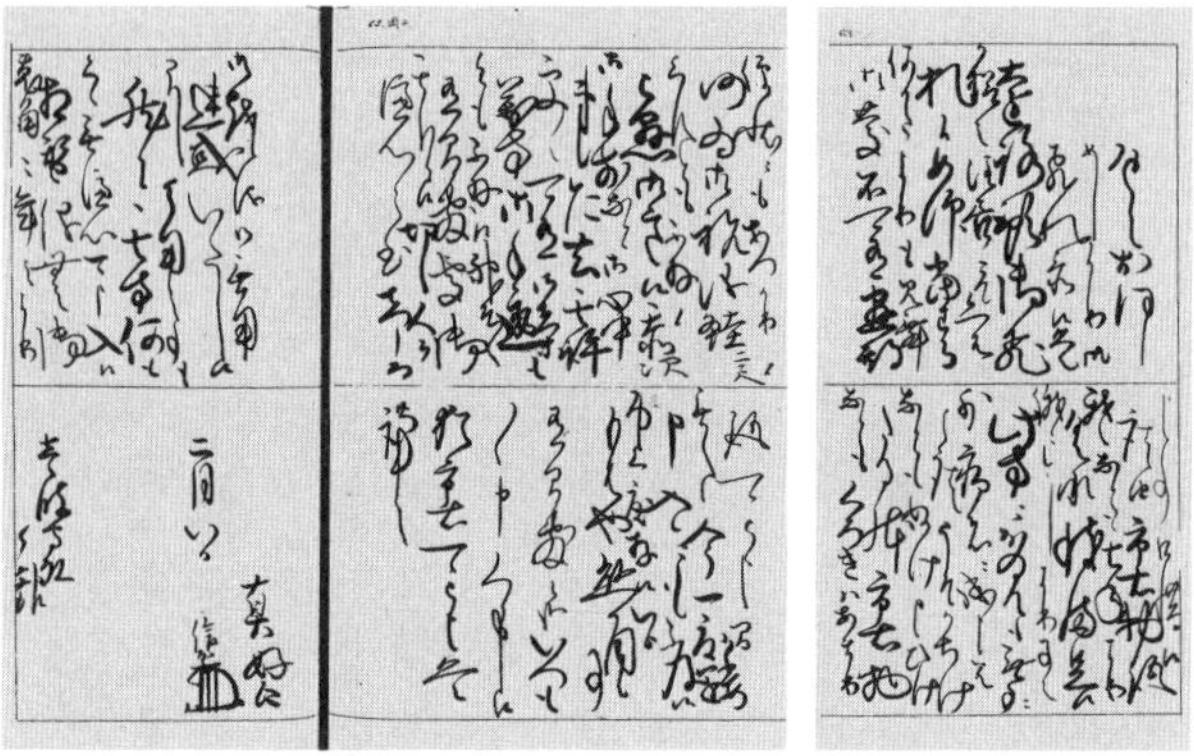

図4-3　2月8日付　真田信繁（好白）書状（「岡本貞烋氏所蔵文書」、東京大学史料編纂所架蔵影写本）
九度山の暮らしに倦んだ信繁は「にわかに病者になり、歯も抜け、鬚なども黒きは少なく候」と衰えたわが身を嘆いた。

焼酎を好んだらしく、上田に壺をふたつ送って、焼酎を詰めて返送してほしいと頼んでいる。もしないようであれば手に入るまで待つ、と述べたばかりか、追伸でも焼酎の件を念押ししており、余程執心していたようだ。

　昌幸の生前同様、生活は切り詰めたものであった。不運にも屋敷が火事に遭い、信之の支援で再建をしている。このように上田との連絡は頻繁であったようで、慶長一一年に叔父金井《かない》高勝《たかかつ》（幸綱五男）が死去した際には、その菩提を蓮華定院で弔っている。また信之が上洛した際には、九度山への見舞いを丁重に謝絶している。信之に疑いがかかることを懸念したのであろう。

　九度山では体調を崩しがちになっていた。

蓮華定院行永が紀伊天野（和歌山県かつらぎ町）に向かった際には同道するつもりが、腹痛を起こして断念している。著名な「去年よりにわかに病者になり、歯も抜け、鬚《ひげ》なども黒きは少なく候」と綴った書状は、大坂入城後のものとされることが多いが、花押型およびび「久しくこのようなところに住んでおりますので、どこからも見舞いが来ることはありません」と述べていることから、九度山蟄居期のものである。信繁はまだ四〇代のはずだが、無力感は彼の心身をむしばんでいたといえる。そのためか「好白」と号し、頭を丸めていたようである。

大坂入城

そこに訪れたのが、豊臣秀頼からの使者であった。すでに豊臣方と徳川方の関係は険悪なものとなっており、秀頼は各地の牢人に声をかけていたのである。大身の馬廻であった真田信繁は、まさにうってつけの存在であった。使者は当座の支度金として黄金二〇〇枚と銀三〇貫目を持参したという（『駿府記《すんぷき》』）。信繁はこれに応え、慶長一九年（一六一四）一〇月七日（『高野春秋《こうやしゅんじゅう》』）、または九日（『左衛門佐君伝記稿』）に九度山を発し、一三日に大坂に入城した（『本光国師日記《ほんこうこくしにっき》』）。一報は信繁を監視していた高野山の僧侶文殊院《もんじゅいん》から家康の顧問僧金地院崇伝《こんちいんすうでん》に報告され、崇伝から本多正信に伝えられた。文殊院は「御機嫌如何候ハん」と家康の怒りにおびえていたという。

京都所司代《しょしだい》板倉勝重《いたくらかつしげ》からの報告も、翌一四日に駿府に届いている（『駿府記』）。ただし、勝重は信繁の仮名を源三郎と誤り、またわざわざ関ヶ原で勘気を蒙って高野山に引きこもっていた人物と説明を書き添えていたから、どうも誰だかピンとこなかったらしい。

一方、金地院崇伝は信繁についてよく承知していたようで、長宗我部盛親《ちょうそかべもりちか》に次いで「真田左衛門佐」と正確な官途名を記している。信繁に関する知識には、幕閣の中でも温度差があったのである。これは、第二次上田合戦で家康に抵抗した人物はあくまで父昌幸で、信繁の存在は意識されなかったためだろう。家康も、特に意に介した様子はなく上機嫌であった。「真田籠城」と聞いて「親か子か」と尋ねながら戸に手をかけてがたがたと震えたという逸話が著名だが（『仰応貴録《ぎょうおうきろく》』）、明らかに後世の創作である。しかし徳川方は、この認識不足による過信を後で思いしらされる羽目になる。

大坂の陣に参陣した山口休庵《きゅうあん》の回想録『大坂御陣山口休庵咄《ばなし》』は、召し抱えた牢人衆の筆頭に信繁を記し、五〇万石を与えるという約束のもと、六〇〇〇の兵を率いて入城したとする。信繁の軍装を幟《のぼり》・指物《さしもの》・甲《かぶと》・幌《ほろ》まで赤一色、つまり「赤備え」であったとするのもこの史料による。ただし、赤備えはともかく、九度山に蟄居していた信繁が六〇〇〇の軍勢を率いて入城することなど不可能である。この数字は、大坂入城後に秀頼から与えられた兵力とみねばならない。『高野春秋』は三〇〇騎、『真田家譜』は一五〇人、『真武内伝』は一三〇人と記すが、これでも過大だろう。高野山への供回りのうち、名のある武士は一六人に過ぎなかったことを想起されたい。これらの数字は、信濃から信繁を慕って馳せ参じた旧臣の人数を数えたものと思われる。『幸村君伝記』は、信濃から駆けつけた家臣を一八〇人としており、おおむね一致する。また『石合家記《いしあいかき》』（信繁の娘婿石合十蔵家の家譜）は、高野山からの随身一六騎、信濃からの参陣五〇騎とする。これが実像に近いだろう。なお、この五〇騎には、信繁側室の兄堀田作兵衛興重も含まれていた。

信濃からの援軍は、たとえ少数でも心強かったに違いない。これにより、一面識もない牢人衆を預けられた信繁は、貴重な中級指揮官を得たことになるからである。

ところで、『大坂御陣山口休庵咄』は信繁の馬印について「金のうくゐ（ふくべ、つまり瓢箪の誤記か）」とする。そして『幸村君伝記』は、旗印は赤旗、馬印は「唐人笠の上にしてを付」けたものとするが、いずれも誤りである。二章で先述したように、伯父信綱以来の黒四方の旗であることが明らかになっている。

『大坂御陣山口休庵咄』は、「大名牢人」は屋敷を与えられたと記す。したがって、信繁も屋敷を与えられたとみてよい。この屋敷には誰が入ったのだろうか。

『武辺咄聞書《ぶへんばなしききがき》』は信繁の大坂入城を次のように記す。紀州藩主浅野長晟《ながあきら》の命により、九度山の監視が強化されたことを察知した信繁は、付近の橋本・到下・橋谷の庄屋・年寄に対し、酒肴を振る舞いたいので百姓は残らずお越しになられよ、と触れ回らせた。そして、仮設の建物を設けて数百人の百姓を饗応し、下戸に対してまで酒を強引に呑ませて酔いつぶしてしまったという。頃合いを見計らって、百姓が乗ってきた馬を奪って荷物を載せ、妻子は輿に乗せた。信繁に味方する百姓に弓・鉄砲を身につけさせ、九度山を脱出した。

この時、信繁は入道して伝心月叟《でんしんげつそう》と号していたというが、「月山伝心《げつざんでんしん》」が正しい。どうも、九度山で生前に戒名を付していたようである。いずれにせよ、頭を丸めて山伏の格好をして大野《おおの》治長《はるなが》の屋敷を訪ねたとする。あいにく、治長は留守であったため、留め置かれたが、身につけている刀と脇指が風体と一致しない高級品であった。そこで、治長の家臣が改めたところ、刀は正宗、脇指は貞宗《さだむね》の銘を持つ名刀である。これはただ者ではないとなり、屋敷に戻った治長が対面したところ、信繁とわかり大いに喜んだとある。信繁は大身の馬廻だったから、治長と面識があってもおかしくない。『武辺咄聞書』は延宝八年（一六八〇）成立の二次史料で、内容を鵜呑みにはできない。特に九度山脱出のくだりは創作の疑いが濃厚である。しかし、妻子を伴ったことは間違いないだろう。九度山に残しておけば、徳川方に人質に取ってくれというようなものである。また『翁物語』は入道した姿で治長の弟道犬《どうけん》を訪ねたとあり、兄弟の相違はあるが、大野氏を頼った可能性は高い。よって屋敷に入ったのは、九度山にいた信繁の妻子ということになる。

入城時に従ったのは、高梨内記（信繁の傅役《もりやく》）・青柳清庵《あおやぎせいあん》（千弥《せんや》か）・三井豊前《みついぶぜん》、および高梨内記の嫡男で、信繁嫡男大助の「御家老」に任じられていた高梨采女《うねめ》である。ここまで述べてきたように、信繁は高梨内記の娘を側室に迎えており、近年この娘の名が「采女」とされているようだが、明確な誤りである。采女は、内記の娘ではなく嫡男である。

同じく大坂に入城した牢人後藤基次《もとつぐ》（又兵衛《またびょうえ》、黒田長政旧臣）の遺臣長沢九郎兵衛の回想録『長沢聞書』によると、大坂衆で騎馬一〇〇騎以上を与えられたのは、大野治長・大野治房《はるふさ》・真田信繁・長宗我部盛親・明石全登《あかしてるずみ》（掃部《かもん》、宇喜多秀家旧臣）・仙石秀範《せんごくひでのり》・毛利勝《かつ》永《なが》・木村重成《しげなり》・浅井《あざい》周防守《すおうのかみ》・後藤基次の一〇名であったという。この中でも信繁・長宗我部盛親・毛利勝永・明石全登・後藤基次は五人衆と呼ばれ、別格の扱いを受けたといわれる。これは、前三者が豊臣大名および大身の馬廻、残り二人も大名の家老出身という家格によるものと思われる。なお、信繁の岳父大谷吉継の子大学《だいがく》（弟とも）もこの時入城している（『翁草』）。

また『長沢聞書』は信繁について、「真田左衛門佐は四十四、五にも見え申し候、ひたひ（額）・口に二、三寸の疵跡あり、小兵なる人にて候」と書き記している。本書がとる元亀元年説に従えば、信繁は入城時四五歳だから、長沢の印象は信繁の実年齢と一致していたことになる。しかし信繁は、九度山から自身の老け込みを嘆いた書状を国許に送っている。それからすると、やはり信繁の年齢はもう少し若いのかもしれない。長沢が信繁の正確な年齢を知っていたとは思えないが、「聞いた話よりも老けてみえる」というニュアンスが籠められている可能性はある。

真田丸築城をめぐる真相

大坂に入城した信繁は、「真田丸《さなだまる》」と呼ばれる出丸《でまる》の築城に乗り出した。文献史料によれば、堀と三重の柵が周囲をめぐり、出丸内には高楼《こうろう》が複数建てられていたという（『大坂御陣山口休庵咄』）。高楼は、物見と鉄砲射撃の拠点を兼ねたものだろう。円形の形状からして、武田系城郭に特徴としてみられる「丸馬出《まるうまだし》」の発展形の可能性が高い。『幸島若狭大坂物語』によると、広さは五間《けん》（九メートル）四方であったとする一方、『大坂御陣覚書』は一〇〇間（一八二メートル）四方とするから、その実態はよくわからないままでいた。

ところが近年、千田《せんだ》嘉博氏により、真田丸は大坂城から離れた場所に築城され、出丸という言葉から連想される規模を遥かに超えた大きさを有していたという見解が提示された。たしかに、大阪上町《うえまち》の発掘成果報告書によれば、真田丸と大坂城惣構《そうがま》えの間には低地と水路が確認され、惣構えから離れた場所に築かれたことがわかる。これは、従来知られていた広島市立中央図書館浅野文庫の「真田丸絵図」（口絵参照）と一致しており、同絵図の正しさが証明された。『幸島若狭大坂物語』も、出丸から惣堀のあいだに細道をつけて大坂城中に出入りできるようにしていたと記す。『翁物語』にも「城より遙かに離れ、予想外の場所に取出《とりで》（砦）を構えたのは、（城中への）御気遣いがあってのことでしょう」と、甥の信吉が信繁に話しかける場面が記されている。二次史料ではあるが、大坂城惣構えからある程度離れていたことは文献上も裏づけがとれる。

なお、真田丸は三光《さんこう》神社（大阪市天王寺区）ないし、その南の真田山公園にあったとされているが、これは事実ではない。慶應義塾大学所蔵「大阪北組旧蔵大阪町絵図」（幸田文庫）をみると、三光神社所在地には「宰相山《さいしょうやま》」と記されており、真田丸を攻撃した前田利常《としつね》（加賀宰相、「宰相」は参議《さんぎ》の官位を中国風に呼んだ名前）が布陣したと推定される。実際に真田丸があったのは、その西にあたる丘陵で、近世にはこの地が真田山と称されていた。このため、現在の明星学園の敷地が正確な真田丸跡地と想定されている。ようするに、いつの間にか名称が入れ替わってしまったわけだ。

『越前家覚書』によると、松平忠直《ただなお》（家康次男結城秀康《ひでやす》の子）が攻めたのは「真田出丸笹曲輪」（ただしこれは南方の篠山を指すとも考えられる）であったというから、単なる出丸ではなく、複数の曲輪で構成されていると認識されていたらしい。浅野文庫「真田丸絵図」

をみると、真田丸の北側（つまり大坂城側）に小さな曲輪が描かれている。曲輪が複数あったことは間違いなさそうだ。

また『北川遺書記』は、真田丸築城は信繁の発案ではなく、諸将の談合によって定められ、結果的に信繁が指名されたという興味深い説を載せている。それによると、信繁は手勢が少なすぎて守り切れないと北川次郎兵衛《じろうひょうえ》に相談し、後藤基次か明石全登の支援を仰ぎたいと申し出た。しかし次郎兵衛は、せっかく「真田が丸」と名付けるのだから、手勢が少なくとも自力で守るべきだと宥めたという。

これはなかなか興味深い記述である。近世では信繁は英雄視されるから、このような話が創作されるとは考えにくい。真田丸築城は、「出過ぎた行為」とみなされかねないものであり、信繁が諸将を刺激しないように配慮した可能性はある。また実際、真田丸には長宗我部盛親隊が援軍として入っている（『長沢聞書』）。信繁が相談した北川次郎兵衛が真田丸を支援する位置に配置されている点も軽視できない。『北川遺書記』は目付として母衣《ほろ》衆（秀頼親衛隊）伊木七郎右衛門《いきしちろうえもん》が派遣されたとするが、伊木は後述するように真田丸攻防戦で活躍した人物であり、その点もこの記述の信憑性を高めている。

また『大坂御陣覚書』も、後藤基次が遊軍になったために信繁が入ったと記しており、『北川遺書記』の記述と一致する。真田方の軍記『真武内伝』にも「出丸を受取」とある。

いずれも史料的価値は高くないものだが、留意する必要があるだろう。

いずれにせよ、真田丸の性格をめぐる議論は、まだ始まったばかりである。今後の研究の進展に期待したい。

大坂冬の陣と真田丸の攻防

慶長一九年（一六一四）一一月一九日、徳川方の蜂須賀至鎮《はちすかよししげ》・浅野長晟《ながあきら》は大坂方の海上交通拠点である木津川口《きづがわ》を攻撃し、大勝した。ここに大坂冬の陣の幕が上がる。同日、徳川方の佐竹義宣《よしのぶ》・上杉景勝は鴫野《しぎの》（大阪市城東区）・今福（同）方面で大野治長・後藤基次・木村重成と衝突し、激戦となった。その後も各地で衝突が繰り広げられた。

しかし、木津川口を押さえられたダメージは大きかったとおぼしい。一一月晦日、大坂方は大坂城惣構えに撤退し、籠城戦に入った。同日、家康の命で藤堂高虎《とうどうたかとら》が大筒《おおづつ》を放って大坂城西南の櫓《やぐら》を攻撃している。翌日には天満口《てんま》（大阪市北区）で鉄砲戦があり、上杉家家老直江兼続《なおえかねつぐ》は早くも「日々城中手詰まりと見候」と書状に記していた。大坂城惣構えは完全に包囲されており、家康の攻撃命令を待つばかりとなっていたのである。

さて、徳川方の大坂城攻めは、真田丸の攻防でスタートした。大坂方は、真田丸の後背に北川次郎兵衛・山川帯刀《たてわき》率いる一万の軍勢を配置しており、防備はさらに固められていたといってよいだろう。一二月一日、真田丸を巡見した将軍秀忠は迂闊《うかつ》に攻撃をしてはならないと前田利常に命じたという。

ところが、真田丸からたびたび城兵が出てきて鉄砲を撃ち、近くに布陣する加賀前田勢を挑発した。これに耐えかねた前田利常が真田方の篠山（比定地未詳。あるいは小橋山《おぼせやま》を指すか）を攻撃したところ、すでに撤兵して無人であった。それを真田方は「鳥でも撃ちに来たのか」とあざ笑い、さらに挑発した（『真武内伝』）。翌二日、家康から勝手な攻撃を禁止する命令が再度出されたが、利常は挑発を前に自制心を失ったらしい。

一二月四日夜、前田利常勢は命令を破り、真田丸南方の小橋山（大阪市天王寺区）に設けられた柵を攻撃したが、やはり無人であった（『大坂御陣覚書』）。ここまでコケにされては許せなかったのだろう。その勢いで真田丸に攻め寄せたが、まだ未明であったため、闇夜で何も見えない。これを攻め手は奇襲の好機と捉えたようである。しかし、信繁は徳川方の動きを察知し、弓や鉄砲を激しく撃ちかけた。松平忠直・井伊直孝《いいなおたか》の部隊も押し寄せ、真田丸の塀を崩しにかかったが、信繁が張り巡らしていた柵によって動きを封じられてしまった。徳川方の死傷者は増えるばかりである。ただし、井伊勢の先鋒木俣守安《きまたもりやす》は、惣構えに攻めかかって負傷したと、旗本日下部家次《くさかべいえつぐ》の書状にあるから（「大阪城天守閣所蔵文書」）、井伊直孝は真田丸の西に位置する惣構えを攻撃した可能性が高い。

そうしたところ、大坂方の石川康勝《やすかつ》（数正の子）の櫓で失火があった。徳川方は、これを内通させていた南条元忠《なんじょうもとただ》による合図と考えた。ところが南条はすでに処刑されており、ただの事故であったという。それを知らない徳川方の松平忠直・藤堂高虎勢は、一気に攻めかかろうとしたが、突発的な事態であったため、鉄砲を防ぐ楯・竹束の準備もなく、また準備していても激しい銃撃により行き渡らせることができず、死傷者はさらに増えていった。

徳川方の混乱をみた信繁は、嫡男大助と援軍として入っていた伊木七郎右衛門に五〇〇人の軍勢を率いさせ、真田丸東の木戸《きど》から出陣して鬨《とき》の声をあげさせた。大助勢が徳川方に一撃を加えた後、信繁はただちに法螺貝《ほらがい》を吹かせて軍勢を撤退させたという。

様子をみた家康は激怒して撤兵を命じたが、命令はなかなか行き届かず、撤退命令は三度に及んだ。この合戦は、家康が命じたものではなく、前田利常がおびき出されたことで、諸勢が高名を得ようと先駆けをしたものであった。つまり、篠山・小橋山の無人の陣こそ、信繁が仕掛けた罠であったと考えられる。

なお、真田丸には長宗我部盛親の部隊も入っていたが、信繁の勇名の前に忘れ去られてしまったという（『長沢聞書』）。山口休庵は、真田父子の軍勢六〇〇〇が籠もっていたとするから、最低でもそれだけの人員を収容できる規模の出丸であったことになる。五間四方などという程度のものではないことが確認できる。

藤堂高虎は、井楼《せいろう》を築いて攻撃をした(『高山公実録』)。攻撃先は、長宗我部盛親の持ち場であったという。盛親も真田丸に入っていたのだから、やはり高虎も真田丸を攻めたとみてよいだろう。城内では、木村重成の家臣高松内匠《たくみ》が信繁のもとから引き返す途中であった。一瞥して長宗我部隊の守りを危惧した高松は、重成に援軍派遣を具申して受け入れられている。山口休庵は真田丸の攻防における木村重成の活躍を回想しているが、その背景には、高松内匠の具申があったのではないか。

大坂冬の陣は事実上、摂津・河内・和泉の大名に転落していた豊臣秀頼を、全国の軍勢を率いた徳川方が攻撃した戦いであるため、徳川方が圧倒的優勢を誇ると思われがちである。しかし、ここで見落としてはならない要素が存在する。それは「兵の質」である。大坂方の主力は、急遽召し抱えた牢人衆であった。したがって「寄せ集め」の印象が強いが、同時に彼らは「歴戦の勇士」でもある。

他方、徳川方はどうか。最後に起きた戦争は、一五年前の関ヶ原の戦いである。一五～二〇年経てば世代交代が起きる。このため、徳川方の主力には、戦争未経験者が少なくなかったようである。この結果、皮肉にも寄せ集めの豊臣方のほうが、精兵が多いという事態となっていた。信繁の挑発に、徳川方の諸大名があっさりひっかかったのは、経験不足という問題点があったのである。信繁は、それを巧みに突いた格好となった。諸将の弁明が「若者どもの抜け駆けに引きずられてしまった」というのは、それを象徴している。

『孝亮宿禰日次記《たかすけすくねひなみき》』によると、一二月四日の攻防において、松平忠直勢は四八〇騎、前田利常勢は三〇〇騎の戦死者を出したという。さらにこの他に雑兵戦死者は数知れずという風聞を書き留めているから、実際の損害は相当なものだったのだろう。また井伊直孝勢には、松平忠直に出し抜かれないようにという焦りがあったらしい。この四日の戦いでは、騎馬武者二七人・足軽六人が討死し、九一人が負傷した。先述したように井伊勢の攻め口は惣構えの可能性が高いが、それを呼び込んだのは真田丸攻防戦であった。

イエズス会宣教師が本国に送った年報にも、一二月四日の戦闘が詳細に記されている。それによると、徳川方は内通者（南条元忠を指す）の内応に期待して攻め寄せたが、すでに裏切りが露見して処刑されてしまっていた。しかし、何の反撃も受けずに城壁を越えられると信じて攻め込み、無謀にも堀に潜り込んだ。自分たちが銃撃されるとはまったく予想していなかったのだ。大坂方は、敵が完全に堀の中に入り込んだタイミングを見計らってマスケット銃や火縄銃を嵐のように撃ち込み、さらに大砲まで撃ちかけたという。イエズス会宣教師はこの様子を「大虐殺」と称し、「まるで鉛の涙を目にするのと同じくらい信じられないほど」と記す。総崩れになった徳川勢に、大坂方は鑓や薙刀《なぎなた》を投げつけてさらなる攻撃を加え、戦死者は三万人に達したとまで報告している。この記述は誇大に過ぎるが、大筋で国内史料からうかがえる真田丸の攻防と一致する。真田丸の攻防についてはその多くを戦功覚書や軍記物に頼らざるを得ないが、海外史料と記述が一致することは、国内史料が一定程度の事実を伝えていることを示すものといえる。

信繁に仕掛けられた寝返り工作

真田丸における信繁の働きは、家康を瞠目させるものであったらしい。奮戦の結果、この出丸も、いつしか「真田丸」と呼ばれるようになっていったようだ。そこで家康は信繁が寝返るよう工作を仕掛けた。責任者となったのは、本多正純《まさずみ》（正信の子）である。

正純が目をつけたのは、信繁の叔父真田信尹《のぶただ》（加津野昌春）であった。信尹は「天正壬午の乱」の最中に真田家を離れて家康に仕えた。しかしその後、家康と不和となったらしく、天正一九年（一五九一）頃に会津の蒲生氏郷に仕えた。その際、加津野から真田に復姓し、実名も信尹に改めたようである。慶長七年（一六〇二）に家康のもとに帰参《きざん》し、甲斐で旗本となっていた。大坂の陣では他の武田旧臣とともに使番《つかいばん》をつとめ、諸将に家康の命を伝達する役割を担っていた。信繁を説得するには、うってつけの人物である。

『慶長見聞書』によると、交渉は慶長一九年（一六一四）一二月一一日にスタートしたという。しかし実際に本多正純が交渉を指示し、信繁の身上保証を約束した文書は一四日付だから、同書の日付けには誤りがあるかもしれない。正純は、加賀藩前田家の家老になっていた実弟本多政重に、真田信尹と入念に打ち合わせるように指示している。いうまでもなく、前田家は真田丸を攻めて大敗を喫した大名であり、真田丸の至近に布陣を続けていた。寝返り工作を始める以上、前田勢が真田丸を攻撃しては都合が悪い。そこで交渉に参加させることになったものと思われる。

正純が提示した条件は、一〇万石（または一万石）の大名に取り立てるというものであったという。かつて北条氏直は一万石で御家再興を成し遂げているから、破格の条件である。

これに対し、信繁は秀頼から受けた恩顧を述べ、和睦後に召し出していただけるのなら一〇〇〇石でご奉公いたしますと返事をしたという（『慶長見聞書』）。つまり、冬の陣の最中に寝返ることを拒絶したのである。同時に、これは豊臣家存続を要求に含んだ回答といえるのかもしれない。また非現実的な数値を示されて、かえって信用できなかったのではないか。仮に一〇万石を与えられたとしても、すぐに難癖をつけられて改易処分になる可能性が高く、そもそも騙し討ちの懸念すらある。しかし、一〇〇〇石なら話は別である。慎ましやかな生活を送れば、目をつけられることはない。

信尹がこの返事を持ち帰ったところ、本多正純は、それならば信濃一国ではどうだと条件をつり上げたとされる。正純は、脈があると踏んだのであろう。また彼が信繁に求めたのは、あくまで戦争中の寝返りであった。和睦してから仕官されても意味がない。正純の判断はこのようなところとみられる。

ところが、この返答が信繁の怒りをかった。信繁が徳川家に仕官しても構わないと回答したのは、正純の要望とは逆で、あくまで豊臣家に忠節を尽くした上でのことであった。信繁がどこまで秀頼に忠誠心を有していたかはわからないが、合戦中の「裏切り」は決して容認できなかったのである。また信濃一国というのは、輪を掛けて非現実的な条件であった。信濃の諸大名を転封させる必要があるからである。これだけ大規模な転封先を作るには、他の大名を改易するしかない。だが、全国の諸大名が徳川方として参陣している以上、恩賞を与える必要はあっても改易などはありえない（大坂方内通嫌疑による改易はあったが）。つまるところ、信繁に信濃一国を与えるための替地を準備するには、豊臣家を滅ぼすしかないのである。これは、和睦が成立したら一〇〇〇石で構わないという信繁の回答を踏みにじるものであった。激怒した信繁は、信尹を追い返したという。寝返り工作は、失敗した。

講和の成立

徳川方は大坂城を包囲し、総攻めを行っていたが、家康は事態を楽観視してはいなかったようである。すでに慶長一九年一一月一八日には織田有楽斎《うらくさい》（信長の弟、淀殿の叔父）の子を大坂城に派遣し、本多正信との間にパイプを築かせていた（『時慶記』）。イエズス会宣教師の年報は、家康が四日の戦闘での大損害と冬の寒さ、それに兵糧不足に悩まされた結果、和睦交渉に乗り出したと記す。この四日の戦闘というのは明らかに真田丸の戦いを指している。ただし、これは偶発的な戦闘だから、家康の戦意が削がれたわけではない。真田丸の戦いが、宣教師のもとに誇大に伝わった様子がうかがえる。

有楽斎は秀頼に和睦を進言していたが、秀頼はこれを退けた。一二月二日夜には鉄砲の音が醍醐（京都市伏見区）にまで鳴り響くほどであったが（『義演准后《ぎえんじゅごう》日記』）、秀頼はこれに屈することはなかった。三日、有楽斎は秀頼の和睦拒絶を家康に伝えている。秀頼からしても、戦況は不利にはみえなかったのである。同日、茶臼山《ちゃうすやま》（大阪市天王寺区）に陣を移していた家康は全軍に惣構えの側まで陣を進めよと下知しており（『駿府記』）、和睦交渉が不調に終わったことで、攻撃姿勢を強めたとみられる。

一六日、家康は大坂城に鉄砲・大筒を本格的に撃ち込み始めた。その砲撃は、京まで鳴り響いたという（『孝亮宿禰日次記』『義演准后日記』）。これを受け、ついに大坂方は和議に応じた。間に入ったのは、淀殿の妹常高院《じょうこういん》（初《はつ》、大坂方）とその子息京極忠高《きょうごくただたか》（徳川方）

である。一八、一九日と本多正純および家康側室阿茶局《あちやのつぼね》が派遣され、交渉が行われた。条件は、秀頼は大坂城二の丸・三の丸破却《はきやく》を受け入れる代わりに、家康は大坂方が集めた牢人について問題にせず、淀殿が江戸に在府して人質となることも求めないというものであった。

なお、内堀・外堀について、家康が約束を破って勝手に埋め立ててしまったという話があるが、厳密にいえば正しくはない。堀の埋め立て自体は合意を得ているからである。大坂方で埋め立てるという約束であったのを、家康が勝手に徳川方で埋め立てさせてしまったというのがことの真相である。秀頼が時間稼ぎを試みようとしたところ、家康がその芽を摘んだという形だろうか。したがって、この和睦はあくまで停戦を定めたものに過ぎず、豊臣家が無事に存続するかどうかは、さらに交渉を要するものであったといえる。イエズス会宣教師は、この二の丸・三の丸破却について、家康の面目を保つために、秀頼が敗れたように装ったものとし、家康ではなく秀忠が命じたものという噂を書き記している。日本の事情に通じていない宣教師の記述であるため、慎重に取り扱う必要があるが、和睦条件をほぼ正確に把握・記述していることには留意したい。もしこの記述が正しければ、二の丸・三の丸破却は家康の罠ではなく、秀忠の深謀遠慮ということになる。

しかし、曲がりなりにも停戦はなったため、信繁は上田の真田本家との接触が可能になった。信繁はふと甥信吉の陣を訪ね、四歳の時に会って以来だが、ずいぶん立派になったと成長を喜び、兄信之に会いたいものだと語ったという。信吉は弟信政を紹介した後で、矢沢頼幸・木村綱円・半田《はんだ》筑後守《ちくごのかみ》・大熊伯耆守《おおくまほうきのかみ》を呼び出した。信繁は酒を酌み交わして再会を懐かしんだ後、城内に帰ったとされる（『翁物語』）。また、姉村松殿《むらまつどの》の嫡男小山田之知《ゆきとも》とは頻繁に会っていたという。ただし、信繁は決して暇であったわけではなく、落ち着いた会話を交わすことはできなかったようである。

慶長二〇年（元和元年、一六一五）正月二四日、信繁は姉村松殿に書状を書き送った。そこでは心配をかけたことを詫び、もう一度会いたいと記している。しかし同時に、「明日は状況が変わってしまうかもしれませんが」とも述べており、心配をかけまいとしつつも本音が吐露されている。この書状は上田に向かう旅人に託したものであったようで、「詳しく近況を書き記したいのですが、もう急いで出発しなくてはならないとのことなので……」とこぼしている。もっとも、同時にまた書状を送ることも約束していた。

村松殿宛ての書状からうかがえるように、信繁は再戦を覚悟していた。二月一〇日、長女すへの夫石合十蔵《いしあいじゅうぞう》に対し、「もうお目にかかることはないでしょう。すへのことは気に入らないことがあってもお見捨てなきようにお頼みします」と書状を書き送った。上田に残した長女の行く末が心配でならなかったのだろう。

実をいうと、この時信繁を覆っていたのは、厭世観であった。和睦交渉に際して、大坂城は二の丸まで破却され、本丸だけの裸城となった。当然、信繁が情熱を注ぎ込んで築いた真田丸も破却されてしまった。

こうなっては、数に優る徳川方を野戦で打ち破らねばならない。信繁は冬の陣では積極的に野戦に討って出ることを主張したとされるが、籠城戦という選択肢を奪われたことの意味は大きかった。三月一九日、姉婿小山田茂誠《しげまさ》・之知父子に送った書状では、「当年中を静かに送ることができればお会いしたい」と述べつつも、「先の見えない浮き世ですから、一日先のことはわかりません。私のことなどは、最早浮き世にいる者とは思わないでください」とまでいい切っている。信繁は、慶長二〇年中に再戦とならなければ和睦がまとまるかもしれないという一縷の望みを持ちながら、それは無理だろうと覚悟を固めていたと思われる。

この厭世観の背景には、秀頼からは懇《ねんご》ろに処遇された一方、豊臣直臣団から疎まれ、「よろず気遣いのみ」という事情があったらしく、この点についても書状でこぼしている。その輝かしい武名からは想像しづらい、繊細な性格がうかがえる。

ちなみに、信繁と並び称された後藤基次は同年正月一四日付の書状で「今日と明日が変わる浮き世は面白いものです」と述べており、性格の違いがよく出ている。

『真武内伝』『難波戦記』といった軍記物によると、信繁は和睦中に武田旧臣原貞胤《さだたね》と会い、往時を懐かしんだという。貞胤は当時、越前松平藩士であったというから、事実であれば、真田丸で衝突した相手との面談である。貞胤は長篠の戦い（天正三、一五七五）で討死した原昌胤《まさたね》の子で、『信長公記』によると、武田家滅亡時に高遠城（伊那市）で討死したことになっている。しかし、越前松平家の分限帳には貞胤とみられる人物の記載がある。また、真田家臣原家の系図は、貞胤に相当する人物を越前松平藩士とし、大坂の陣で武功を立てたと記す。真田家に仕えた原氏は、貞胤の弟の系統だという。越前松平家と真田家の記録の一致は、軽視できない。

『信長公記』は信長に関する記録史料としては価値が高いが、敵の戦死者記録には誤りがしばしばみられる。テレビも写真もない時代だから、討ち取った相手の首をみても、誰だか分からない。そこで首実検を行うわけだが、当然間違いも出る。貞胤についても、高遠で首を見間違えられた可能性があるだろう。

原貞胤は昌胤の三男であり、兄二人が早逝しなければ家督を嗣ぐ身にはなかった。信繁よりは年長だが、武田時代は似たような境遇にあったといえる。軍記類の記す二人の会話の内容にはまったく信をおけないが、二人の再会が事実だとすれば、信繁の心の慰めにはなったであろう。

大坂夏の陣へ

大坂城からは和平派の織田有楽斎らが退去し、再戦を求める声が日に日に高まった。しかし、派閥は四つに分かれるほどで、統制がとれているとはいいがたい。秀頼・淀殿は家康と贈答を交わすなど友好関係醸成につとめるが、同時に再戦の備えも進めていた。

慶長二〇年(一六一五)三月一二日、京都所司代板倉勝重は、大坂方の動静を家康に書き送った。それによると、兵糧・材木を集めているばかりか、冬の陣で籠城していた牢人のうち、解雇したはずの者すら一人も去ってはおらず、小屋を作って大坂在住を続けているという。その上、方々よりさらに牢人を集めたため、秀吉が大坂にいた時よりも軍勢は増えているという町人からの情報を報告した。これを主導したのは大野治房であり、その兄治長はかえって秀頼のためにならないという見解を示していたらしい。

これを受けて四月一日、将軍秀忠は大坂からの落人《おちうど》の捕縛を命じた。四日に陣中法度を発布しているのは、明らかに大坂攻めに備えてのものといえる。家康は四月三日、子息義《よし》利《とし》(尾張徳川義直《よしなお》)の婚儀に参列するためと称して駿府を発した。

この間、幕府と大坂とでは豊臣家存続に向けての交渉が繰り返されていた。家康が提示した条件は、召し抱えた牢人を退去させよというものであったが、秀頼はこれを受け入れなかった。そこで家康は、大和か伊勢への国替えを新たな条件として提示した。しかし大坂方の回答は、これも受け入れられないというものであった。伊達政宗の書状によると、家康は駿河から尾張名古屋に入って改めて回答を求めようとしたという。ここで政宗は、ふたつの条件のうちどちらも受諾されなければ、ご出馬となる様子だと述べている。名古屋で改めて回答を聞こうという姿勢からは、軍事圧力をかけることで、秀頼が屈することを望んでいたと読み取れる。通説とは異なり、家康にとって大坂夏の陣・豊臣家滅亡は、既定路線ではなかったのではないか。

四月五日、大野治長の使者が家康のもとを訪れた。そこで示されたものは、国替え案を撤回してほしいという秀頼・淀殿からの嘆願であった（『駿府記』）。ここに事態は決した。家康は諸大名に出陣を命じ、大坂夏の陣に向かうこととなる。

ここで国替えを拒否した主体として、秀頼と淀殿が併記されていることに注意したい。秀頼は、一定の主体性を持って夏の陣に臨んだといえるのである。しかし、淀殿の意向も決して無視はできなかった。これは秀頼が誕生して間もなく秀吉が死去し、淀殿が家母長《かぼちょう》として「後家権《ごけけん》」を行使した時間が長かったためであろう。近世の価値観からすれば、女性の政治参加は眉をひそめる行為であり、また豊臣家が滅亡したため、淀殿の評価は極めて低いものとなった。しかし、中世武家社会においては、家督が幼少の場合は後室《こうしつ》（後家）

が家長権を代行するのが常識であり、淀殿はその慣例に従って豊臣家の家政を差配したに過ぎない。幼主が成人した後、権力は徐々に後室から家督へと移行していくが、豊臣家の場合は、それに通例よりも時間を要したのであろう。

道明寺の戦い

四月二六日未明、大坂方が大和郡山城を攻撃し、大坂夏の陣が幕を開けた。郡山城は二八日に落城している。二八日、大野治房が堺を放火した。二九日には大野治房・塙直之《ばんなおゆき》が紀伊に攻め込むが、浅野長晟の反撃に遭い、塙直之が討死して撤退した。

五月六日、大和路で徳川方を防ぐため、大坂方は四万の軍勢を道明寺《どうみようじ》（藤井寺市）に派遣した。しかしこの戦いで、大坂方は明らかに連携を欠いていた。後藤基次が異常に突出し、孤立する形となったのである。この時、基次は討死して秀頼の恩に報いると檄をとばしたという（『長沢聞書』）。基次は事前に敵の間者《かんじや》を捕らえ、自身の置かれた状況を把握し、奮戦するが、伊達政宗の猛攻を受けて敗死した。基次討死後に到着した薄田兼相《すすきだかねすけ》も討死し、大坂方は各個撃破された形となった。

その後、到着した毛利勝永は、敗走してくる味方を目の当たりにし、真田信繁との合流を待った。信繁はさらに遅れて到着し、やはり伊達政宗と衝突している。一時は伊達隊を押し崩したが、伊達家家老片倉重長《かたくらしげなが》に押し戻され、再度戦闘となった。しかし、後藤・薄田の敗死もあり、事実上作戦そのものが失敗している。さらに、大野治長から河内若江《わかえ》・八尾《やお》口でも敗北したとの報を受け、大坂に撤退した。後藤家臣長沢九郎兵衛は、信繁が敵の背後に回って道明寺まで押し戻し、茶臼山に帰陣したと回想している。なお、河内口では木村重成が討死し、大坂方の敗色は濃厚となった。

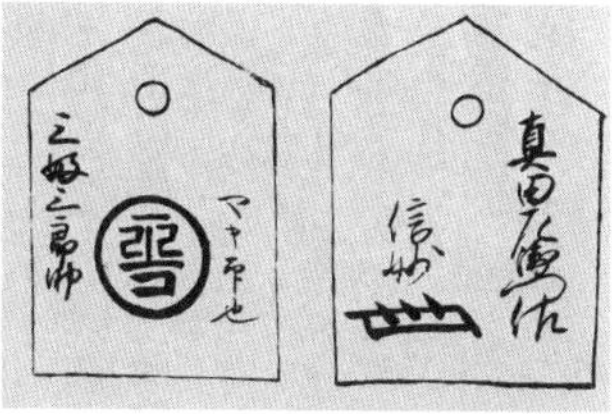

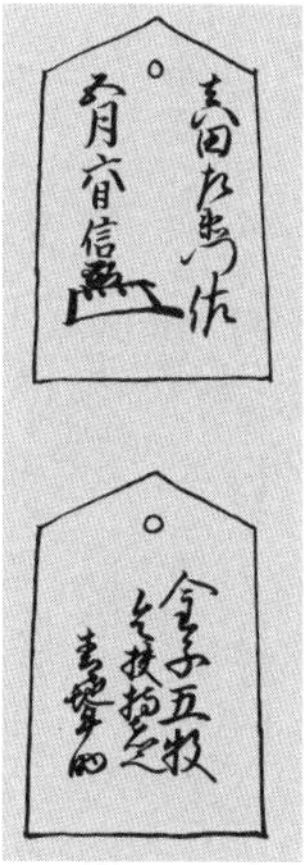

図4-4　将棋の駒の感状
上／『武将文苑』（高野山櫻池院蔵）に書写された図。
左／『可観小説』（金沢市立玉川図書館蔵）に書写された図。

　道明寺の戦いにおいて、軍功を打ち立てた家臣に対し、信繁は将棋の駒に文字を記して感《かん》状《じょう》（戦功認定書）の代わりとしたという（『可《か》観《かん》小説《しょうせつ》』）。通常、感状は帰陣後に出されるものだが、もはやそれも叶わないのではないかと考えたのかもしれない。もっとも、将棋の駒は文字を記すには小さすぎるから、将棋の駒の形をした木片といったほうが正確だろう。木片の上部には穴が開いていたようだから、紐を通して腰にでもつけていたのではないか。

ここで記されている信繁の花押は、冬の陣後のものと一致し、事実上、信繁の絶筆である。なお同書は実名を「信仍」としているが、本章冒頭で述べたようにこれは「繁」の下半分が花押と重なったのを誤読・誤写したことによる。

この将棋の駒の感状で、青野勘兵衛《かんびょうえ》・絹川弥左衛門《きぬかわやざえもん》・塩野《しおの》掃部《かもん》・青地《あおじ》牛助《ぎゅうすけ》・西村喜左衛《きざえ》門《もん》・金安松右衛門《かねやすまつえもん》は首六つを討ち取った戦功を賞され、帰陣後に約束通り金子《きんす》五両を与えられた。ひとつの合戦で首六つというのはなかなか取れるものではないから、五両という破格の恩賞には納得がいく。また、同様の将棋の駒の図が高野山成慶院《じょうけいいん》（現櫻池《ようち》院《いん》）所蔵『武将文苑《ぶしょうぶんえん》』にも書写されている。こちらは金子を宛行《あてが》うという文言がなく、代わりに裏に丸印が押捺されている。花押と丸印を併用した理由はよくわからないが、戦功が上記六人よりも劣っており、純粋な感状として出したのであろう。宛所は三好《みよし》三郎助《さぶろうのすけ》である。したがって、このような駒を与えられた家臣は多かったのではないか。家臣の士気を維持するために信繁がひねり出した、機知に富んだ策といえる。

信繁の討死

五月六日に出陣していた軍勢は大坂城に撤退したものの、すでに同城は本丸だけの裸城になっており、籠城という戦術は不可能になっていた。そうなれば、もはや野戦で決着を

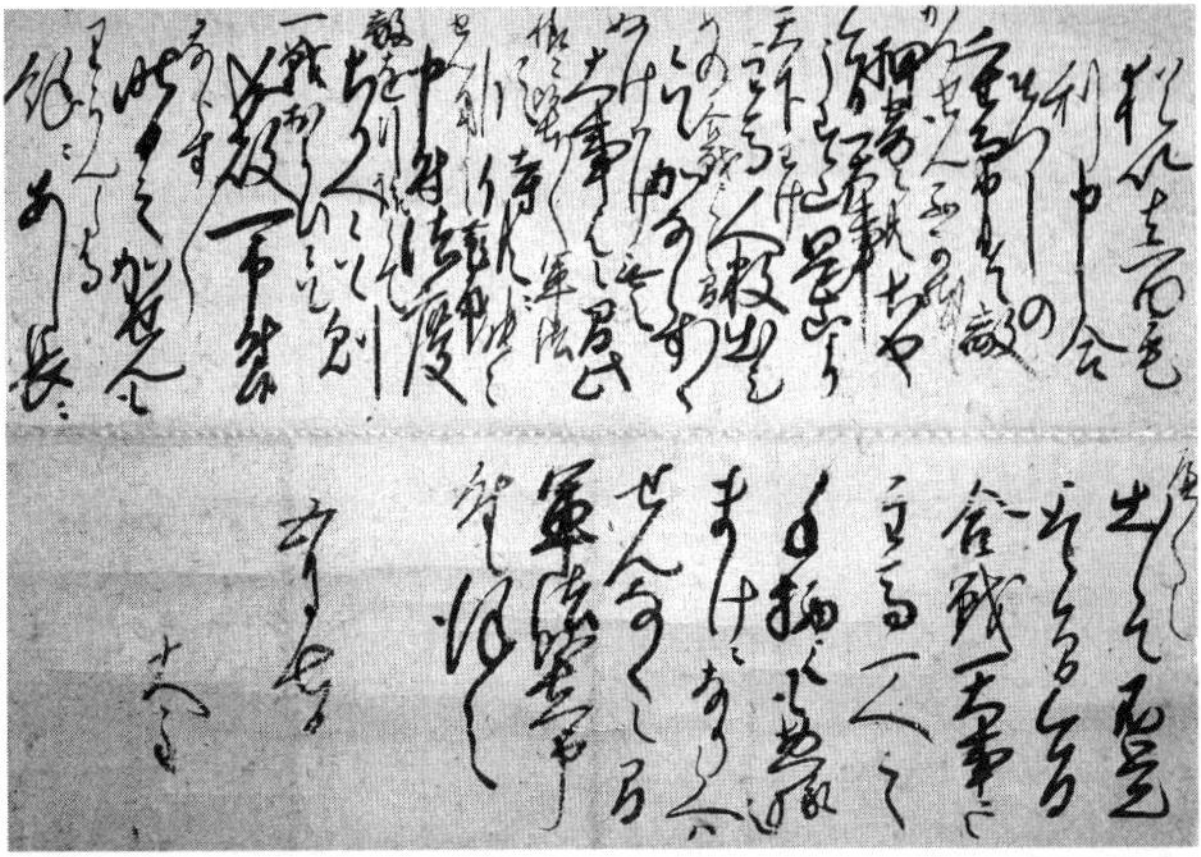

図4-5　慶長20年（1615）５月６日付　大野治房書状（猪坂家文書）
最後の決戦に際し、治房は「真田・毛利と申し合わせよ」と記すこの書状で、固い結束を呼びかけた。はたして信繁はこの日、壮絶な最期を遂げる。

つけるしかない。

大野治房は諸将に書状を送り、「真田信繁・毛利勝永と申し合わせよ、迂闊な合戦をしてはならない。今日の一大事は、天下分け目の合戦であるので、抜け駆けなどないように堅く軍法を申しつけることが肝心である」と書き記した。このことを記した書状は現在二点確認されているが、署名は「大主」（大野主馬《しゅめ》の略）とだけあり、花押が据えられていない。急ぎで大量に命令を出すために、花押を省略した書状を祐筆《ゆうひつ》に書かせたのだろう。かつて信繁は大坂城内では気遣いが多いと嘆いたが、ことこの時にいたって豊臣家中枢は、信繁と毛利勝永の戦術指揮にすべてを託したのである。

信繁は冬の陣で家康が布陣した茶臼山に陣を布き、家康の本陣に突撃する戦術を選択した。家康を討ち取ることで徳川方の士気を削ぎ、そこに活路を見いだそうと考えたとみられる。信繁と家康本陣の間には、真田丸の戦いで翻弄した越前松平忠直が布陣し、守りを固めていた。

その際、信繁は嫡男大助を人質として、秀頼のもとに遣わした。これは大助が道明寺の戦いで負傷していたためとも（『翁草』）、秀頼自らの出馬を請うためであったともいわれる（『武辺咄聞書』）。たしかに秀頼自ら出馬すれば、大坂方の士気はあがる。しかしながら、それが実現することはなかった。

信繁は松平忠直の陣を突破し、家康本陣に迫った。信繁は旗本に向けて二回突撃し、旗本を打ち崩すことに成功した（島津氏の正史『薩藩旧記雑録後編《さつばんきゅうきざつろくこうへん》』所収の書状）。これにより家康と同陣していた秀忠は、三里ほどずつ本陣を後退せざるを得なかった。

この突撃により、家康の馬印が打ち倒され（『山下秘録』）、イエズス会宣教師はあと一度、突撃があれば、秀忠は本格的に陣を下げざるを得なかったと論評している。それどころか、家康は一時、切腹の決意を固めたとまで記すが、これはいくらなんでも大げさであろう。信繁の猛攻により旗本は混乱したが、それはあくまで局地戦の話であり、家康は安全圏に退いて勝利を待てばよいのである。ただし『薩藩旧記雑録後編』は、家康・秀忠は三度も追い立てられた結果、旗印を隠す羽目になり、旗本の歴々には「逃げない者はいなかった」と記す。これは、六月一一日に国許に送られた報告書の中の記述で、島津勢は大坂の陣には参陣していないため、伝聞をまとめて書き送ったのだろう。

三度目の突撃により、信繁の疲弊は頂点に達し、ついに攻撃を断念せざるを得なくなった。『三河物語』が、秀忠が信繁を打ち破ったと記しているのは、このことを誇張して書いているのであろう。同書の記主大久保忠教としては、家康が信繁に苦しめられるなどあってはならなかったのである。

近年、信繁の最期を伝えた史料が発見された。越前松平藩士の家譜である（『忠昌《ただまさ》様大坂ニ而《て》御戦功有増《あらまし》』）。以下、それに沿って信繁の最期の様子を記していこう。

混戦の中、部隊はちりぢりとなり、信繁は生玉《いくたま》（大阪市天王寺区）と勝鬘《しょうまん》（同前）の間の高台で一人、身体を休めていたようである。そこに、越前藩士西尾仁左衛門《にしおじんざえもん》が姿をみせた。読者諸兄は覚えておられるだろうか。天正九年（一五八一）に高天神城を脱出した武田旧臣西尾久作のことである（一〇四頁）。この時、彼は松平忠直に仕えていた。

西尾は信繁を「よき敵」と考えて言葉をかけた。互いに「下り立ち」とあるから、信繁もまだ乗馬しており、ともに馬から下りたのである。信繁は、ここで覚悟を決めたとみてよい。そこで鑓を交わしてついに突き倒され、首を取られた。信繁の年齢は、四六歳またはそれよりももう少し下とみられる。なおこの場所は、茶臼山の北方にあたる。信繁戦死の地とされる安居《やすい》神社は勝鬘の南にあるから、安居神社討死説は誤伝であろう。

信繁と西尾は、ともに武田旧臣である。しかし、信繁は武田氏滅亡時、まだ元服前であった。また、信繁が家老真田昌幸の子息である一方、西尾の身分は高くない。このため、仁左衛門は、自分が討ち取ったのは誰なのかわからなかった。ただ、名のある部将なのだろうと漠然と考えたに過ぎず、信繁の首を陣所に持ち帰った。その日の夕暮れ、姻戚の花《はな》形《がた》(羽中田か)市左衛門《いちざえもん》とその弟縫殿之丞《ぬいのじょう》が、西尾のところに見舞いにやってきた。そこで信繁の首をみて、花形兄弟は驚愕し、「これは真田左衛門殿だ」といって悔しがったという。なぜならば、花形は以前、真田氏に仕えていた時期があり、信繁の顔を見知っていたからである。そこで、ただちに西尾は家老本多成重《なりしげ》・富正《とみまさ》に言上し、その話が松平忠直に伝えられた。当然ながら、忠直も急いで家康・秀忠に報告した。その後、西尾は家康・秀忠への謁見を許され、褒美として黄金と時服《じふく》を与えられている。

以上が、新出史料から明らかになった信繁最期の様子である。

家康は、真田信尹に首実検を命じたというが、その後の経緯は一定しない。『秦政録』によれば、信尹はまさしくこれが信繁の首だと述べたという。しかし『武徳編年集成』『幸村君伝記』では、信尹はよくわからないと言い張って、信繁の首と認めようとはしなかったという。信尹の複雑な心情が垣間みえるが、いずれにせよ、鹿の角の兜が決め手となったようである。

『幸村君伝記』によると、徳川方諸将は信繁の武功にあやかろうと毛髪を抜き取って持ち帰ったという。

豊臣家の滅亡

信繁の家臣も、ほとんどが討死した。『武徳編年集成』には、信繁とともに、大塚《おおつか》清庵・真田勘解由《かげゆ》・高梨主膳《しゆぜん》が討たれたとあるが、先述した西尾の家譜からすると、四人で休んでいたかは怪しい。また、大塚清庵は青柳清庵、高梨主膳は高梨内記または采女の誤りであろう。この三人が討死したことは、真田家が幕末に作成した『本藩名士小伝《ほんばんめいししようでん》』によって確認できる。ただし、采女は大助の家老（事実上傅役だろう）というから、大助に従っていたのかもしれない。信繁側室の兄堀田作兵衛興重も討死している。

『武徳編年集成』が夏の陣で信繁に従ったという真田与左衛門《よざえもん》は、真田信綱の忘れ形見真田与右衛門《よえもん》の可能性がある。そうであれば、落城後に落ちのびて越前松平家に仕官したことになる。信繁が従兄弟を伴っていたとすれば興味深い。

また、上田の月窓寺《げつそうじ》の檀那に伝わった由緒書によると、信繁は青柳清庵・林庄左衛門《しようざえもん》の他一人に遺品を預け、上田に帰らせたという。同寺は、真田幸綱の弟常田隆永《ときたたかなが》の菩提寺であったが、第一次上田合戦で焼けてしまっていた。信繁は、同寺を再興し、そこに遺品を埋めよと命じたという。これに従えば、青柳清庵は討死を逃れたことになる。

一方、大野治房は信繁が作り出した優勢を何とか勝利に結びつけようと必死であった。前述のごとく、秀頼の出陣は見送られていたが、治房は秀頼の馬印を持って出陣していたという（『イエズス会日本年報』）。たしかに、馬印が出ていれば、みな秀頼自身が出馬したと考えるに違いない。士気を高める上では十分である。

しかし治房は、やはり秀頼自身が本当に出馬しなければ決定打にならないと考えたらしい。その協議をするために、大坂に帰城しようとした。問題は、治房が一人で戻ればよいものを、率いてきた軍勢そのものを反転させてしまったことである。これが大坂方には、豊臣秀頼が自分たちを見捨てて敗走しているように映ってしまったらしい。さらに、大坂城で火の手があがっていたことも、敗北の象徴のように映った。治房の行動は、士気を高めるどころか、大坂方の戦意を失わせてしまったのである。

イエズス会宣教師は、これが勝敗を逆転させるきっかけとなったと記す。ということは、意外にも、大坂方は夏の陣でも優勢であったと認識されていたのである。これは『薩藩旧記雑録後編』も同様で、「大坂衆の手柄については、なかなかに説明する必要もない（優れた）ものがあった。今度の（欠損、「秀頼が」だろうか）お勝ちになるところ、大御所様（家康）がご運の強いためにお勝ちになられたのである」と国許に報告している。

大野治長は、秀頼に嫁いでいた千《せん》姫（秀忠娘）を送り届け、秀頼と淀殿の助命を嘆願したが、叶わなかった。ここに秀頼は自害し、豊臣家は滅亡することになる。真田大助もその場で自刃した。享年は一三～一六と諸説あるが、寅年生まれというから、慶長七年（一六〇二）生まれの一四歳であろう。実名も信昌《のぶまさ》・幸昌《ゆきまさ》など諸説あるが、確定できない。

先に、家康にとって豊臣家滅亡は既定路線ではなかったのではないか、と述べた。しかし、家康は結局、秀頼を許さなかった。わずか八歳の庶子国松《くにまつ》も捕らえて斬首し、大坂方参陣者に対しては執拗な残党狩りを行っている。この方針転換の背景には、家康が大坂の陣で予想外に苦戦したことがあったのではないか。このような事態は、もう二度と招きたくない。大坂方の善戦が、かえって豊臣家に不利に働いてしまったと考えるが、いかがだろうか。

大坂の陣における真田信繁の武名は高く評価された。もっとも勇名なのが『薩藩旧記雑録後編』に収められた「真田日本一《ひのもといち》の兵《つわもの》、いにしへよりの物語にもこれなき由、惣別《そうべつ》これのみ申すことに候」という書状の文面である。また、細川忠興は「さなた・後藤又兵衛手から共、古今無之次第ニ候」と述べ、公家の山科言緒《ときお》は「大坂落城、天王寺ニテ度々さな

図4-6　月心院（真田信繁菩提寺）跡
信繁の法名「月心」を冠した寺院は娘の阿梅が建立したと伝わる。現在は廃寺となり、境内にあった愛宕堂のみ残される（宮城県白石市）。

だ武ヘン、其後討死也」と日記に記している。

信繁妻子のその後

大坂落城の混乱の中、信繁の妻子はかつて隠棲していた紀伊に向けて落ちのびようとしていた。しかし、三女阿梅《おうめ》は一行からはぐれてしまったらしい。仙台藩伊達家家老片倉重長に捕らえられた（『白川家留書』『片倉代々記』）。いわゆる「乱取り」というものである。《大坂夏の陣図屏風》には、徳川軍正規兵が、女子供を乱取りしている姿が描かれている。阿梅もその一人となったわけだ。片倉家の正史である『片倉代々記』によると、重長は阿梅が誰の娘かわからず、侍女として召し使っていた。その後、信繁の娘であることがわかり、継室に迎えたという。話を聞いた信繁旧臣三井奉膳（音通からして、九度山から大坂に同道した三井豊前の誤記だろう）が馳せ参じ、片倉家に仕えている。この経緯は、真田家が作った信繁の伝記『左衛門佐君伝記稿』が引用する『白川家留書』と一致する。同書によれば、信之の孫幸道《ゆきみち》が伊達家臣に真田家と同じ六文銭《ろくもんせん》を紋所にしている者がいることに気がつき、片倉氏当主（重長の養子景長《かげなが》か）と対面したという。「小山田系図」は、小山田茂誠の養女扱いで嫁いだというが、これが事実なら、信繁の娘ということを隠すため、真田信之に偽装工作を依頼したのであろう。

信繁の妻女のその後については、古文書・家譜類で確認がとれないものが多いが、主として『左衛門佐君伝記稿』と真田六文会の調査成果をもとに記述しておく。

正室竹林院殿は、五月二〇日に紀伊伊都《いと》郡に潜伏しているところを浅野長晟に捕らえられた。伊都郡とあるから、九度山を目指したのだろう。子女と、護衛の侍三人を連れていたという。おそらく阿梅以外の子女の多くは行動をともにしていたと思われる。所持していた黄金五七枚と来国俊《らいくにとし》の脇指は没収され、長晟に下げ渡された。この脇指は秀頼から信繁が賜ったものであるという。ここまでの動静は確実な史料から確認できる。問題はその後どのように処遇されたかだが、特に処罰を受けたわけではないようだ。七女おかねが、関ヶ原の戦いで改易され、茶人として余生を送っていた石川貞清《さだきよ》に嫁いだとされる。このおかねの尽力により、龍安寺塔頭大珠院（京都市右京区）に信繁・竹林院殿夫妻と大助の墓が建てられたという（非公開）。

四女あぐりは蒲生忠郷の家臣で、陸奥三春城代（福島県三春町）をつとめていた蒲生郷喜《がもうさとよし》に嫁いだとされる。なお郷喜は、石田三成の重臣蒲生郷舎《さといえ》の兄にあたる。

五女御田《おでん》の母は、豊臣秀次の娘隆清院殿《りゅうせいいんでん》とされる。出羽亀田藩主岩城宣隆《いわきのぶたか》に嫁いだという。先述したように、岩城宣隆の妻が信繁の娘であることは、『岩城家譜』で確認がとれる。一説には、「御田」とは「真田」の「田」のみを残したもので、信繁の娘であることを隠した名であるとも伝わる。寛永一二年（一六三五）六月一一日、江戸藩邸で没したという。享年三二。法名は顕性院殿妙光日信大姉。妙慶寺《みょうけいじ》（由利本荘市）を開き、父信繁を供養した。

信繁戦死後の元和元年七月一四日、男子幸信《ゆきのぶ》が生まれたとされる。生母は隆清院殿であり、姉を頼って岩城氏に仕えたという。寛文七年（一六六七）六月二三日没、享年五三。

六女阿菖蒲《おしょうぶ》は阿梅の縁で片倉家を頼り、片倉家臣となっていた田村（片倉）定広《さだひろ》に嫁いだ。田村氏はもともと陸奥三春の国衆で、定広の伯母は伊達政宗の正室愛姫《めご》である。

次男大八《たいはち》も同様に、片倉家を頼ったとされる。しかし大八について、真田氏側の記録は五月五日に京で印字打《いんじうち》（石合戦）をしていたところ、当たり所が悪く夭折したとする。これが事実であれば、九度山蟄居時のことであろう。一方、仙台藩側の記録では、大八は片倉家に庇護され、片倉守信を名乗ったとしている。五月五日死亡説は、片倉家が出自を隠すために流布した偽情報であるという。

なお長女すへは、小県郡長窪宿《ながくぼ》（長野県長和町）の有力者（近世に大名が宿泊する本陣《ほんじん》となる）石合《いしあい》十蔵道定《みちさだ》が妻に迎えていることが問題となった。寛永一六年（一六三九）、大坂牢人を匿っているのではないかという疑惑が生じたのである。道定は幕府に召し出されて詮議を受けたが、すへを娶ったのが大坂の陣以前であることが明らかとなり、不問に付された。その後すへは、寛永一九年一〇月二八日に没した。法名は松屋寿貞大姉である。

したがって、信繁の妻子を身近に置くことは問題となる危険性を十分にはらんでいたといえる。それでも娘を妻に迎えたがったということは、信繁の勇名にあやかりたかったということではないだろうか。

信繁の勇名は広く知られ、大坂の陣直後から秀頼を奉じて落ちのびたという伝承が生まれたほどであった。没後約半世紀経って刊行された軍記物『難波戦記』では、秀頼を支える智将として描かれ、人気を博すことになる。

さて、信繁が小山田茂誠・村松殿夫妻と大坂の陣の合間に書状を交わしたことはすでに述べた。その書状は、現在でも小山田家に家宝として伝わっている。

興味深いことに、文久三年（一八六三）に小山田氏はこの信繁書状二通を刷り物にして小山田一門に配っている。この年は、信繁没後二四九年にあたり、つまり二五〇回忌である。時の小山田家当主之堅《ゆきかた》は、信繁書状を所持していることに自家のアイデンティティを見いだしたのだろう。

もうひとつ、高野山蓮華定院に伝わる昌幸・信繁像は、真田家臣に広く書写されたようである。同様の扱いを受けた人物は、藩祖真田信之しかいない。真田家臣にとって、やはりこの父子は特別な存在であったのだろう。

五章　真田信之

松代一〇万石の礎を固めた藩祖

上野在城とふたりの妻

真田信之《のぶゆき》は、慶長五年（一六〇〇）の関ヶ原の戦いまで実名を「信幸」と称し、翌六年以降に「信之」と改名する。

永禄九年（一五六六）に昌幸の嫡男として生まれた。場所は砥石《といし》城（上田市）であったといい（『加沢記』）、これが砥石城が真田家に預けられていたことの間接的な証明になっている。元服して源三郎信幸と名乗った。「信」字は武田家の通字であり、武田勝頼嫡男信《のぶ》勝《かつ》がお歯黒《はぐろ》をつけた時に一緒にお歯黒をつけ、信勝から「信」字を与えられたという（『真武内伝附録』他）。お歯黒というと公家の風習のように思われがちだが、戦国期までは武家もお歯黒をしていた（『おあむ物語』）。信勝は天正七年（一五七九）一二月に元服しているから、信幸は一四歳で元服したことになる。当初は、人質として甲府・新府に出仕していた（『加沢記』）。

妻には、長篠の戦いで討死した伯父真田信綱の娘清音院殿《せいいんいんでん》を迎えた。従兄弟同士の結婚である。これは真田家というよりも、父昌幸にとって不可欠な処置であった。真田昌幸は庶流から家督を相続した人物であり、先述したように信綱に宛てられた家伝文書も相続することができなかった。したがって、家督としての「正統性」を主張する必要があったのである。その解決の方法が、嫡男信幸に嫡流家信綱の娘を嫁がせるということであったと思われる。清音院殿は元和五年（一六一九）九月二五日に没している。法名は、清音院殿徳誉《とくよ》円寿《えんじゅ》大姉である。

武田家滅亡後、信幸は大叔父矢沢頼綱（沼田城代）の指導を受けながら、上野岩櫃城代となった。第一次上田合戦には参戦しており、徳川方一三〇〇余を討ち取ったという戦勝報告を、留守を預かる吾妻衆に伝えている。

図5-1　真田信之像（原昌彦氏蔵）

豊臣政権下では、沼田領二万七〇〇〇石を与えられ、徳川家康の与力大名となった。これにより真田家が、上野利根（沼田領）・吾妻郡（岩櫃領）の領有を秀吉から認められたことが明らかになるのは先述した通りである。

もっとも、小田原合戦や朝鮮出兵における肥前名護屋在陣など、実際には父昌幸と行動をともにしている。なお、父と同様に朝鮮渡海はしていない。

その後、改めて本多忠勝《ただかつ》娘小松殿《こまつどの》（稲《いな》姫または子亥姫《ねい》、大蓮院殿《だいれんいんでん》を妻に迎えたというが、時期は明らかにできない。本多家の系図『参考御系伝』（山崎本多藩記念館蔵）や『幕府祚胤伝《そいんでん》』によると、天正一四年（一五八六）に秀吉の仲介で嫁いだとあるが、昌幸の豊臣政権出仕はその翌年である。ただし、本多家が真田家と和解してすぐに嫁いだと理解している点からすれば、天正一五年頃の婚姻とみるべきだろうか。忠勝は、いうまでもなく徳川家康の重臣である。一般に、小松殿は家康の養女として嫁いだとされ、本多家『参考御系伝』にもそのようにある。ただし、江戸幕府および真田家では、誰か貴人の養女として嫁いできたという曖昧な記憶のみが残されており、こともあろうに信幸（信之）の孫の幸道《ゆきみち》ですら「秀吉の媒酌で、徳川秀忠の養女」として嫁いだと幕府に言上している。これは小松殿の菩提寺大英寺《だいえいじ》（長野市松代町）の書上《かきあげ》も同様である。したがって、本当に家康の養女として嫁いだかは再検討を要するが、豊臣大名という真田家の家格を考えれば、十分にありうる話である。

文禄四年（一五九五）に生まれた嫡男真田信吉《のぶよし》の生母は、成立の早い記録には清音院殿と記されており、彼女の産んだ子息であったのだろう。しかし、すでに昌幸の権威を確立するという目的は達成されており、彼女を信幸が妻とした意味は薄れていた。少し時代がくだった記録になると信吉の生母は「家女《いえのおんな》」（身分の低い女性）と記されるようになり、側室待遇になったとみてよい。いずれにせよ、奥《おく》の取り仕切り権が小松殿に移ったことは間違いなかろう。なお、信吉の生母は、最終的には小松殿と記されるようになる。これは、高野山蓮華定院で信吉が小松殿の供養を行った際、小松殿を「悲母《ひぼ》」（亡母）と呼んでいることに基づく。しかし、当時の奥においては、生母でなくても正室のことを「母」と呼ぶことがあった可能性があり、これは証拠にはならないだろう。嫡男信吉は、清音院殿の子息とみて間違いない。

小松殿は元和六年（一六二〇）二月二四日、江戸から戻る最中に武蔵鴻巣《こうのす》（鴻巣市）で没し、大蓮院殿英誉《えいよ》皓月《こうげつ》大禅定尼という法名が付された。

豊臣政権下の信幸

所領である沼田領は、秀吉の裁定により三分の二が北条氏直に引き渡されたことは、三章ですでに述べた（一六三頁）。真田方の拠点である名胡桃城（群馬県みなかみ町）が北条氏に奪われ、これが小田原出兵の原因になったことも同様である。信幸は、父昌幸とともに北国勢に従って上野・武蔵を転戦している。

天正一八年（一五九〇）の小田原合戦後、北条氏に引き渡されていた沼田領三分の二は信幸に返還されたようである。ただし、江戸時代初期の将軍朱印状の内容をみると、利根・吾妻郡一円というわけではなかったらしい。秀吉による裁定以前に、北条氏直が制圧

図5-2　真田信之朱印「精福萬」

していた領域を除外した結果であろう。一方で、勢多郡の一部も含まれていたようだ。

沼田領返還後、信幸はただちに検地に着手した。検地帳には八月二五日とあるから、北条氏が降伏して一ヶ月後の素早い対応であった。父昌幸同様、貫高制《かんだかせい》の検地である。信幸は、検地によって領内村落の年貢高評価をやり直したのである。ここでは従来の一・五倍から三倍もの増分が打ち出されたといい、信幸は財政安定を優先させたとみられる。

しかし、信幸は続いて、文禄二年（一五九三）一〇月にも検地を行っており、この時の検地奉行は大叔父矢沢頼綱である。同年、関東では旱魃《かんばつ》が起きていたといい、その対策と考えられる。矢沢頼綱はこの仕事を成し遂げたあと、慶長二年（一五九七）五月七日に没した。享年八〇。一族の長老の死去であった。

信幸の領国仕置きも父昌幸と同様、武田家のやり方を踏襲しており、「精福萬《せいふくまん》」と印刻された朱印などを用いた。奉者がつくことがあったのも、同様である。

文禄三年一一月二日、正式に従五位下《じゅごいのげ》伊豆守《いずのかみ》に任官した。弟信繁と同時の叙任であった。

先述したように、信幸にも伏見城普請役が課せられた。しかし、最後の年は普請役を免除され、在国して領国仕置きに専念することが許された。ところが、伏見城の普請が思うように進捗していなかったため、わずか一〇日後に取り消されて、二月に上洛するよう改めて指示を受けている。普請の期間は三月から九月だから、かなり長期の上洛となる。ただし、特別な命令であったためか、五分の一役で許された。

石田三成との交友

実に意外なことだが、信幸がもっとも親しく交際した豊臣政権の家臣は石田三成であった。「真田家文書」には一四通もの三成から信幸宛ての書状が残されている。

たとえば、織田信長の孫の秀信《ひでのぶ》が病気となり、信幸の領国内にある草津（群馬県草津町）に湯治《とうじ》に出ることになったことがある。しかし、秀信は病気であったためか、不案内な地での旅が不安になり、三成を通じて信幸に、留守居衆に自分の世話をするよう一筆書き送ってほしいと依頼している。その際、三成は「貴方と私の半（仲）をお聞きになられてこのようになりました」と述べている。三成と信幸の交友関係は、広く知られたものであったのである。

ある時には、三成の子息が病気になったと聞き、信幸はたびたび病気見舞いの書状を出した。三成は「息子の病気はよくなりました。寝ずに看病して、いささか草臥《くたび》れた具合です。一両日中には出仕する予定です。ご帰国するとのお話は、心得ました。みな大坂へ下りますので、今日中にそろって（大坂へ）帰るでしょうから、それを済ませてご挨拶したいと思います」などと述べている。

信幸に送られた三成書状は概して短い。これは両者が不仲であったからではなく、親密な関係にあった証拠である。たとえば「書状を拝見しました。宿で待っています」だけといった短信もあり、「城の番も近日中にあくので、その折に積もる話を伺いたい」などという書状もある。後者では、「急ぎの御用があれば、『糊付』の書状にて承りたい」と続けている。「糊付」とは戦国期にまれに見られるもので、その名称の通り、糊で封をした書状である（近世になると一般化する）。通常の書状は紙縒《こより》で縛るだけだから、糊付は隠密の用向きに用いられた可能性が高い。両者は、密書をやりとりすることもある関係にあったのである。

これは、三章で先述したように、石田三成が「取次」として真田家を後見する役割を担っていたためである。信幸は寄親《よりおや》家康と取次三成という、ふたつのルートで豊臣政権との関係を築いていた。

小県郡の知行改めと上田領の復興

慶長五年（一六〇〇）の関ヶ原の戦いで、信幸が父昌幸・弟信繁と袂《たもと》を分かち、徳川方（東軍）についたことはすでに述べた。信之は七月二四日には、昌幸に同心せず留まったことを家康から讃えられ、二七日には上田領は「親之跡」だとして宛行を約束されている。その際、上田に戻ろうとした昌幸が沼田を通過する時、留守居役を騙して城を乗っ取ってしまおうと試みた逸話がある。しかし、信幸正室の小松殿はそれを見抜いて開門を拒み、昌幸の目論見は崩れたというのである。

この逸話は極めて著名であるが、いくつか疑問がある。豊臣政権下では、諸大名の妻子は伏見、次いで大坂屋敷に集住させられていたからである。なぜ、小松殿だけ帰国を許されたのだろうか。また、大谷吉継は挙兵に際し、信幸の妻も保護したと昌幸に伝えている。この妻が真田信綱娘（清音院殿）であれば問題ないが、普通に考えれば正室小松殿のはずで、創作の可能性が高いことを指摘しておく。

戦後、家康は約束通り昌幸旧領を信幸に与え、信幸は信濃上田領・上野沼田領（岩櫃領を含む）の大名として再出発を図ることとなった。その際、信幸から信之に改名した。父昌幸の「幸」字を捨てたわけである。もっとも、これには多少タイムラグがある。信之の初見は、慶長六年（一六〇一）七月にまでくだるからである。以後、信幸は「信之」と記す。

信之が、第二次上田合戦に従った家臣に与えた恩賞は、あまり見いだすことができない。

草津温泉を管理していた吾妻衆湯本三郎右衛門尉に対し、未進が重なっていた湯銭(入湯料）の上納を過去にさかのぼって免除し、かつ今後は湯銭の上納そのものを行わなくてよいと定めたのが数少ない事例である。これにより、湯本三郎右衛門尉は草津の湯銭をすべて知行することとなった。なお、湯銭というといかにも安価なようだが、前年の湯銭は黄金八両未進と指摘されているから、かなりの額にのぼったようである。信之は、慶長六年春の湯銭としてこま金（駒金）一枚・田舎目《いなかめ》（地方で流通している純度の低い金）二枚を湯本三郎右衛門尉から請け取り、以後は湯銭を上納しなくてもよいと通達した。

次いで信之が着手したのは、小県郡における知行改めであった。これは昌幸旧臣を召し抱えるために必要な処置であり、検地増分も出たことが確認される。慶長六年（一六〇一）八月から、それを踏まえて、姉婿小山田茂誠や矢沢頼幸の所領を安堵し、また新規に所領を宛行った。この改めは従来通り貫高制で行われており、上田領と沼田領では他大名とは異なり石高制を採用していない。このため、のちに江戸幕府の役人が不審に思い、村の古老に尋ねたところ、検地を行わなかったのではないか、という回答が返ってきている。

しかしながら、これは事実ではない。真田氏は信綱の代には検地を行っており、また昌幸は豊臣政権服属後にもいくつかの郷村で検地を行ったことが明らかになっている。

では、なぜ検地をする機会があったにもかかわらず、石高制に移行しなかったのか。

この点について、真田家の税が他大名に比して一・二倍から一・四倍高く、石高制に改める検地を行うとかえって減収になってしまうという指摘がなされている。たしかに、真田家が設定した税は重かったようで、毎年「入下《いりさげ》」という減税処置を取ることで調節を図っている。しかしながら、石高制に移行する際の換算にルールがあるわけではない。貫高制並みの税率を維持しながら、石高制に移行することも不可能ではないはずで、実際、沼田藩は、後に大増税を行って石高制に移行している（ただし、これは領国の大幅な疲弊を招いた）。

これは豊臣政権の石高制を、戦国大名段階と異なる税制で、測量によって生産高を可能な限り把握した特別なものと理解することからくる誤解である。いわゆる「太閤検地」によって、全国の大名の石高が定められたことは間違いない。しかしながら、実際には豊臣政権の奉行人が全国を回って検地を行ったわけでもないのである。大名の裁量に任された場合もあるし、奉行人が机上の操作で石高の数値を増やしてしまった事例も多々ある。そもそも、数日しかない収穫時にすべての測量を終えるなど不可能であろう。したがって、「太閤検地」で得られた数値は生産高ではない。あくまで、豊臣政権や各大名が軍役や普請役を賦課する際に用いた便宜的な基準値である。つまり、戦国大名以前と同様なわけだ。

真田家の場合も、石田三成ら豊臣政権奉行人による検地は行われず、昌幸父子に任された。当然ながら、真田家はやり慣れた武田流の検地を実施した。そして、豊臣政権や江戸幕府とやりとりをする時に限り、石高制に換算した数値を提示したのである。上田領の場合は、一貫文＝二石四斗七升の比率であったようだ。では、なぜ石高制に移行しなかったかといえば、する必要を感じなかったとしか現時点では説明のしようがない。石高制が米建てで土地の価値を評価する方法であるのに対し、貫高制とは銭建てで土地の価値を評価する方法であるに過ぎない。秀吉が織田信長から与えられた所領である近江長浜（長浜市）が石高制であったため、豊臣政権は石高制を基準にすることにし、諸大名にも石高制での評価額提出を求めた。しかし現地では、貫高制が生き続けた場合もあったのである。真田家は貫高制を使い続けることに特に問題を感じなかったため、手間のかかる石高制への移行処理は行わなかった。同様に貫高制を採用し続けた大名としては、仙台藩があげられ、伊達氏は一貫文＝一〇石で換算をしている。また真田家が松代に転封された後も、上田藩（仙石家・藤井松平家）は幕末まで貫高制を踏襲することになる。

信之が知行改めと併行する形で同心の編制替えを行い、軍勢を再編した点も注目される。各家臣が率いる兵科を鑓《やり》なら鑓のみ、鉄砲なら鉄砲のみと統一し、かつ一〇人単位のわかりやすい部隊編制に改めているからである。従来、こうした兵科別部隊の編制は戦争が起こるたびに行っていたが、その手間を解消したことになる。このことは、信之が関ヶ原を経てもまだ戦争の可能性があると考えていたことを示唆する。

慶長七年（一六〇二）一二月、信之は沼田領沼須（沼田市）・原町（東吾妻町）において新しく町場を設定し、牢人の集住を呼びかけた。この時点での信之の本拠はあくまで沼田であり、領内の宿場と交通の整備に尽力したのである。沼田を居城として使い続けたのは、上田城が破却《はきやく》（破壊）された上で、信之に引き渡されたためでもある。

これらの政務に一区切りをつけた後、信之は荒廃した上田領の復興に取りかかった。第二次上田合戦はまさに総力戦の様相を呈しており、上田領の村落では百姓の逃散《ちょうさん》が相次いでいたのである。真田家の菩提寺である長谷寺（上田市真田町）も焼失しており、昌幸から長谷寺再興を依頼されている。

上田領復興が動き出したのは慶長八年三月である。信之は地道に百姓に村落還住《げんじゅう》を呼びかけ、家臣にもそれを促した。還住した百姓は一人ひとり名前が記録され、米一俵が合力米として与えられた。

それでも百姓の帰住は進まなかったようだ。そこで慶長一一年（一六〇六）、秋和《あきわ》（上田市）の逃散百姓に対し、還住したら三年は役儀免除とし、誰であろうと耕作を行えば百姓として認定すると定めた。同時に、現在居住している百姓には役儀半役と通達している。不公平感が生じないよう配慮したものであろう。和田・大門・長窪（長和町）にも同様の通達が出され、逃散百姓だけではなく、他所の牢人も集住するよう呼びかけている。

中でも秋和は、真田家の本領といってよい場所である。その地ですら、百姓逃散が問題化していたのだから、事態は深刻であった。

慶長一〇年には、上田城下の原町の屋敷を配置し直しており、城下町整備に乗り出した。翌年には原町と同時に海野町（同様に上田城下）においても、来客用の宿を定めているから、整備は順調に進展したものらしい。

藩政機構の整備

信之は主要な所領に「肝煎《きもいり》」という役職を設置し、広域行政を任せた。まず慶長九年（一六〇四）六月に、河原綱家を本領真田・横尾《よこお》（上田市真田町）の肝煎に任じ、「職方法《しきかた》度」「田地指引」を遂行するよう命じた。「職方」とは、検断権《けんだん》（警察権）のことを指す。「田地指引」とはおそらく耕作指導の意味であろう。もちろん、直接鍬の用い方を教えるわけではなく、指導の統轄といったところか。

次いで、上田領支配に集中するために、沼田領支配における家臣の役職を整備することとした。慶長一九年（一六一四）、信之は出浦昌相《いでうらまさすけ》を「吾妻職方」に、大熊勘右衛門尉《おおくまかんえもんのじょう》を「沼田職方」に任じ、吾妻・利根両郡の検断権を委ねた。

文書行政機構は昌幸のそれを踏襲し、武田以来の奉書式朱印状を用いたが、矢沢頼幸を筆頭とする家老連署状もしばしばみられるようになっていく。この連署状は、花押ではなく小型の黒印を捺させたことに特徴がある。なお、信之の代には姉婿小山田茂誠・之知父子が藩政に携わった様子はうかがえない。

こうして信之は、徐々に藩政機構を整えていく。

さて、信之の家老として異色の存在が、出浦昌相である。出浦氏はもともと村上義清に仕えた埴科郡の小規模国衆で、武田家においては昌幸の与力に配されていた。武田家滅亡後は独立した動きをしており、昌幸への従属は天正一一年（一五八三）である。『本藩名士小伝』によると、昌相は武田家から「透破《すっぱ》」（忍）を預けられていたという。どうも武田・真田両家の諜報を一手に引き受けた存在として伝わったらしい。それでは、陰に隠れた存在であったかというと、そんなことはまったくない。「吾妻職方」に任じられている堂々とした家老なのである。

その上、信之の出した命令には、出浦昌相の黒印状が付されてはじめて実行に移されるものがあった。信之朱印状の内容をチェックする役割を果たしたのが、昌相なのである。

これだけの信頼を信之から受けた家老は他にはいない。それでいて、「透破」の頭領であったと伝わるのだから、歴史というのはかくも面白い。

松代転封

慶長一五年（一六一〇）、岳父本多忠勝が死去した。信之は紀州藩主浅野幸長から弔問の書状を送られている。幸長は、昌幸・信繁を九度山で預かる身であった。

大坂冬の陣に際しては、信之は病のため江戸に留まり、子息信吉（一九歳）・信政《のぶまさ》（一八歳）が代理として出陣した。矢沢頼幸以下の家老が補佐をつとめた。信之は、亡き舅の跡を嗣いだ本多忠朝《ただとも》の指図を仰ぐよう、頼幸に書状を送っている。

その際、信之が普段養っている家臣だけでは軍勢に不足が生じた。そこで新規に足軽を召し抱えている。翌年四月、知行宛行《あてがい》に手間取っているという報告を受けた信之は、家老宮下藤右衛門尉《とうえもんのじょう》に、一人につき六貫文ずつ前年の収穫にさかのぼって与えよ、と指示を出した。場所は藤右衛門尉が代官として預かっている蔵入《くらいり》地（料所《りょうしょ》）から出せというのだから、誰も文句をいうことはできない迅速な処置といえる。同時に、信之が「非正規雇用」の足軽をこれ以前に解雇しており、大坂の陣に臨んで急いでかき集めた様子もうかがえよう。

その翌年の夏の陣も、やはり二人の子息が代わりに出陣している。当時、信之は中風《ちゅうふう》を患っており、歩くこともままならなかったという。真田勢は本多忠朝に従って河内口に布陣したため、叔父信繁と干戈を交わすことはなかった。なおこの合戦で、本多忠朝は討死をしており、やはり大坂の陣は激戦であったといってよい。

大坂の陣で尽力した宮下藤右衛門尉だが、戦後、真田信繁への内通を疑われ、誅殺されたという。嫌疑は、金銀・矢尻・鉄砲の玉薬《たまぐすり》を密かに信繁に送っていたというものであった。この件の経緯ははっきりせず、馬場主水《もんど》なる真田旧臣の忍が、信之自身が信繁に内通していたと幕府に訴え出たのが発端だという。これを受けて幕府が詮議したところ、内通者は信之ではなく、宮下藤右衛門尉のみであると決着し、信之の命で藤右衛門尉は成敗されたとされる。この一件は良質な史料にはみえないし、信繁が藤右衛門尉に送ったとされる書状写の署判には「幸村」とあり、明らかな偽文書である。しかし、これ以降、宮下藤右衛門尉が真田家中から姿を消すのは事実である。やはり、何らかの疑獄事件があったと考えざるを得ない。

これもまた、徳川方が大坂の陣で苦戦を強いられたことに起因する問題だろう。幕府は大坂牢人を執拗に処罰した。そして信繁の活躍と、信之の病気による不参陣が疑惑を生んだのであろう。

信之は、宮下藤右衛門尉に厳罰をもって臨んだ。小山田茂誠は、冬の陣後に書状を交わしているが、それで咎められてはいないから、戦時のやりとりを示すものがあったのであろう。問題は、真田信之そのものが疑われたことである。家老木村綱円は幕府に対し、関ヶ原の後、信之は昌幸旧臣を一人も仕官させなかったと言上したというが（『翁草』）、事実に反する。信之の戦後処理は、昌幸旧臣への所領安堵からはじまっている。信之としては、幕府に信繁とのつながりを疑われるようなことになっては、ならなかったのである。

さて、上田復興に尽力するためか、信之は本拠を上田に移した。『信濃国小県郡年表』は、『沼田記』を根拠に元和二年（一六一六）のこととするが、確証はない。その際、沼田領三万石は、嫡男信吉に譲られた。ここに沼田藩が事実上、成立する。

元和八年（一六二二）一〇月、真田信之は上田藩六万五〇〇〇石から松代《まつしろ》藩一〇万石へと加増転封された。藩領は、信濃埴科・更級・水内・高井郡である。沼田藩三万石はそのまま嫡男信吉が領した。転封といっても、上田藩と松代藩は隣接している。そればかりか、松代城はかつての海津城であり、真田氏と縁が深い地である。真田氏というと、どうしても幕府との因縁が想定されがちだが、決して悪い待遇を受けたわけではない。

ただし、上田藩では貫高制が採用されていたのに対し、松代藩では石高制が採用されていたことが問題となった。このため、寛永元年（一六二四）に信之は一貫文＝三石という換算で家臣の知行を再編した。新たに上田藩に入部した仙石氏は、一貫文＝二石四斗七升で換算しているから、比較的家臣に有利な換算であるように思える。しかしながら、真田

図5-3　沼田城石垣
信之が本拠とした沼田城。この石垣は、真田氏時代のものと考えられている。

氏そのものが三万五〇〇〇石の加増を受けたのに対し、家臣への加増はなかった。したがって、信之は期せずして直轄領の拡大に成功したのである。

しかし、これに大きな反発が生じた。中～上級家臣四八人が脱藩し、過半が上田に帰農するという事件が起きたのである。「四十八騎浪人事件」と呼ばれる。もっとも知行高の多い飯島市之丞《いちのじょう》は、三〇〇石を給されていた。次席家老小山田之知の知行地が九六九石だから、上級家臣といってよい。また市之丞の父は、昌幸の高野山配流に供奉し、翌年帰国した人物である。真田家にとっては、忠臣といってよい。

彼らは、真田氏本拠の地侍《じざむらい》の出であり、

百姓同様に村落の構成員であった。真田氏のもとで取り立てられたが、先祖伝来の土地を離れることへの抵抗をぬぐい去ることができなかったのだろう。小規模な国衆出身で、家老が地侍の出という真田氏の特徴が仇となった形である。

また信之自身も行っていた政策だが、各大名は荒廃した村落を復興するために、帰農者を優遇する政策をとっていた。したがって、隣接する故地上田に帰ることは容易であったと考えられる。

松代転封に際し、信之は次男信政に一万石、三男信重《のぶしげ》に七〇〇〇石を譲った（『真武内伝』）。場所は埴科郡である。信之が直接領有したのは、八万三〇〇〇石に留まる。本来であれば、嫡男信吉（沼田藩主）が家督を嗣ぐべきであったが、寛永一一年（一六三四）に四〇歳で早逝してしまった。法名天桂院殿月袖浄珊大居士《てんけいいんでんげつしゆうじようさん》である。このため、次男信政が世嗣ぎとなる。

沼田藩は信吉嫡男の熊之助《くまのすけ》が跡を嗣ぐが、夭折してしまい、信政が沼田に入ることになった。この結果、沼田藩主は真田本家を嗣ぐための政務見習いのような立ち位置となる。

信之は非常に長命であったため、重臣に次々と先立たれている。元和九年（一六二三）八月一八日に出浦昌相が、寛永三年（一六二六）三月二一日に矢沢頼幸が、寛永四年七月一五日に池田綱重が、寛永一一年七月二一日に河原綱家が、寛永一四年八月三日に義兄小山田茂誠が死去した。このように、昌幸以来の重臣はみなこの世を去っていった。姉村松殿も寛永七年六月二〇日に死去した。享年六六。法名は宝寿院殿残窓庭夢大姉《ほうじゆいんでんざんそうていむ》である。

信之は繰り返し隠居を願い出ていたが、四代将軍徳川家綱《いえつな》が幼少であり、信之は「天下ノカサリ（飾り）」であるとして退けられていた。ようするに、長老として幕府を支えてほしいというのである。もちろん、外様大名なので、幕政に関与するわけではない。しかし、明暦二年（一六五六）、信之が九一歳に達した時、ようやく幕府の許可が下りる。万治元年（一六五八）七月、剃髪して一当斎《いっとうさい》と号した。ところが、家督を嗣いだ信政も六一歳と高齢であり、この万治元年二月に六二歳で死去してしまった。法名は、円陽院殿威良《えんよういんでんいりょう》一中《いっちゅう》大居士である。

したがって、信之が再度表舞台に引きずり出されることになる。遺言により、家督は信政末子の幸道が嗣ぐことになったが、まだ二歳の幼児に過ぎない。この事態に、沼田藩主真田信直《のぶなお》（信吉の子。実名信利とされるが誤り）が不満を抱き、家督を望んだのである。信直からすれば、信之直系の孫であり、年齢的にも、また沼田藩主という立場からも、自分こそが跡継ぎに相応しいと考えたのだろう。十分に理屈の通った話である。しかし信之は、自ら幸道を後見するという姿勢を示すことで、この難局を乗り切った。九三歳にもなる大《おお》殿《との》の意向に、幕府は押し切られたのである。

ただしこのことが、信直の本家への対抗心を燃え上がらせた。信直は強引な検地を行って、沼田藩の石高を三万石から一四万四〇〇〇石に引き上げたのである。これは財政再建手段であったとも思われるが、明らかな苛政であり、最終的に改易の憂き目に遭う。なお、沼田藩はその後、幕府が行った検地で六万五〇〇〇石と認定されるから、信直は倍以上の石高を打ち出し、重税を賦課したことになる。領民の反発も当然であった。

御家騒動を未然に防ぎ、松代藩真田家の存続を盤石にしたことが、信之最後の功績となる。万治元年（一六五八）八月より体調を崩し、一〇月一七日に死去した。享年九三。法名は、大鋒院殿徹巌一当《だいほういんでんてつがんいっとう》大居士である。近臣として仕えていた鈴木右近《うこん》が、後を追って殉死している。右近は、名胡桃城事件で自害した鈴木主水の子で、享年は八五であった。このため、各地にある信之の墓の脇には、右近の墓がたたずんでいる。

以後、真田家は松代藩一〇万石として、明治維新まで存続することとなる。その礎を築いたのが、信之であった。

あとがき

本書の校正中、何となしに思い出したことがある。自分が大学に進学して最初に買った歴史書は、柴辻俊六先生の『人物叢書 真田昌幸』（吉川弘文館、一九九六年）であった。私の進学が一九九六年四月で、同書の刊行が七月なのだから、当然といえば当然である。高校時代にＮＨＫの「真田太平記」再放送を視聴し、原作小説にはまったためでもある。

『人物叢書』という伝記は、史料的根拠を示しながら、客観的な姿勢で書き進めなければならない。私の母校である慶應義塾大学文学部は、二年進学時に専攻を選ぶ。日本史学専攻を希望する学生向けに用意された初年次演習は、専任教員の持ち回りで、たまたま私の代は古代史であった。はじめて史料原文を読んでいくのだから、面白くてたまらないのだが、戦国大名研究を志していた身としては、戦国期の古文書や記録を早く読んでみたいというのが本音でもある。

そんなところで出会ったのが、同書であった。東国の戦国大名研究者は、網羅的に史料を集めた上で一覧化し、傾向や変遷を探りつつ、一点一点を読み込んでいく手法がスタンダードになっている。柴辻先生は『人物叢書』執筆に際し、史料の一覧表を提示したり、史料を引用して解説しながら論述を進めていくスタイルをとったから、渇望していた「戦国時代の研究手法」を教えてくれたのが、同書ということになる。私が真田氏研究に本格的に取り組むのは、博士号取得後だが、研究の原点のひとつといえるだろう。

いくつかの場所で述べてきたが、私は研究対象に思い入れを持たないことを信条としている。ただ、真田氏は「研究への入り口を導いてくれた」という点では、特別な意味を持つのかもしれない。しかし先行研究の分厚さと史料の量は、学部生の手に負えるものではないと判断し、卒論で取り上げることは見送った。

ところが大学院進学後、史料調査に参加するようになると状況が変わった。〝もぐり〟で参加していた柴辻ゼミの合宿で静岡県裾野市を訪ねると、未翻刻の真田昌幸文書が眠っていた。また筆者は高野山宿坊の史料調査グループに参加し、毎年登山を欠かしていない。その中で、蓮華定院のご住職から、真田氏の本拠小県郡（および佐久郡）の供養帳（一般にいう過去帳）の調査をお許しいただいた。この供養帳は自治体史などで断片的に紹介・利用されてきたものだが、まだ全体は活字の形で紹介されていない。その上、同院には『真田御一家過去帳』も重宝として保管されていた。どこにいっても真田氏に行き当たることを感じた私は、真田氏関係史料の収集に乗り出した。

本格的に真田氏研究に取り組まなければならないと考えたのは、二〇〇八年に博士号を取って以降のことである。その結果、執筆したのが、編著『信濃真田氏』『真田氏一門と家臣』の二冊で、二〇一四年に上梓した。

ところが、事態は思いもよらない経過をたどった。その直後に、NHKが大河ドラマ『真田丸』の制作発表をしたからである。それを受け、以前『別冊太陽　戦国大名』（二〇一〇年）でお世話になった平凡社の坂田修治氏から、「真田氏の通史を書いてみませんか」というお話を頂戴した。

喜んでお引き受けをしたものの、いざ執筆に取りかかってみると、『信濃真田氏』執筆時に感じていた懸念が現実化した。「はじめに」でも述べたが、真田氏について分厚い研究史があるのは、武田時代に限られる。近年、平山優・寺島隆史両氏の研究によって、武田家滅亡後の動向がかなり明確化されたが、それでも第一次上田合戦までというのが正直なところである。豊臣政権期の真田氏の動向は、ほとんど検討されたことがない。真田氏といえば、二度にわたる上田合戦と大坂の陣が「華」だが、戦国期の合戦に関する良質な史料はほとんどないのが常識である。したがって、有名なわりには研究が深められたのはつい最近のことなのである。

その上、織田政権成立から江戸幕府確立までの通史には、戦国期の研究者によって再検討の必要があることが指摘されている。私自身も中長期的なテーマとして掲げているが、まだ漠然としたものであった。本書では最新の研究に多くを学びつつ、虚心に史料を読むことで私見を示したが、その多くは先行研究への賛否を示したにとどまっている。特に「徳川家康の天下取り」については、もう少し掘り下げる必要があったと思っている。

ようするに、本書の執筆は私に課題を示してくれたというわけだ。その機会を与えてくださった平凡社に感謝を述べて、擱筆したい。

二〇一五年一〇月一九日

丸島和洋

年表

太字は真田氏関連

和暦	(年)	西暦(年)	おもな事績
永正	10	1513	**真田幸綱が生まれる**
大永	3	1523	**真田頼昌が没する**
天文	6	1537	**真田信綱が生まれる**
	9	1540	**4月26日　幸綱、蓮華定院で生母の供養を行う**
	10	1541	**5月25日　海野平合戦で武田・村上・諏方連合軍に敗北、幸綱は上野箕輪に亡命する**
			6月17日　武田晴信（信玄）が父信虎を駿河に追放し、家督を嗣ぐ
	11	1542	7月21日　武田晴信、諏方頼重を自害させる
	12	1543	**6月　真田昌輝が生まれる（翌年説あり）**
	14頃	1545頃	**幸綱、武田家に仕える**
	16	1547	**8月6日　幸綱、小田井原合戦に参陣か**
			真田昌幸が生まれる
	18	1549	**3月14日　幸綱が武田家に仕えた確実な初見**
	19	1550	10月1日　武田晴信、村上方の砥石城を攻めて大敗を喫する（砥石崩れ）
	20	1551	**5月26日　幸綱、砥石城を調略で攻略する**
	22	1553	3月9日　村上義清が武田家の圧力に屈し、越後に亡命する

天文			**8月10日　真田昌幸（7）、甲府に人質として出仕する**
			9月　長尾景虎（上杉謙信）が信濃に侵攻し、川中島合戦はじまる
			10月5日　幸綱の娘が長坂昌国に嫁ぐ
弘治	2	1556	**8月　幸綱、小山田虎満とともに川中島の東条尼飾城を攻撃する**
永禄	元	1558	**4月　幸綱、川中島防衛に際しては、東条尼飾城入城を命じられる**
			12月　武田晴信が出家し、法性院信玄と号す
	3	1560	**11月13日　幸綱、長尾景虎に太刀を進上する**
	4	1561	9月10日　第四次川中島合戦。**真田昌幸の初陣と伝わる**
			この年、武田信玄の上野吾妻郡侵攻がはじまる
	5	1562	**5月17日　幸綱、吾妻郡国衆鎌原氏に援軍を派遣することを命じられる**
			6月13日　幸綱・信綱父子が山家神社の宮殿修復を行い、板扉を奉納する
	6	1563	**10月13日　真田信綱、岩下城を調略で攻略する**
	7	1564	**この年末から翌年初頭頃、幸綱が出家し、一徳斎と号す**
	8	1565	**3月　吾妻郡の政治拠点岩櫃城の初見。真田氏は岩櫃城将となる**
			10月15日　武田義信の謀叛事件が発覚し、飯富虎昌が処断される（義信事件）
			この年、幸綱が離叛した大戸浦野氏を再服属させる
			昌幸長女村松殿が生まれる
	9	1566	**真田信幸（のち信之に改名）が生まれる**
	10	1567	**3月　幸綱、白井城を調略で攻略する**
			この頃、幸綱が隠居し、信綱が家督を嗣ぐ

年号	年	西暦	事項
	11	1568	12月　武田信玄が今川氏真との同盟を破棄し、駿河に侵攻する
	12	1569	**11月　真田昌春（信尹）、駿河深沢城攻めで活躍する**
元亀	元	1570	**真田信繁が生まれる（異説あり）**
	3	1572	**2月4日　武藤昌幸の初見。武田家朱印状を奉じる** 10月　武田信玄が織田信長との同盟を破棄し、徳川領侵攻を開始する
天正	元	1573	4月12日　武田信玄が没し、勝頼が家督を嗣ぐ **11月22日　信綱の加冠で河原綱家が元服する**
	2	1574	**5月19日　真田幸綱が没する（62）**
	3	1575	**5月21日　長篠合戦。真田信綱（39）・昌輝（34）兄弟が討死する。家督は昌幸が嗣ぐ**
	5	1577	**閏7月　真田昌春が加津野家の名代となり、加津野昌春を名乗る**
	6	1578	3月13日　越後の上杉謙信が没し、景勝が家督を嗣ぐ 5月　上杉景虎が挙兵し、御館の乱がはじまる。武田勝頼は上杉景虎を支援するために出陣する 6月　武田勝頼は上杉景勝からの和睦要請を受け入れ、景勝・景虎の和平調停に転じる **この年または翌7年に、昌幸が検地を行い『真田氏給人知行地検地帳』を作成する。奉行は矢沢頼綱**
	7	1579	3月24日　上杉景虎が自害し、御館の乱が終わる 9月　武田・北条同盟が破棄され、戦争状態に突入する。勝頼は上杉景勝・佐竹義重と結んで北条氏に対抗する 12月　武田信勝が元服する。**同時に、真田信幸も元服し、「信」字の偏諱を受ける**

天正	8	1580	**正月頃　昌幸、沼田攻略の準備を開始する** **2月10日　真田信綱室於北が没する** **2月24日　昌幸、小川可遊斎の家臣を調略する** **3月　昌幸、小川可遊斎を降伏させ、小川城を攻略する** **5月　昌幸、駿河三枚橋城普請の遅れについて、他の武田家家老とともに勝頼から叱責を受ける** **5月　昌幸、猿ヶ京城を攻略し、小川可遊斎を城将とする。この頃、名胡桃城も攻略し、海野幸光らを城将とする** 8月19日　北条氏政が隠居し、氏直が家督を嗣ぐ **8月　昌幸、藤田信吉を寝返らせ、沼田城を攻略する**
	9	1581	**正月　新府城の普請が開始され、昌幸も普請に参加する** **3月14日　昌幸、沼田景義を謀殺する** 3月22日　遠江高天神城が落城し、武田家臣団に動揺が奔る。西尾久作（仁左衛門）は同城から逃れる **6月7日　勝頼、「北上野郡司」真田昌幸に利根・吾妻郡統治の指針を与える** 9月　新府城の完成が同盟国に伝えられる **11月21日　昌幸、海野幸光・輝幸兄弟を滅ぼす** 12月24日　勝頼、本拠を新府城に移転する
	10	1582	正月　木曾義昌が謀叛し、2月3日に織田勢の武田領侵攻がはじまる 3月11日　武田勝頼・信勝父子が田野で自害し、武田家が滅亡する

3月12日　真田昌幸のもとに北条氏邦から書状が届き、本格的な服属交渉に入る
3月21日　上野安中に入った織田信房が上野の武田旧臣に降伏を呼びかける
3月　昌幸は織田信長に降伏し、岩櫃・沼田を滝川一益に引き渡す
3月か　昌幸は生母河原氏と次男信繁を滝川一益のもとに人質として送る
4月8日　織田信長が昌幸に礼状を送り、進上された馬に謝意を表す
6月2日　本能寺の変。織田信長・信忠父子が自害する。「天正壬午の乱」がはじまる
6月10日　昌幸、「道」朱印状の使用を開始する
6月13日　滝川一益が沼田城を昌幸に返還すると決定し、昌幸は請取の軍勢を出す
6月19日　神流川の戦い。滝川一益は北条氏直に大敗し、伊勢に撤退することを定める
6月21日　昌幸、吾妻衆湯本三郎右衛門尉を岩櫃城に入城させ、上野の旧管轄地域を奪還する
6月27日　清洲会議。織田政権の再編が合意される
6月28日　滝川一益、人質である昌幸生母と信繁を木曾義昌に引き渡し、木曽谷通過の許可を得る
6月　昌幸、上杉景勝に従属する
7月9日　昌幸、上杉家を離叛し、北条氏直に従属する
7月25日か　昌幸は海津城代春日信達を調略するが、上杉家に見破られ、信達は処刑される
7月27日　加津野昌春（真田信尹）が上杉景勝を離叛し、牧之島城から出奔する
9月28日　昌幸、加津野昌春・依田信蕃らの説得に応じ、徳川家康に従属する

年号	年	西暦	事項
天正			**10月　小県郡および吾妻郡で真田勢と北条勢が交戦する**
			10月　織田政権が分裂し（上方忩劇）、家康への援軍派遣が中止となる
			10月末　徳川家康と北条氏直の間で和睦が成立する。上野は北条領と定められるが、昌幸は吾妻・利根両郡の引き渡しを拒絶する
			閏12月　北条氏邦の攻撃により、群馬郡中山城が失陥する
	11	1583	**正月　小県郡において武石大井氏・丸子依田氏らが挙兵するが、昌幸はこれを打ち破る**
			2月　昌幸の生母河原氏が徳川家康の人質となる
			2月　北条氏邦が箕輪城代となり、沼田領攻略の指揮官となる。氏邦は、4月から5月にかけて、沼田・吾妻を攻撃する
			4月　徳川家康が上田城の築城を開始する。その後、上田城は昌幸に譲られる
			4月　羽柴秀吉が賤ヶ岳の戦いで勝利し、柴田勝家を滅ぼす
			6月　徳川家康の娘督姫が北条氏直に嫁ぐことが決まり（輿入れは8月）、両国の軍事同盟が復活する。北条氏政は家康に沼田領引き渡しを求める
			7月　沼田城を請取に来た北条氏邦の使者を矢沢頼綱が切り捨て、頼綱が先行して上杉景勝に従属する
			11月　秀吉、徳川家康を通じて北条氏直に「惣無事」を通達する
	12	1584	**3月　上杉景勝の支援を受けた羽尾源六郎が丸岩・三原城を攻略する。羽根尾城将湯本三郎右衛門尉がこれに呼応する**
			3月　小牧・長久手の戦いが始まり、羽柴秀吉が織田信雄・徳川家康と衝突する。11月の講和成立で信雄が秀吉に従属し、秀吉が天下人となる

13	1585	4月1日　上杉家に従属していた屋代秀正・室賀満俊兄弟が徳川家のもとに出奔する
		7月7日　室賀正武が昌幸を暗殺しようと試みて返り討ちに遭う。これにより、昌幸は小県郡を制圧する
		6月　昌幸、徳川家を離叛して上杉景勝に従属する。景勝は屋代氏旧領の一部を真田信繁に与える
		7月11日　羽柴秀吉が関白になる
		7月15日　上杉景勝、昌幸に小県・吾妻・利根三郡を安堵する
		8月　信繁が人質として春日山城に赴く
		閏8月　第一次上田合戦。昌幸・信幸父子は徳川勢を撃退する
		9月　昌幸、上田城を上杉景勝に普請してもらう
		9月　北条氏邦が沼田を攻撃し、森下城が落城する
		10月　昌幸、羽柴秀吉から軍事支援の約束を得る
		11月13日　徳川家重臣石川数正が羽柴秀吉のもとに出奔する。これにより、徳川家康は真田攻めを中止し、軍勢を撤退させる
		12月　天正大地震。**この頃、昌幸は佐久郡攻略の準備を進める**
14	1586	**2月　秀吉が昌幸に停戦を命じる**
		4月　羽柴秀吉の妹旭姫が徳川家康に嫁ぐ
		6月　上杉景勝が上洛し、羽柴秀吉に臣従。**秀吉は真田氏を徳川家康の与力とする案を提示する**
		7月　秀吉が徳川家康による真田討伐を容認する

天正		
		8月9日　**秀吉がみずから真田討伐に出陣すると表明する**
		9月9日、羽柴秀吉が豊臣姓を賜る
		10月　徳川家康が上洛し、豊臣政権に服属する
		11月　**上杉景勝の嘆願により、秀吉が真田昌幸を赦免する**
15	1587	**3月**　**昌幸、上洛して豊臣秀吉に臣従し、「豊臣大名」となる**
		7月　**北条勢の攻撃により、群馬郡岩井堂城が失陥する**
		9月　北条氏邦の家老猪俣邦憲が箕輪城代となる。同じ頃、氏邦家老斎藤定盛が大戸城代となる
16	1588	4月　北条家臣猪俣邦憲が権現山城を築き、名胡桃城攻撃の足がかりとする
		4月26日　**昌幸が横尾八幡城の輪番を定め、吾妻郡の守りを固める**
		7月10日　**秀吉が関東・奥羽国分けの上使を派遣し、「沼田領問題」裁定に乗り出す**
		8月　北条氏規が上洛し、北条家が豊臣政権への服属姿勢を示す
		9月25日　**北条勢の攻撃により、勢多郡阿曽城が失陥する**
17	1589	**春頃**　**秀吉が「沼田領問題」の裁定結果を通達する**
		7月21日　**秀吉の裁定により沼田城が北条氏直に引き渡される**
		9月　秀吉、諸大名に妻子の在京を命じる
		11月13日　**北条家臣猪俣邦憲が真田領名胡桃を攻略する（名胡桃城事件）**
		11月21日　秀吉が北条氏直の非を弾劾し、出兵を決める（小田原合戦のはじまり）
18	1590	**3月**　**真田昌幸、北国勢（東山道軍）の一員として上野に出陣する**
		7月5日　北条氏直が降伏し、小田原城が開城する

年号	年	西暦	出来事
	19	1591	**沼田領が信幸に返還される。8月、信幸が沼田領で検地を実施** **加津野昌春が徳川家を出奔し、会津の蒲生氏郷に仕える。真田信尹に改名** **7月　文禄の役の動員令が出され、昌幸・信幸は肥前名護屋在陣を命じられる。信繁も馬廻として参陣する**
文禄	2	1593	**8月1日　真田幸綱室河原氏が没する（異説あり）** 8月3日　豊臣秀頼が生まれる **12月　真田信幸が沼田領で検地を行う。奉行は矢沢頼綱**
	3	1594	**3月　伏見城普請がはじまり、真田家も動員される** **4月7日　昌幸が従五位下に叙され、諸大夫成大名となる** **11月2日　信幸が従五位下伊豆守、信繁が従五位下左衛門佐に任じられる**
	4	1595	7月15日　関白豊臣秀次が高野山で自害する **この年、信幸嫡男真田信吉が生まれる**
	5	1596	閏7月13日　慶長伏見大地震。伏見城天守も倒壊する
慶長	2	1597	2月　慶長の役がはじまる **5月7日　矢沢頼綱が没する（80）** **10月　昌幸、宇都宮国綱改易の事後処理にあたる** **11月　信幸次男信政が生まれる**
	3	1598	8月18日　豊臣秀吉が没する
	4	1599	閏3月3日　豊臣政権大老前田利家が没する。翌日の「七将襲撃事件」により石田三成が失脚する

慶長	5	1600	6月　豊臣政権大老徳川家康が会津の上杉景勝討伐に出陣する 7月　石田三成が大谷吉継を誘って挙兵する。17日、大老毛利輝元が大坂城に入り、家康の弾劾状が出される **「犬伏の別れ」。真田昌幸・信繁は西軍に、信幸は東軍につく** **9月3～8日　第二次上田合戦。昌幸は徳川秀忠の足止めに成功する** **9月15日　関ヶ原で西軍が敗れる。信繁の岳父大谷吉継が討死する** **12月13日　昌幸・信繁父子、上田城を徳川方に引き渡し、高野山に配流となる。その後、山麓の九度山に移る。上田領は信幸に与えられる**
	6	1601	**真田信幸が信之に改名する**
	7	1602	**信繁嫡男大助が生まれる（異説あり）** **真田信尹が徳川家に帰参し、甲斐で所領を与えられる**
	8	1603	2月12日　徳川家康が征夷大将軍となり、江戸幕府が開かれる **3月　信之が上田領の復興に着手する**
	10	1605	4月16日　徳川秀忠が征夷大将軍となる
	15	1610	**10月18日　信之の岳父本多忠勝が没する**
	16	1611	**6月4日　真田昌幸が九度山で没する（65）**
	18	1613	**6月3日　昌幸正室山之手殿が没する**
	19	1614	**10月　信繁が九度山を脱出し、13日に大坂に入城する。信繁、真田丸を築く** 11月　大坂冬の陣がはじまる **12月4日　真田丸の攻防。信繁は前田勢ほか徳川方を撃退する**

年号	年	西暦	事項
			12月11日　徳川方が信繁を寝返らせようと交渉を開始するが、拒絶される 12月19日　講和が成立し、大坂冬の陣が終わる。真田丸をはじめ、大坂城二の丸・三の丸は破却される
元和	元	1615	**正月24日　信繁、姉村松殿に書状を送る** **2月10日　信繁、娘婿石合十蔵に書状を送り、長女すへの行く末を頼む** **3月19日　信繁、姉婿小山田茂誠に書状を送る。これが現存最後の書状となる** **4月　大坂夏の陣がはじまる** **5月6日　道明寺の戦い** **5月7日　信繁、天王寺口で家康本陣を数度急襲するが、越前藩士西尾仁左衛門に討ち取られる（46）** **同日　豊臣秀頼・淀殿が自害し、豊臣家が滅亡する。近侍していた真田大助も自害する（14）** **同日　信繁三女阿梅が伊達家臣片倉重長に乱取りされる。のち、重長に嫁ぐ**
	2	1616	4月17日　徳川家康が没する **この年、信之は本拠を沼田から上田に移したとされる。嫡男信吉が沼田藩主となる**
	5	1619	**9月25日　信之室清音院殿（信綱の娘）が没する**
	6	1620	**2月24日　信之正室小松殿が没する（48）**
	8	1622	**10月　信之、上田から松代10万石へ加増転封となる。沼田領はそのまま**
	9	1623	7月27日　徳川家光が征夷大将軍となる **8月18日　家老出浦昌相が没する**

年号	年	西暦	事項
寛永	元	1624	10月 信之が貫高から石高に表記を改めた知行安堵を行う
	3	1626	3月21日 矢沢頼幸が没する（76）
	4	1627	7月15日 家老池田綱重が没する
	7	1630	6月20日 昌幸長女村松殿が没する（66） 「四十八騎浪人」事件。中～上級家臣四八人が出奔する
	9	1632	正月24日 徳川秀忠が没する 5月4日 真田信尹が没する（86）
	11	1634	7月21日 家老河原綱家が没する 11月28日 信之嫡男信吉（沼田藩主）が没する（40）。嫡男熊之助が跡を嗣ぐ
	14	1637	8月3日 信之義兄小山田茂誠が没する
	15	1638	11月6日 信吉嫡男熊之助が没する（7）。沼田藩は信政が嗣ぐ
	19	1642	寛永の大飢饉 10月28日 信繁長女すへが没する
慶安	4	1651	4月20日 徳川家光が没する。8月18日 徳川家綱が征夷大将軍となる
明暦	2	1656	江戸幕府が信之の隠居を許可する。松代藩主は次男信政が嗣ぐ。信吉次男信直が沼田藩主となる
万治	元	1658	2月5日 信政が没する（62）。松代藩主は六男幸道（2）が嗣ぐ 10月17日 真田信之が没する（93）

主要参考文献

浅倉直美『後北条領国の地域的展開』（岩田書院、一九九七年）
同編『論集戦国大名と国衆3　北条氏邦と猪俣邦憲』（岩田書院、二〇一〇年）
網野善彦監修『新府城と武田勝頼』（新人物往来社、二〇〇一年）
池上裕子『戦国時代社会構造の研究』（校倉書房、一九九九年）
同『日本中近世移行期論』（校倉書房、二〇一二年）
猪坂直一『真田三代録――伝説から史実へ』（理論社、一九六六年）
入間田宣夫「中世武士団はハイブリッドの新人類だった」（『中央史学』三二号、二〇〇九年）
丑木幸男『石高制確立と在地構造』（文献出版、一九九五年）
笠谷和比古『関ヶ原合戦と近世の国制』（思文閣出版、二〇〇〇年）
栗原修『戦国期上杉・武田氏の上野支配』（岩田書院、二〇一〇年）
同「上野国沼田地域の領主渡辺左近丞について」（『戦国史研究』六二号、二〇一一年）
黒坂周平先生の喜寿を祝う会編『信濃の歴史と文化の研究（一）――黒坂周平先生論文集』（同会刊、一九九〇年）
黒田基樹『戦国大名北条氏の領国支配』（岩田書院、一九九五年）
同監修『別冊太陽　戦国大名』（平凡社、二〇一〇年）
同『小田原合戦と北条氏』（吉川弘文館、二〇一二年）
同『増補改訂　戦国大名と外様国衆』（戎光祥出版、二〇一五年。旧版は文献出版、一九九七年）
石畑匡基「秀吉死後の政局と大谷吉継の政権復帰」（『日本歴史』七七二号、二〇一二年）
小林計一郎『真田三代軍記』（新人物往来社、一九八六年）

同編　『真田昌幸のすべて』（新人物往来社、一九九九年）
齋藤慎一『中世東国の領域と城館』（吉川弘文館、二〇〇二年）
笹本正治『ミネルヴァ日本評伝選　真田氏三代』（ミネルヴァ書房、二〇〇九年）
真田宝物館「史料紹介　真田幸村文書の刷物【真田宝物館蔵　羽田桂之進資料】」（『真田宝物館だより　六連銭』二四号、二〇〇八年）
柴裕之『戦国・織豊期大名徳川氏の領国支配』（岩田書院、二〇一四年）
柴辻俊六『人物叢書　新装版　真田昌幸』（吉川弘文館、一九九六年）
同　『戦国期武田氏領の展開』（岩田書院、二〇〇一年）
白峰旬『新解釈　関ヶ原合戦の真実――脚色された天下分け目の戦い』（宮帯出版社、二〇一四年）
杉本厚典・脇田修編『大阪上町台地の総合的研究――東アジア史における都市の誕生・成長・再生の一類型』（大阪市博物館協会大阪文化財研究所・大阪歴史博物館、二〇一四年）
鈴木将典「豊臣政権下の信濃検地と石高制」（『信濃』六二巻三号、二〇一〇年）
同　「豊臣政権下の真田氏と上野沼田領検地――天正・文禄期『下河田検地帳』の分析を中心に」（『信濃』六六巻二号、二〇一四年）
千田嘉博監修「新説！「真田丸」は孤立無援の二重構造の巨大な要塞だった！」（『歴史人』五五号、二〇一五年）
曽根勇二『大坂の陣と豊臣秀頼』（吉川弘文館、二〇一三年）
竹井英文『織豊政権と東国社会――「惣無事令」論を越えて』（吉川弘文館、二〇一二年）
田中誠三郎『真田一族と家臣団――その系譜をさぐる』（信濃路、一九七九年）
谷口央編『関ヶ原合戦の深層』（高志書院、二〇一四年）
寺島隆史「近世大名になった禰津氏――中世末から近世初頭にかけての禰津氏の動向」（『千曲』四六号、一九八五年）
同　「海野衆真田右馬助の系統と真田氏」（『信濃』六六巻二号、二〇〇四年）

同　「真田信繁（幸村）の証人時代再考」（『信濃』六七巻五号、二〇一五年）
中野等　『戦争の日本史16　文禄・慶長の役』（吉川弘文館、二〇〇八年）
原田和彦　「真田信之文書の基礎的考察」（『市誌研究ながの』一八号、二〇一一年）
平井上総　「兵農分離政策論の現在」（『歴史評論』七五五号、二〇一三年）
平山優　「戦国期東海地方における貫高制の形成過程（上）（下）――今川・武田・徳川氏を事例として」（『武田氏研究』三七号・三八号、二〇〇七年～二〇〇八年）
同　『真田三代――幸綱・昌幸・信繁の史実に迫る』（ＰＨＰ新書761、二〇一一年）
同　『武田遺領をめぐる動乱と秀吉の野望――天正壬午の乱から小田原合戦まで』（戎光祥出版、二〇一一年）
同　『増補改訂版　天正壬午の乱――本能寺の変と東国戦国史』（戎光祥出版、二〇一五年）
同　『長篠合戦と武田勝頼』（吉川弘文館、二〇一四年）
同　『検証　長篠合戦』（吉川弘文館、二〇一四年）
藤木久志　『豊臣平和令と戦国社会』（東京大学出版会、一九八五年）
同　『刀狩り――武器を封印した民衆』（岩波新書965、二〇〇五年）
同　『新版　雑兵たちの戦場――中世の傭兵と奴隷狩り』（朝日選書777、二〇〇五年）
藤本正行　『長篠の戦い――信長の勝因・勝頼の敗因』（洋泉社歴史新書ｙ1、二〇一〇年）
丸島和洋　『戦国大名武田氏の権力構造』（思文閣出版、二〇一一年）
同　『戦国大名の「外交」』（講談社選書メチエ、二〇一三年）
同　『郡内小山田氏――武田二十四将の系譜』（戎光祥出版、二〇一三年）
同編　『論集戦国大名と国衆13　信濃真田氏』（岩田書院、二〇一四年）
同編　『論集戦国大名と国衆14　真田氏一門と家臣』（岩田書院、二〇一四年）
同　「真田弁丸の天正一〇年」（『武田氏研究』五二号、二〇一五年）

峰岸純夫『中世の合戦と城郭』（高志書院、二〇〇九年）
矢部健太郎『関ヶ原合戦と石田三成』（吉川弘文館、二〇一三年）
山本博文『幕藩制の成立と近世の国制』（校倉書房、一九九〇年）
同　『島津義弘の賭け』（中公文庫、二〇〇一年）
『歴史読本』編集部編『炎の仁将　大谷吉継のすべて』（新人物文庫、二〇一二年）

上野尚志『信濃国小県郡年表』（上小郷土研究会、一八八四年成稿。一九七九年の復刻版による）
信濃史料編纂会編『信濃史料叢書』全三巻（歴史図書社復刻、一九六九年版による）
『信濃史料』一一〜二八巻・補遺巻上・下（信濃史料刊行会、一九五八〜六九年）
『新編　信濃史料叢書』全二四巻（信濃史料刊行会、一九七〇〜七三年）
米山一政編『真田家文書』全三巻（長野市、一九八一〜八三年）
『真田氏史料集』（上田市立博物館、一九八三年）
『長野県更埴市　屋代城跡範囲確認調査報告書』（更埴市教育委員会、一九九五年）
『真田町誌調査報告書第2集　真田氏給人知行地検地帳』（真田町教育委員会、一九九八年）
『真田三代――近世大名への道』（松代藩文化財施設管理事務所、二〇〇〇年）
『鉢形城開城――北条氏邦とその時代』（鉢形城歴史館、二〇〇四年）
『北条安房守と真田安房守』（鉢形城歴史館、二〇〇九年）
『上田小県誌』一・二巻（小県上田教育会、一九六〇〜八〇年）
『真田町誌』歴史編上・下（真田町誌刊行会、一九九八〜九九年）
『沼田市史』通史編一・二（沼田市、二〇〇〇〜〇一年）
『上田市誌』歴史編六・九（上田市、二〇〇二〜〇三年）

【著者】
丸島和洋（まるしま かずひろ）
1977年大阪府生まれ。2000年慶應義塾大学文学部史学科卒業。05年、同大学大学院文学研究科後期博士課程単位取得退学。08年「戦国期武田氏権力の研究――取次論の視座から」で博士（史学）。専門は戦国大名論。慶應義塾大学非常勤講師などを経て、13年より国文学研究資料館研究部特任助教。著書に『戦国大名の「外交」』（講談社選書メチエ）、『図説 真田一族』（戎光祥出版）、編著に『論集戦国大名と国衆13 信濃真田氏』『同14 真田氏一門と家臣』（ともに岩田書院）、共編著に『武田氏家臣団人名辞典』（東京堂出版）など多数。

平 凡 社 新 書 7 9 3

真田四代と信繁

発行日――2015年11月13日　初版第1刷

著者――丸島和洋

発行者――西田裕一

発行所――株式会社平凡社
東京都千代田区神田神保町3-29　〒101-0051
電話　東京（03）3230-6580［編集］
　　　東京（03）3230-6572［営業］
振替　00180-0-29639

印刷・製本―株式会社東京印書館

装幀――菊地信義

ISBN978-4-582-85793-1
NDC 分類番号210.47　新書判（17.2cm）　総ページ306
平凡社ホームページ　http://www.heibonsha.co.jp/